媒介变革
与社会转型

肖频频◎著

學苑出版社

图书在版编目（CIP）数据

媒介变革与社会转型 / 肖频频著．—北京 ：学苑出版社，2015.5
ISBN 978－7－5077－4752－2

Ⅰ．①媒…　Ⅱ．①肖…　Ⅲ．①传播媒介－研究　Ⅳ．①G206.2

中国版本图书馆 CIP 数据核字（2015）第 074248 号

出 版 人： 孟　白
责任编辑： 刘　丰　李　耕
出版发行： 学苑出版社
社　　址： 北京市丰台区南方庄 2 号院 1 号楼
邮政编码： 100079
网　　址： www.book001.com
电子邮箱： xueyuanpress@163.com
销售电话： 010－67601101（营销部）、67603091（总编室）
印 刷 厂： 河北保定市彩虹艺雅印刷有限公司
开本尺寸： 710×1000　1/16 开本
印　　张： 24.5
字　　数： 310 千字
版　　次： 2015 年 5 月第 1 版
印　　次： 2015 年 5 月第 1 次印刷
定　　价： 78.00 元

序

2013年5月，我参加了中央电视台发展研究中心举办的一个新媒体论坛，当时与我联系的人便是肖频频，说他们也在做新媒体方面的研究。前几天，她又联系我，说请我给一部书稿提意见，可以的话还想请我作序。年关事多，我原有些犹豫，可一听书名，就被吸引了。

“媒介变革与社会转型”，毫无疑问是个好选题，但显然也不好把握。我有点好奇肖频频如何想到做这么一个选题，同时也佩服她敢于选择这个角度。毕竟，无论媒介变革还是社会转型，都是极大的课题，难于尽述，且二者跨度不小，相互叠加，更是难上加难。但细一想来，在当今这个媒介随时随地嵌入个人生活的年代，若撇开社会转型的大背景讨论媒介变革，则不免偏狭。只有提出正确的问题，才能有正确的答案，所以我又赞赏肖频频从这个角度来探索媒介变革的方向。在社会激烈变革螺旋上升的年代，一些局部、技术性的东西，已不足以支撑我们观察世界的视野，高站位，是必要的。

值得欣喜的是，尽管话题宏大，但本书却丝毫不落空，相反，以一个个接地气的案例娓娓道来，一方面将媒介机构左冲右突、探索转型之路的内心焦虑和酸甜苦辣展现在读者面前，另一方面，将媒介变迁置入社会转型的大背景下，大大拓展了新媒体的思考空间，也是个相当接地气的读本。从内容上看，本书既逐一梳理大家熟悉的纽约时报、CNN、BBC等老牌媒体起伏辗转的探索经验，也细致探寻YouTube、Netflix、

《赫芬顿邮报》等媒介新秀脱颖而出的内在逻辑；既认真体察互联网巨头对传统媒体生态的冲击，又不忘叩问互联网思维改造传统媒体的神髓；既孜孜以求产业发展的奥妙，又不忘固守媒介安全的底线。

在肖频频看来，真正的媒介变革才刚刚开始，关键是理解和认识媒介变革的坐标，从单一割裂的技术维度、商业模式维度、业务形态维度中寻求整合的系统画面，并将此画面纳入社会演进、组织重塑、社群构建和跨阶层互动的大背景中去。她甚至认为，在这个阶段，由媒介变革所带动的社会转型已经超越了媒介自身改革的意义。对这个问题的追问，既是她研究的独到之处，更是媒介变革这个议题的意义所在。在互联网发展的几十年里，媒介事实上一直处于冲击与挑战的风暴中心，在遭遇一波又一波的解构、侵蚀之后，媒介需要从工业时代的“媒介观”中自我更新、大胆探索，与社会转型的重大命题相呼应，这既是媒介社会责任的新内涵，也是媒介产业谋篇布局的新机遇。

令人欣慰的是，作为年轻的理论探索者和谙熟媒介实践的媒体人，作者既敢于在重大理论问题中跋涉、穿行，又力求将缜密、严谨的实证分析建立在新媒体事件、媒介热点的梳理之上，这在信息过载、快速消费的时代，是非常难得的。本书中提及的互联网巨头的生态化布局、新媒体与传统媒体融合、现象级电视节目异军突起、大数据改变媒介形态、媒介安全等等，都是时下的热点，也是值得深思的焦点和力行的难点。从我与作者不多的几次交集当中，可以感受到字里行间作者所述的对于传统媒体在新媒体上裹足不前的痛感，以及对媒介变革尤其是传统媒体转型深厚的责任感。这是一个媒体人应有的姿态，也是朝气蓬勃的年轻人应有的精神，是为序！

财讯传媒集团首席战略官　段永朝

2015 年 1 月 11 日

前言

与其纠结是媒介变革推动了社会转型，还是社会转型触发了媒介变革，不如说，这是一场相互激发、相互映照的变革。

一

“这是一个最好的时代，也是一个最坏的时代。”查尔斯·狄更斯《双城记》里的这句话，用来形容现在的时代再贴切不过了。这是个最好的时代，互联网造富游戏早已让人见怪不怪了。这是个最坏的时代，“传统媒体衰亡论”、“主编已死”，这些层出不穷的唱衰论让传统媒体心有不甘，却眼见着市场份额变小。

无奈之余，老老实实研究互联网思维，却又迎来当头棒喝。“任何企业都可以找最强的对手打，但有一个对手你是打不过的，那就是趋势。”① 而看上去，趋势并不在传统媒体这边。真的有那么糟么？其实未必。

问题的实质在于，我们是否看清了时代的变化规律，摸透了新的游戏规则。媒介发展到今天，其服务用户的核心功能其实并没有发生太大

① 周鸿祎：《周鸿祎自述：我的互联网方法论》，中信出版社，2014 年，第 6 页。

变化，变化只是由于工具的进化，媒介离用户越来越近了，服务用户的手段越来越多。

在今天的媒介变革大环境中，传统媒体乃至传统社会之所以出现所谓“本领恐慌”等诸多困惑，主要是由于信息不对称以及不适应新的游戏规则。互联网公司一方面利用信息不对称炒作科技概念，一方面借助风险资金以免费方式获取市场规模，并通过上市融资制造财富神话。简言之，就是用今天的钱博明天。而实际上，互联网科技、人才、资本都是中性的工具，传统媒体同样可以使用这些工具来靠近用户，适应并引领游戏规则。

新的游戏规则为何能成为新趋势，无非是它们为用户提供了更为贴心、便捷的服务，尤其是免费的必杀技。这不仅没有颠覆媒介的核心价值，相反，根本就是媒介价值的升级版。这也正是上海文化广播影视集团（SMG）一旦看破游戏规则，千亿级文化传媒集团就可火线破壳而出的原因所在。

其实，媒介所在的创意产业本身就是创造并引领新的潮流的行业，面对互联网公司的暂时领先，传统媒体完全没有理由恐慌。只要确定目标和方向，巩固核心价值，用好互联网工具，掌握并引领新游戏规则，尽量少犯错误，传统媒体必能破茧重生，后来居上。

正如许多大佬所说的，互联网带来的改变刚刚开始，大把的机会还在后头。依我看，中国社会的全面转型恰恰为中国媒介开启了重要的机遇期。转型期社会衍生出的方方面面的需求，必将为中国媒介的成长壮大输送丰富的给养。

二

中国的媒介改革自20世纪80年代启动以来，经历了国有新闻单位“事业单位企业化管理”、媒介集团化、新兴媒体崛起等几波浪潮，至2009年《文化产业振兴规划》出台以来达到前所未有的高潮。当前，中国媒介驾乘文化体制改革的东风，积极跻身社会改革大潮，善用资本和科技创新的力量，掀起一轮又一轮狂飙突进般的变革。其中处于完全市场竞争的互联网公司的表现尤为抢眼，而仍处于行政版图中的传统媒体亦有值得圈点的作为。媒介变革动态成为直接牵动上至庙堂下至民间的社会热点，媒介变革过程中与社会转型的相互映照、相互激发，尤其值得对其展开深入系统的梳理。

历史地看，媒介变革基本遵循几个逻辑。

一是科技更新迭代逻辑。从报纸、书籍、广播、电影、电视、网络到手机，每一次媒介重心的转移，都肇始于新的传播技术的革新。每一个新技术的出现，都是人类创新的产物，同时又是不以人的意志为转移的，没有人能凭一己之力留住旧时代。

二是政治经济变迁逻辑。早期媒介多为官办，比如中国古代的邸报和罗马恺撒时代的《每日纪事》。随着资产阶级的崛起，媒介逐步流向民间，遵循商业化竞争规则。在老牌资本主义国家，许多有影响力的媒介已经从单一的媒介形式发展成为跨平台、跨国界、跨文化的超级托拉斯。

三是民众文化需求逻辑。在媒介供给有限的年代，可以实施“皮下注射式”的强势宣传模式。但进入市场化竞争年代，尤其是互联网时代，媒介只有更多满足用户需求、表达用户诉求，才能赢得用户青睐，从而赢得市场竞争。这也就解释了当前媒介变革中出现的传统媒体增长乏力而互联网公司跳跃式发展的现象。一边依然是单向、一对多的传一受模式，一边则是个性化表达、个性化订阅、即时互动的自媒体社区化生存模式，必然出现“用脚投票”的现象。

梳理媒介变革的逻辑，不能撇开社会转型的大背景。媒介作为社会系统的重要组成部分，当社会进入全面转型期，必然导向媒介变革。媒介变革要想获得成功，必须呼应社会转型期的民众呼声，融入社会转型期的方方面面。响应时代呼声的媒介，必然成为新时代的引领者，反之，必将被时代边缘化。

正因为当今中国社会转型的难度之大、涉及内容之复杂，所以尤其需要媒介的配合。美国当代社会学家丹尼尔·贝尔曾说：“整个社会的变革，特别是新生活方式的出现之所以成为可能，不但因为人的感觉方式发生了变化，而且因为社会结构本身也有所改变。”在这样的阶段，传统的规范往往失效，而新的规范尚未建立起来，人们通常会感觉到恐慌焦虑，无所适从。而能否在转型期展现媒体的责任和力量，成为考验媒体职业能力的巨大挑战。媒介不仅应准确把握时代的脉络，还应负责任地承担起为一代人提供精神指引的任务，而不只是停留在客观呈现转型期的混乱、失序、底线沦落等低级层次。能否承担起这样的责任，也成为检验一个媒体底色最重要的试金石。

近年来，随着社交网络等网络公共空间的兴起，网络虚拟社群的社会功能日益凸显。美国学者霍华德·莱茵戈德（Howard Rheingold）在其著作《虚拟社群》中指出：虚拟社群以参与者的认同、共同利益和价值、需求为核心，虚拟社群发展的力量来源于参与者的不断创造，这种社群关系不但可以使网络中的参与者彼此帮助，还可以延伸至线下，影响并作用于真实社会，成为社会文化和政治变革的积累。以微博、微信为代表的互联网社交网络正是虚拟社群发挥作用的空间，而这样的社群，对于在转型期间饱受社会失序、族群迁移、价值缺失的个体，意义尤其重大。一些在社会转型中遭受损失的人群，在网络社群中重新找到他们的位置，而这也正是媒介变革给予社会转型的重要贡献。从某种程度来说，新兴媒体通过承载社会转型期各阶层的矛盾纾解、价值表达等社会责任，从而大力度推动社会多领域的改革创新，促进社会进步，远超过自身改革发展的意义。

当然，正如任何一个硬币都是两面的，社交网络同样可能成为社会转型的负值。当自媒体时代到来，“人人都有麦克风”，社交网络必然成为社会负面情绪的起始点、发酵点和爆发点。中亚北非的颜色革命如此，占领华尔街如此，中国国内的诸多网络公共安全事件也是如此。

但这并不代表网络空间不可信任，相反，只要真正把握媒介变革与社会转型互动背后的规律，其效应必然是正向的。

三

正因为媒介变革的内在动因是多方面的，且又与外部剧烈转型的社会息息相关，要真正把握媒介变革的大趋势，应提高站位，放大视野。本书尝试抛开以往就媒介谈媒介的窠臼，从中国改革开放和社会转型的大格局来看待媒介变革，从满足转型期民众的多重需求着手解读媒介变革的力量源泉，从中国独有的自上而下的精英主导与自下而上的民间推动的转型模式来印证媒介变革的发展路径，乃至预言媒介变革的未来前景。

本书希望将媒介变革置于社会转型中去观察，将信息科技浪潮等新趋势和互联网思维等新价值观作为重要的变量，逐一梳理媒介变革与社会转型的相互推动、媒介变革对传统媒体转型的倒逼、媒介变革对产业格局的重构等战略问题，以为人们洞悉变革大势提供管窥之见。

因此，新兴媒体，将会是本书的重点观察对象。诚如斯言，与传统社会过度追求经济发展而使民众陷入住房、医疗、教育三座大山的威压不同，新兴媒体以其追求极致的用户体验迅速崛起。在以免费策略为用户提供贴心服务并取得用户的青睐后，新媒体亦通过产业链转移变现的方式取得可观的价值回报，逐渐成为媒介改革创新的领头羊。本书将会从价值观重塑、服务创新、产业重构、衍生民主诉求等几个角度分别阐述新兴媒体给予这个时代的特殊贡献。

对于当前人们普遍关注的媒介热点，本书亦不缺席。人们追逐热点，更希望透视热点背后的成因。本书亦希望通过将一些现象级电视节目置于社会转型背景中的文化需求来观察，剖析国际传播、重大媒介事件影响力、大数据应用等媒介热点背后的规律性特点及应用前景。

自从媒介发展到“众声喧哗”的自媒体时代，媒介就已经脱离以往的专业精英主义的范畴，进入包括汹涌而来的草根思维在内的多元化模式。人人都从媒介获取信息，人人都在运营自己的“麦克风”，人人都寻求通过媒介获取额外的社会价值。因此，本书希望为所有这些希望了解媒介发展趋势并从中获取价值的读者提供管窥之见。既为普通民众理解媒介变革提供独家观察，亦可抛砖引玉，供当前从事媒介变革和社会转型的研究者借鉴参考。既为政府管理者理解媒介变迁和公共安全事件提供思路，亦可为他们从源头上改变执政理念提供他山之石。还尝试为从事媒介改革以及内容创新的从业者提供新的思考角度。因为很显然，一段时间以来照搬国外模式的方式过于狭隘了，从当前媒体行业广泛出现的同质化竞争、缺乏创新来看，是时候从社会转型的宏大角度去思考媒介内容创作及产品服务了。

四

本书的创新点一在于观察角度。以往的传媒书籍要么专注于学术视野，要么关心产业投资和局部应用，而本书将其置于社会转型的大视野中，高意立显。为了达到这个高度，本书将尽可能避免好高骛远的泛泛之谈，而努力呈现居高望远的大格局。本书作者认为，通过居高望远，原本我们不曾体察的一些规律将脉络立现。比如《舌尖上的中国》、《汉字听写大赛》等节目为何如此意外地打动人心？而学者们其实早有答案。正如亨廷顿在《中国文化论》一书中所指出的，“一切非西方国家的现代化发展，大概要经过两个阶段。第一个阶段是西方化引领现代化，第二个阶段是去西方化，回归传统文化，继续引领现代化”。本书不仅关注媒介变革和社会转型本身，还深入探讨与此相关的世界民主化浪潮与中国协商民主、共同体意识、网络民主等一些社会转型的基础议题，这也使得本书的思考更加丰满。

创新点二在于着眼实战。纵观现在的同类书籍，概念图书偏多，实战类图书有待提高，而跨媒体、跨领域、重案例分析的书籍更是少之又少，而这个时代恰恰又迫切需要这些跨界的答案。本书作者在中央级媒体从事近 15 年传媒工作，其中超过 10 年从事网络媒体工作，包括策划、采编、管理、推广及研究工作，对于传统媒体和新兴媒体有着较为深切的一手观察，也对传统媒体在新媒体上的裹足不前有着切肤之痛，这些都会有助于得出一个更为接近实际的观察心得。如其中会有作者在北京奥运会期间从头至尾的实践观察（个人认为，北京奥运会在媒介传播上至今仍是一个高峰，且以其对版权保护的严格界定，奠定了今天的新旧媒体格局）。

创新点三在于着眼热点。其实，无论媒介变革还是社会转型，都是内涵极其丰富的宏大课题，远非一本书的篇幅所能尽述。本书希望努力呈现的是，通过对于热点的梳理，从宏观大势上去把握媒介变革与社会转型的发展脉络，而非一时一地的微观细节。因为作者相信，热点的背后才是真正的潮流，是引领时代前进的力量。作者希望抓住这样的新时代、新观念、新潮流，为读者呈现一个可能改变未来的新趋势。因此，本书将努力尝试尽揽社会普遍关注的网络舆情、民主化浪潮、共同体、现象级电视节目、新媒体与传统媒体融合、文化复兴、互联网思维、大数据、媒介安全等媒介热点，并深入剖析。

目录
Contents

媒体转型篇

变革与转型都是不走寻常路。

怎么转型？技术、资本和改变的决心，缺一不可。

没有新媒体，只有时代的媒体。

第一章　新媒体创新改变媒介格局

媒介创新，源自科技创新引发的蝴蝶效应，也即观念创新、个人创造力和财富效应的迸发。每一次技术革命，都必然地带来媒介格局的大重组。

第二章　倒逼出来的全媒体战略

从内容到用户还是从用户到内容，只是简单的次序差别，却是新、旧时代的根本性分野。前者反映的是专业精英主义的傲慢姿态，后者则代表以用户为中心的服务精神。不以用户为中心的全媒体战略都是假把式。

第三章　现象级电视节目异军突起

现象级电视节目不仅收视率高、经济效益佳、社会反响好，更重要的是它促进了电视行业制播分离的体制机制创新，成为推动改革的一个关键变量。

媒介影响篇

所谓的用户体验就是想方设法让用户满意，其实就是为人民服务。

你可能知道，尊重知识产权是现代社会的分水岭。

你可能不知道的是，尊重知识产权是北京奥运会的重要遗产。

不懂大数据，就是不懂用户。

第四章　新力量崛起：领跑的新型媒体产业

创新并非一直都是石破天惊的天才之作，相反，它们通常只是微小的改进。从ICQ到QQ，从易趣到淘宝，从Google到百度，从诺基亚到苹果，改变产业生态的其实只是微创新。

第五章　全球语境下的国际传播能力建设

在西方世界，“中国威胁论”、“中国崩溃论”仍占有一席之地，不时干扰西方社会对中国的准确认知。我国媒体作为塑造国家形象的主力军，提高全球传播能力，讲好中国故事，传播好中国声音，既是战略任务，也是紧迫任务。

第六章　奥运新媒体传播重塑媒介格局

经历北京奥运会的洗礼，中国的媒介格局以版权作为分野，发生了根本性的变化。国际奥委会严格保护赛事版权的规则成功地教育了中国政府和媒体：要想获得商业上的成功，必须从保护版权开始。

第七章　大数据应用与媒介变革

谁能够更为主动地拥抱大数据，更好地运用数据分析和数据挖掘实现媒介产品创新和服务质量提升，谁就更有可能在产业转型期占据先机，成为市场竞争的胜利者。

媒体责任篇

民众为何喜欢两个舆论场？因为它虽然让政府尴尬，但也改变了政府。

公民网络参与是媒介变革与社会转型互动的意外成果，将与协商民主、共同体意识一道，成为中国社会转型升级的基因。

第八章 社会转型中的媒介责任

无论是东方、西方，都高度重视媒介的社会责任，以确保媒介不致因过度追求自由或商业化而导致言论权力失控或滑向低俗媚俗。

第九章 两个舆论场与媒介变革

两个舆论场的实质其实是传统舆论管控体系的失控，国家再也无法完全掌控信息传播的源头和传播渠道。

第十章 社会转型、科技创新与软实力

社会转型往往发生在新旧社会形态“纵身一跃”的过程中，科技创新与软实力是推动量变到质变的重要因素。

第十一章 民主大潮流与共同体意识

当信息化浪潮下的媒介变革遭遇社会深度转型，民主潮流看似汹涌而来，让人恐慌莫名。正在进行改革实践的中国，既无须过度恐慌，也不能裹足不前。中国式协商民主、共同体意识、公民参与，或是破题之道。

媒介安全篇

安全是变革的底线。从事媒介变革，须从安全做起。无安全，不发展。

所谓“信息自由”只是西方国家单方面享有的自由，而且是打着自由旗号抢占信息空间和争夺信息资源的“信息战争”。

与西方国家将传媒视为捍卫国家安全的利器相比，我国更多将媒介视为社会维稳的工具。

第十二章 媒介变革与社会安全

人类社会最大的风险就是人民基本生存状况的恶化和社会资源的不平衡分配。转型期中国亟须充分发挥媒介的积极作用，为改善民生、维护社会公平正义提供良好的社会舆论环境。

第十三章　媒介安全保障体系

中央网络安全和信息化领导小组宣告成立，标志着我国媒介安全上升至国家战略。但要掌控全局，还应覆盖全媒体，覆盖网络和信息化之外的领域，确保总体安全形势。

媒体转型篇

变革与转型都是不走寻常路。
怎么转型？技术、资本和改变的决心，缺一不可。
没有新媒体，只有时代的媒体。

第一章　新媒体创新改变媒介格局

从报纸、广播、电视到互联网、移动互联网，科技的进步一次次改变媒介传播的形态，丰富媒介的内涵，也深刻改变了媒介的力量分布格局。本书中的“媒介”特指使事物之间发生关系的介质或工具。媒介即万物，万物皆媒介，人、机构、物体均可担当媒介的角色。

随着信息科技的飞速发展，新兴媒体已经逐步赶上传统媒体并呈现出超越的趋势。本书中的“媒体”除了包括媒介的内涵外更强调它的物质性，专指电视、广播、报纸、杂志、网络等专业化媒介。为了方便读者区分新旧媒体，本书将把电视、广播、报纸、图书、杂志媒体统称为“传统媒体”，把快速更新迭代的新媒体称为“新兴媒体”，包括互联网、移动互联网、IP 电视、户外大屏，以及各种仍在发展演化的新兴业态。

对于新旧媒体来说，最具指标意义的分野在于互联网交互技术的应用。新兴媒体通过点对点的交互式传播模式，彻底颠覆了传统媒体点对面的广播模式。新兴媒体先是以海量信息超市 + 互动评论，满足用户自行选择信息而不是被动接受信息的需求，继而以“用户生产内容”（“UGC”：user generate content）概念来推广博客、播客，直至推出微博、微信社交自媒体平台，使之得以爆发式增长。

新兴媒体借助科技革命赋予的巨大力量，从随时、随地、随身的个性化信息服务入手，彻底改变了用户的信息消费习惯。这种力量不仅推动新兴媒体改变了信息的外在传播方式，改变了媒介平台的生产、传播、互动、营销模式，还进而推动媒介的组织变革。它既使得“人人皆可发声”的自媒体成为可能，也客观上解构了传统媒体的信息垄断模式。自此，“去中心化”、“去中间化”开始成为大众耳熟能详的关键词，成为媒介组织、业务重构乃至社会转型的方向。

与传统媒体用户规模停滞不前相比，新兴媒体用户仍在持续增长。联合国下属国际电信联盟（ITU）2014 年 12 月发布的报告称，全球网民已经超过 30 亿人，较上年增长 3 亿，普及率达到 42%。全球手机用户达到 70 亿，较上年增加 2 亿，而全世界人口数量为 71 亿，手机渗透率已接近饱和。在成长速度上，相对于小步快走甚至倒退的传统媒体，新兴媒体的爆发式增长速度惊人。YouTube 在成立短短 15 个月后，成为当时最多人浏览的网站。“今日头条”在两年内累计超过 1.6 亿用户，成为增长最快的资讯类客户端。在广告收入上，据尼尔森、eMarketer 等多家监测报告显示，2012 年以来，全球广告收入涨幅基本维持在 6% 以下，呈逐年下降趋势，唯独互联网广告一直保持 10% 以上的涨幅，且一路攀升。在中国国内，百度的广告收入已超过传统电视巨头。用户和广告加速向新兴媒体流动，加剧了传统媒体转型的压力。

这些变化，不仅源自科技创新本身带来的能量，还来自科技创新引发的蝴蝶效应，也即观念创新、个人创造力、财富效应的迸发。历史地看，这也是从报纸发展至今的媒体迭代的必然规律，每一次技术革命，都必然地带来媒介格局的大重组。

研究创新是为了学习创新，学习创新则是为了引领创新。尽管创新本身很抽象，但创业过程都很具体。只要认真总结全世界优秀创业者的成功经验，掌握创新的潜在逻辑，一定会给我们带来有益的启示。

第一节　技术是个敲门砖

万维网技术和TCP/IP协议的发明，正以其空前的大链接的理念和现实的演进改变世界的面貌，其所产生的蝴蝶效应至今余波未了。随着云存储、大数据、移动互联网、4G、人工智能、3D技术等一波又一波的技术创新接续导入，从信息与信息的链接、人与人的链接，再到人与物、物与物的链接，虚拟社会、物联网、人机交互已成为现实社会的一部分，并不断地从边缘逐步走向中心。新兴媒体对于传统媒体的颠覆也是如此。

一、大公司的创新窘境

如今，人们几乎天天谈论创新，尤其是大机构和大公司。但有趣的是，真正得以成功的创新却往往来自社会或是大机构的边缘位置。在2014年12月举行的中国社群领袖峰会上，美国《连线》杂志主编、《失控》作者凯文·凯利（Kelvin Kelly）再度强调，“所有的创新都发生在事物的边缘，它不会发生在事物的中心地带。所有创新从边缘开始延展，比如现在谷歌、脸书、亚马逊和苹果，中国也是如此”①。所有人都知道谷歌（Google）花费巨资收购YouTube，但很少人谈起Google之所以花巨资是因为它没有能力做出受欢迎的视频搜索，而这正是成立于2005年2月的YouTube的核心竞争力。与Google和雅虎（Yahoo）等业界巨头沉溺于语音搜索和视频搜索的窠臼不同，YouTube突破了以

① 创业邦：《凯文·凯利：最伟大的产品还没有被创造出来》，2014年12月2日，http://www.cyzone.cn/a/20141202/266533.html。

往的思维限制，转向更具生命力的社会化搜索，这也因此被称为搜索领域里一个里程碑式的转变。微信也不是由腾讯的主营业务 QQ 进化而来，而是由腾讯广州研究院的邮箱团队主打开发的。

大公司拥有充足的人才和资源储备，却与创新失之交臂，这样的境地貌似不合情理，但也符合逻辑。原因在于大公司的创新点通常局限在巩固旧有业务的优势，而创新却恰恰出现在旧有业务的边缘。创新的使命是颠覆而不只是添砖加瓦。《纽约时报》被《赫芬顿邮报》超越的原因是这样，诺基亚强大的手机硬件被苹果（Apple）的 IOS、谷歌（Google）的安卓所取代也是如此。创新的逻辑是，时代变了，创新的起点也因此改变。也就是说，只有真正理解了时代，才是真正的创新。正因为此，社交搜索成就了 YouTube，移动互联网则成就了微信。

◎案例一

YouTube：以互联网思维奠定在线视频霸主地位

YouTube 成立于 2005 年 2 月，是在线视频领域的先驱，也是全球最大的视频分享网站。YouTube 的名称意译即“你的电视机”（美国人称电视为 Tube），口号为“Broadcast Yourself”（表现你自己），致力于通过网络使全世界的人们观看和共享原创视频。

YouTube 的在线视频技术引领了一代技术潮流，拓展了在线视频的社交属性，是视频分享和社会化视频搜索的典型代表，在成立不到 1 年的时间里市值攀高到 10 亿美元。YouTube 的成功在于其独到的互联网思维，也即以适应社交时代用户需求的视频技术聚拢人气，借助风险投资来放大市场规模，整合全球机构资源并趁势拓展全球市场，分享全球化市场红利。

1. 用适应新时代的技术改变游戏规则

YouTube 的创新在于，通过 Web 的方式，让人们更好地分享视频内容。该网站采用 Adobe Flash 技术提供各种视频短片的共享和搜索，包括影片及电视节目片段，音乐录像带及家居录影等。凭借强有力的技术，YouTube 的影片上传支持大多数常见的视频文件格式，亦支持使用手机上传影片，以及一次性上传多个视频。并且对上传文件规格的规定限制很小，只要文件大小不超过 2G，长度不超过 15 分钟的视频在这里都被允许上传。用户不需要担心自己录制的视频格式，YouTube 的后台会对此做很细致的处理。

2010 年 12 月，YouTube 开放部分用户上传超过 15 分钟的视频（无限制时间），且开放用户数量在不断增加。YouTube 表示，之所以取消时间限制，是因为 YouTube 有能力控制侵权行为。

如今 YouTube 的系统每天要处理上千万个视频片断，为全球用户提供高水平的视频上传、分发、展示和浏览服务。

只要注册成为 YouTube 的用户，就可以通过关键词搜索，或者在分类中查找到任何自己感兴趣的歌星、影星、体育明星，甚至可以找到和自己趣味相投的浏览者。用户可以对每段视频进行评论、打分；可以将视频加入到收藏夹、引用到博客里；还可以通过电子邮件和世界各地的人们分享。用户也可以编辑自己的频道、上传视频、创建播放列表。如果用户想网罗志趣相投的网友，还可以建立自己的组群，邀请他人加入，一起分享同一个主题。用户可以浏览推荐频道，可以定制主页内容，甚至可以将 YouTube 账户连接到 Google + 和 Facebook，查看好友的分享内容。

除了不断强化自身的社交分享功能外，YouTube 也积极响应用户对字幕翻译、视频制作、视频观看的需求。2008 年 8 月，YouTube 增加了视频外挂字幕功能。用户可以为自己的视频添加多种语言的字幕，还可调用 Google 翻译引擎对原字幕进行实时翻译。2014 年 8 月，YouTube 宣布收购视频编辑企业 Directr，以让用户更加容易地在移动设备上制作和编辑影片等内容，无论这些用户拥有多少电影编辑经验。YouTube 亦支持 3D 视频和 4K 观看。2009 年 7 月，YouTube 的软件工程师宣布用户可以上传三维电影并加以观赏。2014 年 1 月，YouTube 再度率先在拉斯维加斯消费电子展上演示 4K 高清视频流媒体服务。

2. 吸取风险投资扩大市场占有率

YouTube 2005 年 5 月开始公开测试，12 月正式启动。同时，它获得来自美国最大的风险投资公司红杉基金 350 万美元投资。2006 年 4 月，红杉基金再次向 YouTube 投入了第二轮 800 万美元投资。凭借独树一帜的社会化竞争策略以及充分的资金支持，至 2006 年，YouTube 已有 4000 万条短片，每天吸引 600 万人浏览，成为当时最多人浏览的网站。正是由于其出色的表现，2006 年 10 月 11 日，YouTube 被 Google 以 16.5 亿美元的高价收购。资本对于 YouTube 在短期内迅速获得巨大的市场规模，起到了不可替代的作用。如今，尽管 Google 对 YouTube 的盈利能力一直保持谨慎的态度，但业界有消息称，YouTube 2013 年的毛收入达到 35 亿美元，低于分析师 50 亿至 56 亿美元的预期。①

3. 与专业机构合作，拓展全球市场

除了集合原创视频聚拢人气外，YouTube 亦意识到专业内容对于用户的重大价值。2008 年，YouTube 开始由服务个人为主，向个人、机构并重转变。

---

① 《2016 年日均观看时长要达到 10 亿小时？YouTube 压力很大》，虎嗅网，http://www.huxiu.com/article/37220/1.html。

Google 公司收购 YouTube 之初，为解除内容供应商可能追究侵权内容而采取法律行动的疑虑，先后与环球唱片、SonyBMG、华纳音乐、哥伦比亚广播公司达成内容授权及保护协议，开启了其与专业机构合作的开端。

2008 年 11 月，为了与 Hulu 竞争，YouTube 与米高梅公司、狮门娱乐公司和哥伦比亚广播公司达成协定，允许在其美国网站内播放完整长度的电影和电视剧。2009 年 11 月，英国第四台成为全球第一家提供完整节目给 YouTube 使用的大众媒体。之后，许多专业机构和电视机构纷纷在 YouTube 上开设了视频专区乃至专属频道，如成为 YouTube 上访问量最大的 Vevo 频道①等。

2012 年，YouTube 耗费 1.5 亿美元推出了近 100 个新网络视频“频道”，吸引艾米·波勒等天才演员制作或出演原创节目，为网站带来新观众和大广告客户。

目前 YouTube 可供选择的语言共 61 种，并提供 61 个地区的版本。地区版本会根据当地民众的搜索习惯显示热门浏览。

二、技术创新突破了传统媒体的局限

与传统媒体以创新来巩固原有产业地位的出发点不同，新兴媒体一经创立，就带有颠覆旧有传播范式的基因。因为，只有这样，它们才能以优质的用户体验来获取用户关注，进而取得生存空间。

在互联网新兴媒体出现以前，传统媒体缺少即时互动工具，容量有限，且因独有的把关机制而拒人于千里之外。新兴媒体则通过技术创新逐一突破了这些局限，改写媒介竞争的规则。如今的新兴媒体不仅可以

① Vevo 频道：由谷歌、环球音乐和索尼音乐合资的音乐服务网站，被外界誉为“音乐视频领域的 Hulu”。

随时与用户互动，采用信息个性化定制乃至智能推送，而且，随着博客、播客、微博、微信、微视等自媒体平台的推出，用户已完全成为媒体的主人而非传统的“受者”。

首个获得普利策新闻奖的网络媒体《赫芬顿邮报》之所以脱颖而出，就在于顺应了这种趋势，并采取了一系列措施来留住用户。就传统眼光而言，《赫芬顿邮报》成立之初的政论性文章与传统报社并无不同，但它成功地以博客的自媒体平台解放了报社对言论的干预，使评论者真正成为媒体的主人。正是这个革命性的颠覆，使《赫芬顿邮报》得以在短时间内聚拢大量高素质的博客作者，解决了新闻生产问题。其次，《赫芬顿邮报》还借助搜索引擎热词订制新闻，为用户提供他们感兴趣的内容。因为博客虽然唤起了作者们的写作热情，但他们写的还只是自己感兴趣的内容，未必是用户感兴趣的。因此，《赫芬顿邮报》再度改变传统媒体的生产习惯，开始借鉴搜索热词等提示，组织博客作者就热点进行写作，为用户订制热点新闻，也即为用户提供感兴趣的内容。除此之外，为了让文章更容易被用户获取，《赫芬顿邮报》还借助搜索 SEO 优化等技术手段，让互联网流量最大的搜索引擎为用户推荐内容，成功缩短了媒体与用户的距离。

不管是传统媒体还是新兴媒体，这个世界永恒不变的都是变化本身，或者你来变，或者颠覆者变给你看。只有不断否定过去，颠覆自己，不断蜕变，不断提升，才能不断往前走，才有化蛹成蝶的一天。

◎案例二

《赫芬顿邮报》：博客自媒体概念带来规模效应

《赫芬顿邮报》创立于2005 年 5 月 9 日，是美国最受欢迎的五大新闻网站之一，也是全美最有名的政治博客网站。2005 年 5 月，55 岁的阿丽安娜·赫芬顿创立了政治博客网站——“赫芬顿邮报”，被认为引发了一场新的媒体革命，赫芬顿也因此入选2006年《时代》杂志全球最有影响力一百人名单。

借由一系列的创新突破，2011年2月7日，《赫芬顿邮报》被美国在线以3.15亿美元的高价收购，随后又成为首个获得普利策奖的网络媒体，《赫芬顿邮报》在全球新闻行业声名鹊起。

被美国在线收购之后，《赫芬顿邮报》开始了国际扩张，于2011年5月26日推出了首个国际版本“加拿大赫芬顿邮报”。目前，《赫芬顿邮报》已经涉足英国、法国、西班牙、德国和意大利等国家市场。分析《赫芬顿邮报》的成功，除了始终坚持新闻上的专业尺度外，还在于分享博客、搜索引擎优化、社交化推广等技术革新带来的红利。

1. 首开博客自媒体先河

《赫芬顿邮报》虽然以报为名，但却是个不折不扣的博客网站。它抓住博客崛起的机会，创造性地以新媒体的方式来承载报纸上的政论文章，并聚合有影响力的原创文章和一般用户，使之汇聚一堂，演化为巨大的舆论影响力。《赫芬顿邮报》的成功来自于对博客这一媒体形式的巧妙运用，从而充分利用了许多免费专业的资源。同时，许多这样的资源具有排他性，这意味着市场上不可能出现多个《赫芬顿邮报》。

《赫芬顿邮报》最初是一个自由派和左派的政治评论平台，同时也向公众提供不同于老牌网站 Drudge Report 的时政新闻聚合服务。一开始，《赫芬顿邮报》仅仅只是阿丽安娜·赫芬顿等4人为表达不同政见而创立的一家新闻聚合服务和博客网站，提供专栏评论和不同来源的新闻。阿丽安娜·赫芬顿有意识地邀请了一些美国文化界的著名人士，如曾获普利策奖的历史学家小阿瑟·施莱辛格、名主播沃尔特·克朗凯特、著名记者诺曼·梅勒等人在网站开博，议题主要集中在国内外公共事务领域，如小布什的伊战政策、总统选举、金融危机等等，由此为其博客网站的公共讨论奠定了理性、深度且具有多元化声音的基调。网站还注重汲取传统媒体新闻价值观的精粹来树立自身作为公共媒体的权威性。这些多元而又理性的声音为赫芬顿赢得了大量的用户，也让它在2006年8月便获得500万美元风险投资。2007年4月，《赫芬顿邮报》开业内之先河，发起了2008年美国总统大选网上辩论会。这些努力为《赫芬顿邮报》在新闻界赢得了尊敬。

2. 借助搜索引擎优化吸引用户

作为互联网第一个大报，《赫芬顿邮报》在搜索引擎优化方面做得非常成功，这也是它成功利用互联网思维的又一创举。《赫芬顿邮报》的编辑分为两类，一类人从事传统的采编业务，另一类人则坐在编辑室里，时刻紧盯谷歌网站，看哪些搜索关键词最受关注，然后根据这些关键词撰写发布新闻故事。

通过在报道中设置短语、热词标签链接，以确保用户在搜索时能为《赫芬顿邮报》贡献较多的流量。在内容管理系统捕捉具有病毒式传播特点的原创文章，交给编辑加以推荐、推广。由时事流量分析系统找出具备病毒式传播特点的内容，对内容传播的情况进行持续测评，根据结果进行调整。对于不具备病毒传播特点的内容及时进行调整，或提升或降低版面位置，甚至删除。

3. 大胆尝试新的社会化传播方式

借助社交媒体促进用户互动，《赫芬顿邮报》从首页开始提供“follow”渠道，每隔五分钟与用户进行交互发动推文。同时，从2009年8月开始，《赫芬顿邮报》与Facebook合作推出一个社会化新闻新版块“HuffPost Social News”，用户可以在该区域看到自己的Facebook好友正在阅读的内容，也可以将感兴趣的内容直接发到自己的Facebook账号推荐给好友。通过这种机制，将海量的新闻过滤成用户及其好友关注的部分，由用户决定需要了解的内容，并形成一定范围的社群传播。

同时，《赫芬顿邮报》利用网站已发展成熟的博客圈，通过社群传播和博客评论等功能来促发、引导对于公共事件信息的交流与评论。网站编辑的角色则由传播内容的“把关人”转变为网上社区的“调节者”，以活化、引导公共讨论为其主要职能，鼓励网民畅所欲言，对各类公共议题进行讨论、批评、质疑。通过这些角色转变，《赫芬顿邮报》成功地以远低于传统新闻机构的运营成本，激活本地新闻与评论的能量，进一步吸引用户关注并参与。①

三、以技术创新为用户提供全方位的优质服务

在传统媒体年代，媒体与用户无法实现实时交互，媒体的渗透率和到达率很难精确测量，但新兴媒体则可以通过技术创新方便地得到这些反馈，这也为新兴媒体进一步优化用户体验提供了独有的机会。更接近并了解用户已经成为新媒体最为核心的竞争力。

在传统媒体的管理者依然凭借经验策划选题时，新兴媒体更热衷于通过数据来研究用户。当红的美国新闻聚合网站 BuzzFeed 的核心竞争力即是它的基于算法的内容管理系统。BuzzFeed 研发了一款即时通讯客户端 BuzzBot，采用基于链接点击上升速度的算法，从数百个博客那里获取订阅源，并搜索新链接，迅速向其他网站扩散。BuzzFeed 以此算法为核心，着重显示 BuzzBot 找到的部分热门链接，加以人工编辑后向用户发送信息链接，供用户浏览当天网上的最热门事件。我国获得 C 轮融资的“今日头条”在短短 2 年内锁定 1.6 亿用户，也得益于基于算法

---

① 百度百科：《赫芬顿邮报》，http：//baike.baidu.com/view/5186726.htm？fr = aladdin。

的社交大数据挖掘。

通过算法不断发现用户关注热点的同时，BuzzFeed 得以发现用户的偏好，也得以了解病毒式营销内容的形成规律，因此，它们开始以生产病毒式营销内容为目标，致力于提供与传统媒体截然不同的内容产品，以供用户社交分享。

得益于无所不在的用户大数据，新兴媒体在为内容用户提供优质服务的同时，也可以为广告客户提供更为精准的投放参考。从早期的 Google 广告到当下的大数据广告投放平台，新媒体时代的广告客户与用户已经基本实现零距离。美国领先的移动广告平台 Millennial Media 的 RTB 实时竞价平台，可实现广告主、广告公司、媒体公司的实时对接。

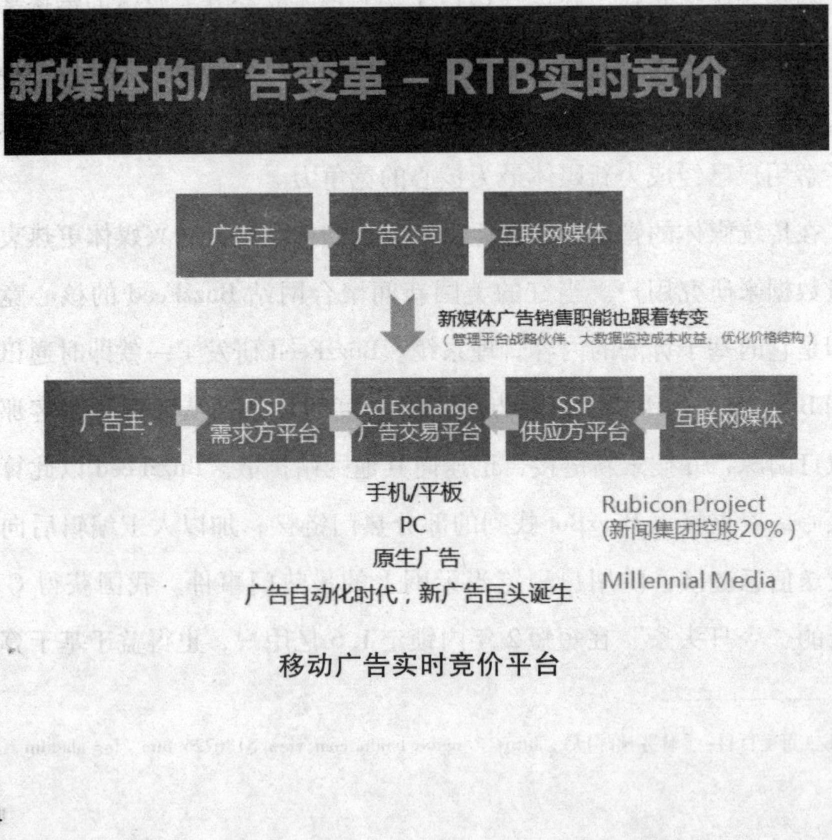

移动广告实时竞价平台

◎案例三

BuzzFeed：发现并创造病毒式营销内容的网站

BuzzFeed是一个当红的美国新闻聚合网站，致力于从数百个新闻博客获取订阅源，通过搜索、发送信息链接，为用户浏览当天网上的最热门事件提供服务，被称为是媒体行业的颠覆者。

BuzzFeed创办于2006年，它的创办人是毕业于麻省理工学院、曾被大学同学评价为“实用主义而世故”的乔纳·佩雷蒂（Jonah Peretti）。乔纳·佩雷蒂同时还是美国最成功的博客网站《赫芬顿邮报》的联合创始人，直到美国在线2011年收购《赫芬顿邮报》，他才离开该公司。他还在《赫芬顿邮报》工作期间，便开始对BuzzFeed项目进行尝试。

1. 核心竞争力：基于算法发现的热门新闻

BuzzFeed实验室研发的第一款产品是即时通讯客户端BuzzBot，该客户端向用户发送信息链接，供用户浏览当天网上的最热门事件。BuzzBot采用基于链接点击上升速度的算法，从数百个博客那里获取订阅源，并搜索新链接，迅速向其他网站扩散。佩雷蒂以此算法为核心创建了BuzzFeed，着重显示BuzzBot找到的部分热门链接，并加以人工编辑。

这套专属内容管理系统很快成为BuzzFeed的核心竞争力。BuzzFeed不断对这套系统进行重新设计、管理和升级，鼓励读者在社交网络进行分享的行为。通过BuzzFeed的分析工具，该网站与时下流行的内容紧密联系在一起。

与《赫芬顿邮报》看重搜索引擎导流效果不同，BuzzFeed认为分享比搜索更重要。因为随着Facebook和Twitter的崛起，人们更多是通过分享而不是搜索获取内容。在这个理念指导下，BuzzFeed将自己从为谷歌等搜索引擎进行内容优化的实践中释放出来。访问量验证了这个论断。

相较于直接访问，Facebook 是 BuzzFeed 更为强大的流量驱动器，在 BuzzFeed 的总访问用户中，超过50%的用户来自社交网络。

2. 以可爱猫狗取胜的独特逻辑

8 年时间里，BuzzFeed 借助最拿手的猫猫狗狗榜单图让自己的内容风靡社交网络，并发展成为一个盈利的内容网站。

从流量数据来看，BuzzFeed 是全美增长最快、最能吸引大众眼球的新闻网站了：每月的独立访客 4000 万人，40% 的流量来自移动端，内容被转载到社交网站上之后，流量会上涨 34 倍。

从内容偏向来看，BuzzFeed 是全美最具娱乐精神的互联网新闻网站，主打萌宠、爱情、明星，广受美国青少年的欢迎。BuzzFeed 为人熟知的是它的榜单内容形式。对于消费类媒体而言，榜单是非常有效的形式，它能快速形成病毒式传播。在 BuzzFeed 上热门的标题大多是“数字 + 吸引眼球”的关键字；内容都是多图 + 少许文字注释。如下：

- 17 Super Useful Styling Tips For Women Under 5’4
- 44 Lazy Girl Beauty Hacks To Try Right Now

BuzzFeed 网站上的内容，除了由雇佣作者撰写，大部分是来自于网友们的吐槽内容，由网站工作人员审阅和修改后安排上线，再让观众来评判究竟是“LOL”（很好笑）、“Win”（赢了）还是“Fail”（不及格），等等。

BuzzFeed 认为人类天性就对动物有天生的喜爱和积极美好的想法，所以这些可爱动物的内容也就自然而然地成为 BuzzFeed 的“招牌”。①

---

① 爱范儿网：《当红炸子鸡 BuzzFeed：质量不是一切》，2013 年 4 月 15 日，http://www.ifanr.com/277446。

3. 致力于社交分享中的病毒式营销内容

BuzzFeed 提出，BuzzFeed 未来几年的市场机会将来自于伴随网络成长起来的用户。因为 Facebook、Twitter 和各种社交网络的用户依旧需要专业的内容，但过去的电视和报纸满足不了这类人群对于新闻和娱乐的需求。因此，BuzzFeed 要沿袭传统媒体曾经所擅长的专业新闻报道。BuzzFeed 将雇佣世界上最有能力的记者和作家，加强网站在突发新闻报道、调查报道以及专业领域报道的水平，来达成这个目标。

值得传统媒体反思的是，BuzzFeed 在明确提出做传统媒体擅长的新闻报道的同时，更强调要专注于做移动社交平台上的可供病毒式营销的内容，避开任何需要采取传统业务模型的东西，比如推出自己的电视节目、电台、电影内容；也不会做社交网络、付费内容、纸质媒体甚至会议内容。BuzzFeed 认为，传统的业务还是应该留给其他擅长的媒体。

第二节 革自己和行业的命

在这样一个要么颠覆要么被颠覆的年代，媒介变革没有中间道路可走。正如习近平总书记所说，“宣传思想工作是做人的工作的，人在哪儿重点就应该在哪儿”。任何犹豫不定的迟疑，都可能埋下万劫不复的隐患。在世界范围内，多数人尤其是年轻人基本不看传统媒体，大部分信息都从网上获取。不正视这个事实的结果，只能是被边缘化了。正因为如此，美国《新闻周刊》2012 年宣布停止纸质版，《纽约》杂志改成双周刊、《时代周刊》正向数字产品投入更大精力。即便是美国《新闻周刊》于 2014 年复刊，它也选择了比原先定位更狭窄的高端奢侈路线。

从世界范围看，概莫如此。本节选取了走在时代趋势上的美国在线流媒体供应商奈飞公司（Netflix）、为懒人提供个性化新闻智能服务的今日头条以及以吃透产业链为己任的乐视集团，以说明观念迭代对于行业拓展的重要意义。

Netflix 原先是一个影片租赁提供商，如果不转向在线视频，它的命运可能会如同最后落得破产清算被收购的英国同业大佬 Blockbuster。尽管颠覆自己并不容易，但 Netflix 通过锲而不舍的努力使之成为现实。而其中最为难能可贵的是，Netflix 不仅坚定地选择了新媒体战略，而且彻底改变了传统商业追求盈利而非市场规模的固有思维。正是这个重要的战略决定，使得它克服版权的短板，在用户规模和经营规模上都超越了衔着金钥匙出生的“富二代”视频网站 Hulu。

在以仓储式新闻模式风靡一时的门户日渐衰弱的当下，为懒人提供个性化新闻智能服务的“今日头条”的崛起，则代表着另一个时代的到来。

乐视集团则挟影视剧版权优势，从无到有励精图治，综合运用技术创新、上市融资、市场推广、海外复制等运营手段，将视频网站、智能终端、电影、生态农业、智能汽车等产业链尽速收入囊中，将用户价值放大到极致。

而无论是从老媒体蜕变而来的Netflix，还是新晋话题榜的今日头条和乐视集团，所谓的观念迭代的核心其实还是以用户为中心开展创新：当用户上网了，就应为用户提供在线服务；当用户懒于选择了，就应主动挖掘用户偏好为用户自动推送；当用户既想看大屏又想看小屏时，就应为用户提供一站式视频服务，顺带为用户提供其他增值服务。这也正应了凯文·凯利在2010年接受凤凰卫视采访时专门指出的：“信息池时代个性化用户体验非常重要。”凯文·凯利的朋友马克·赫斯特（Mark Hurst）则是最早提出“用户体验”（Customer Experience）的美国著名互联网创业家和作家，其所倡导的“用户体验为王”思想已成为互联网界最重要的规则之一。

◎案例一

Netflix：走在时代趋势上的影片提供商

近年来，Netflix在在线视频领域声名鹊起，成为美国有线和公共电视网之外第三大影视播放媒体。Netflix是一家成立于1997年的传统影片租赁提供商，总部位于加利福尼亚州洛斯盖图，1999年开始提供订阅服务。在适时而变后，Netflix已经成功从一个在线影片租赁服务公司华丽地转型为一个网络影视播放平台，为美国、加拿大等国用户提供互联网随选流媒体播放、定额制DVD、蓝光光碟在线出租业务（在加拿大仅提供流媒体播放）。

1. 从传统DVD租赁向网络视频华丽转身

传统企业转型升级往往被称为革自己的命，成功的案例很少，但

Netflix 是个例外。随着互联网技术的发展以及消费者观影方式的改变，网络视频把 DVD 搬上了互联网，Netflix 抓住了这一波发展高潮，完成了从线下向线上的迁移，凭借全新的商业模式抢得了付费视频的市场先机，资本市场也重塑对 Netflix 的估值，Netflix 市值超过百亿美元，而昔日 DVD 租赁的大佬 Blockbuster 由于未跟上时代的步伐最终落得破产清算被收购的命运。

首先，这得益于 Netflix 锲而不舍的努力。由于意识到 DVD 租赁已落后于时代的需求，Netflix 公司一直在尝试转型。早在互联网泡沫疯狂的 2000 年，Netflix 公司的技术团队就曾尝试通过互联网将电影送入家庭终端，但因当时宽带技术的限制，下载一部普通的电影需要 16 小时和 10 美元的带宽费，Netflix 最终无功而返。之后，Netflix 又开发了具备网络传输功能的机顶盒，但依然不被看好。真正启发 Netflix 走向转型之路的是 2005 年诞生的 YouTube，这种在线即时点播的方式迅速受到用户的欢迎，Netflix 开始启动在线点播项目。随着宽带的大规模应用与视频播放技术的进步，在线观看流畅的高清电影成为可能，Netflix 也开始正式提供网络点播业务，并以免费的市场策略迅速成为这个领域的佼佼者。通过采取不增加现有会员额外费用的基础上免费提供在线视频服务的策略，Netflix 获取了与百视达竞争的差异化优势，不仅原有业务在线租赁平均每天 DVD 光盘邮寄量持续增长，流媒体业务中至少浏览 15 分钟内容的会员比例也由 2009 年年中的 37% 左右增加至 2010 年年中的 61%。①

2. 持续优化影片推荐系统

Netflix 以大数据挖掘来投资推荐《纸牌屋》的案例已经耳熟能详，

---

① i 美股网：《Netflix：从传统 DVD 租赁向流媒体华丽转身》，2011 年 5 月 11 日，http://news.imeigu.com/a/1305099892196.html。

而实际上，更早前的 Netflix 租赁清单和推荐系统的设计早就构成了它的核心竞争力之一。通过会员对个人清单的填写以及系统的推荐，让许多冷门电影进入了候租榜单，而这有助于降低 Netflix 公司的成本。推荐系统主要根据会员对电影的评级、年龄、性别以及以前租赁过的电影等进行推荐，数据统计称60%左右的会员根据推荐名单定制租赁顺序，成功地预测哪些会员喜欢哪些影片是 Netflix 服务中一个非常关键的环节。为了更高效地为会员推荐电影，Netflix 公司在 2006 年推出旨在提高推荐系统效率的 Netflix 百万美元大奖，无论是谁，能最好地优化 Netflix 推荐系统就奖励 100 万美元。Netflix 持续使用参赛选手的方法提高影片推荐的效率，得到了很多影片评论家和用户的好评。

3. 分食传统版权发行商的蛋糕

经过多年努力，Netflix 已经成为全球版权视频行业的标杆企业。它推动了网络追剧市场，并且通过各种创新，给美国好莱坞和电视行业带来一次次革命。

Netflix、Hulu 等在线视频公司培养的网上追剧市场，导致许多消费者取消了收费的卫星电视和有线电视，也推动电视台和有线网络运营商彻底改变了千方百计封堵精彩内容流向网络视频的思维方式，开始追求“随时随地看电视”，让那些订购了有线频道的用户，在互联网上免费观看所购买的电视节目。

继 Netflix 自主投资拍摄的《纸牌屋》、《女子监狱》等剧目大受欢迎后，Netflix 的目光不再局限在电视剧领域。它盯上了电影的放映，希望打破院线首映新电影现有格局，能够同院线同步放映新发行电影。

2014 年 9 月 29 日，Netflix 与美国独立电影片商温斯坦影业联合宣布，制作成本高达 8000 万美元的动作大片《卧虎藏龙 2：青冥宝剑》将于 2015 年 8 月 28 日通过北美 IMAX 影院及 Netflix 在线播放同步上映，给北美电影市场献上一份充满颠覆意味的大礼。这是Netflix首次获得好莱坞大片的同步发行权，对至今牢牢把持影片发行权的好莱坞而言，也是一件预示着行业洗牌潮来临的变革事件。在北美市场，此前很长时间内，影片制作方与影片发行方的合作方式只有三种：影片分成模式、一口价购买模式、议定保底价模式。在这种模式下，好莱坞电影制作公司一般能够从影片上映后的票房收入中获得至少一半的分成。而电影上映后，好莱坞制作方还可以通过电影正版光碟、付费电视频道转播等途径进一步获取收益。如果Netflix同步在线播放《卧虎藏龙2：青冥宝剑》的模式成为北美电影市场今后的主流，好莱坞制作方几乎将失去固有的发行优势。

◎案例二

为懒人提供个性化新闻智能服务的“今日头条”

“今日头条”是一款基于数据化挖掘的个性化信息推荐引擎，其搜索推荐内容包含新闻动态、图片和短文。自2012年8月份上线至2014年第三季度，“今日头条”已经累计用户达1.6亿以上，其中日均活跃用户1600万人，成为增长最快的资讯类客户端。由于看好这种“社交数据挖掘+个性化推荐”的模式，“今日头条”已获得三轮包括红杉资本、新浪微博等机构在内的上亿美元风险投资。

成功秘笈之一：以大数据挖掘来了解用户

在“今日头条”上线时，国内多数新闻类应用都已经有了几千万用户，但“今日头条”依然得以脱颖而出，原因在于观念迭代，依托大数据挖掘来了解用户的兴趣。“今日头条”的主要产品是一款在手机上基于机器学习为用户提供信息的软件，通过聚合全网尽可能多的数据，同时分析用户的每一个行为。区别于普通阅读类应用的个性化推荐模式，“今日头条”无须用户做任何选择，甚至都没有内容类别的选项，纯粹是基于用户的社交网络数据进行挖掘分析，再通过算法提供给用户自己最感兴趣的消息。首次使用“今日头条”需要绑定新浪微博账户。之后系统会自动为用户推荐新闻，也即用户感兴趣的内容。“今日头条”还引入了社交网络的好友关系，用户可以查看来自好友分享的资讯。除了内容本身外，“今日头条”还聚合了各大社交平台对同一篇内容的精彩评论，并且会根据用户的社交兴趣数据对评论进行智能排序，优先为用户展示来自社交好友和最具影响力的评论。

“今日头条”会在用户绑定微博后的5秒钟之内为用户建立起一个DNA兴趣图谱。这个图谱类似于一个数学模型，主要根据用户SNS账号上的标签、关注人群、好友、评论/转发、收藏等数据，以及用户的手机、位置、使用时间等数据提取而来。其中包括可视的（兴趣、爱好等比较好衡量的因素）和不可视的（文艺、清新等主观因素）两大主题，上万个维度。系统还会自动记录用户的阅读情况，不断摸索用户的兴趣，同时也在不断优化推荐的算法。也就是说，用得越多，就会越智能。

成功秘笈之二：为合作方导入流量

在利用智能方式为用户推荐他们喜欢的内容的同时，“今日头条”也将展示的资讯直接链回信息源网站，为网站导入流量，这对信息提供方是个好消息。

正因为此，尽管屡屡受到传统媒体和门户网站的联合声讨，侵权新闻频传，今日头条依然得到内容提供商的热烈欢迎。截至2014年9月，今日头条与6000家第三方内容方合作，其中包括几百家传统媒体、近2000家网站、4000个自媒体。①

① 推酷网：《张一鸣：没有编辑团队的今日头条如何把Flipboard们甩在身后》，2014年9月26日，http：//www. tuicool. com/articles/UZNbQv。

对版权问题，“今日头条”从开始的不关注，转变为现在的尊重其他媒体并寻找双赢——除了提供导流以及收益分成模式外，还会向优质内容生产者提供购买版权的合作模式。

导入流量和广告分成的模式，有可能颠覆原有的版权购买规则。传统媒体可以通过导流或者广告分成，获得新的利润增长点，进而打破既有的门户垄断规则，重建一条资讯生产、分发、获利的生态链。

◎案例三

以吃透产业链为己任的乐视生态系统

乐视网成立于2004年11月，主营业务为在线视频。2010年8月12日，乐视网在中国创业板上市，股票简称乐视网，股票代码300104，是行业内全球首家IPO上市公司，中国A股唯一上市的视频公司。

乐视集团致力打造基于视频产业和智能终端的“平台+内容+终端+应用”完整生态系统，涵盖了互联网视频、影视制作与发行、智能终端、大屏应用市场、电子商务、生态农业等，被业界称为“乐视

模式”。乐视垂直产业链整合相当于乘法效应，在产业链上下游做全面覆盖，包括乐视网、乐视致新、乐视影业、网酒网、乐视控股、乐视投资管理等多家公司。2014 年 1 月 27 日，乐视股价一度冲至 55.50 元，市值创下历史新高，达 441.3 亿元。

乐视公司的“平台 + 内容 + 终端 + 应用”的生态模式，包含 4 层架构 9 大引擎。9 大引擎包含平台层的云视频开放平台和电商平台；内容层的内容制作和内容运营；终端层的硬件及 LetvUI 系统；应用层包括 Letv Store、视频搜索、浏览器。

平台

在平台端，乐视公司构建起云视频开放平台和电商平台，其中，云视频开放平台具备业界最大的带宽储备规模，总量超过 2Tb/s，平台总存贮数量 100PB，超过 200 个节点遍布全球各个角落。

内容

在内容端，乐视生态拥有乐视网、乐视影业、花儿影视等内容公司，乐视网影视版权库涵盖 10 万多集电视剧和 5000 多部电影，并正在加速向自制、体育、综艺、音乐、动漫等领域发力。在内容运营方面，乐视网月度覆盖用户超过 3.5 亿人、日均浏览量超过 2.5 亿次，其中移动端日均播放量超过 1 亿，大屏日均播放次数超过 1000 万。

乐视影业是一家互联网模式下的电影公司，2013 年共投资发行 9 部影片，票房超 10 亿，拥有张艺谋等众多大牌主创。

花儿影视是一家专业电视剧公司，拥有郑晓龙等著名导演，其著名作品包括《渴望》、《编辑部的故事》、《金婚》、《北京人在纽约》、《甄嬛传》等电视剧。

终端

乐视智能终端环节由超级电视、乐视盒子、LetvUI 等共同构成。乐视智能终端由 CP2C 模式打造，秉承“千万人不满、千万人参与、千万人研发、千万人使用、千万人传播”理念，从最初的乐视 TV · 3D 云视频超清机 S10 到“乐视盒子”C1、C1S，超级电视 X60、S40、S50、MAX 70。2012 年乐视网将乐视 TV 业务进行分拆，组建子公司乐视致新，由其独立运营 TV 业务。乐视智能终端销售业务已经进入快车道，2013 年 5 月 7 日正式发售以来，取得了突破性的进展，2013 年全年智能终端出货 120 万台，其中超级电视 30 万台。

LetvUI 是乐视独立研发的智能电视操作系统，其中最新版 LetvUI 3.0 是实现全体感操控的电视操作系统，可以帮助用户完全抛弃遥控器。

应用

乐视打造的 Letv Store 是专为智能电视打造的智能电视应用市场，是国内首个面向开发者开放的智能电视应用开放平台。Letv Store 目前已拥有 3000 多款电视应用，并已与众多智能电视厂商进行了合作。Letv Store 为用户提供健康、影视、游戏、购物、KTV、教育等多个类型的应用。

2015 年 1 月 20 日，乐视宣布成立乐视超级汽车公司，正式进军智能汽车领域。此外，乐视还进入了互联网生态农业等领域。①

第三节　专业自媒体将星火燎原

随着 YouTube、Facebook、Twitter 等社交网络平台的风行，一个以个人分享为核心的自媒体时代已悄然来临。在中国，微博已经成为中国

① 乐视百度百科，http://baike.baidu.com/view/2223528.htm? fr = aladdin。

互联网上的一个举足轻重的舆论平台，在不知不觉间改变每个人的生活方式和中国的社会生态。而腾讯仅仅用了三年的时间，就将自己的通讯客户端“微信”普及到9亿多注册用户的手机中，① 微信及WeChat的合并月活跃用户达到4.38亿。② 微信的普及，意味着另一场媒体革命已经在我们的指尖悄然进行。2013年4月24日，搜狐旗下移动互联网产品搜狐新闻客户端成为国内首个用户数过亿的新闻客户端，目前用户量已突破2亿。③

微博、微信乃至新闻客户端的普及，意味着移动互联网的时代已全面到来。而移动互联网的普及，使得每个个体和社群变得异常接近，个体与社群的交流变得空前便捷。移动互联网以其重塑一切、变革一切的强大势能，不仅对经济、文化产生革命性影响，也为自媒体的崛起提供了前所未有的机遇，实际上也正在改写媒体生态。自媒体强大的交互性与话语权，使得传统媒体的单向传播模式日趋边缘化，为用户提供了更为多元的选择。

由自媒体的强链接所导致的高渗透率，已成为自媒体发展的利器。据不完全统计，截至2014年12月，微信朋友圈每天阅读数已接近300亿，用户变得更依赖社交网络的人际传播来获取信息。《晓说》、《罗辑思维》等优质自媒体因此获得社会效益和经济效益双丰收。相比之下，文字自媒体市场认可度较一般。发轫于2008年的自媒体《徐达内的小

---

① MSN中国科技频道：《腾讯内部统计的微信注册账号达到了9亿之多》，http：//it. msn. com. cn/521990/488035963454b. shtml。

② 腾讯公司2014年二季度财报。

③ 百度百科：搜狐新闻客户端，http：//baike. baidu. com/view/6873388. htm？fr = aladdin。

报》[①]、创办于 2012 年 2 月的首个微博自媒体《蛮子文摘》[②] 虽然实现了常态化刊发，但略显波澜不惊，未能在商业上有所建树。

基于此，本节讨论的自媒体仅限于“专业自媒体”，接近于 PGC 概念（professionally generated content，专业生产内容），也即拥有明确定位、常态化制作播出、独特运营模式的视频自媒体，以区别于自娱自乐的草根自媒体。

目前，专业自媒体主要包括自营和伴生两种模式。自营模式指自媒体人自建工作室负责制作节目、运营推广，如《罗辑思维》。伴生模式指由自媒体人负责制作节目，视频网站负责运营推广。如《晓说》、《吴晓波频道》。从实际运营情况看，专业自媒体的营利模式已基本成熟。自媒体低成本、小制作、重个性的灵活运营模式，既颠覆了传统媒体标准化作业的陈旧模式，也成为视频网站补充优质版权内容必不可少的选择。

2012 年 3 月，未做任何宣传，《晓说》在优酷悄然上线，24 小时内即突破了 100 万播放量。二季《晓说》总播放量超过 5 亿次。2012 年底，《罗辑思维》也正式进军自媒体。2014 年 5 月，《罗辑思维》宣布用户数达到 200 万、脱口秀视频观看次数过亿。它最吸引眼球的则是两次会员招募，近 3 万会员贡献了近千万元会费收入，并有市场人士给予《罗辑思维》1 亿美元的估值。凭借《晓说》和《罗辑思维》，前音乐制作人高晓松和前电视台制片人罗振宇不仅收获数百万粉丝，挣得盆满

---

① 《徐达内小报》为 FT 中文网《徐达内〈媒体札记〉》的 IPAD 版，从 2008 年 10 月写作至今，是由独立媒体人徐达内担纲的独家新闻解读。《徐达内小报》目前分为媒体札记、头条以及图解 3 个版块。

② 《蛮子文摘》自号首个微博自媒体，由天使投资人薛蛮子投资创办。从 2012 年 2 月 13 日创刊，到 2013 年 9 月 3 日停刊，《蛮子文摘》总共发布了 561 期早晚报，200 多篇达人投稿，400 多篇好文，3620 条微博，400 多篇微信，累计被 396 万次转发，微博 35 万粉丝，微信 12 万粉丝，APP 下载量在 50 万以上。部分摘自《〈蛮子文摘〉停刊 500 天复盘记》。

钵满，而且成功跨界转型，稳稳坐上了网络自制脱口秀领军人物的交椅。2015 年 2 月底引爆舆论热潮的柴静雾霾调查《穹顶之下》，播出仅一天，网络点击近亿，再度验证了自媒体潜藏的巨大能量。

凭借所谓“魅力人格体”产品的感染力和娴熟的商业包装策划手段，《晓说》、《罗辑思维》、《吴晓波频道》等自媒体迅速获得相应社群的拥趸，脱颖而出，成为社群传播榜样。它们通过一个个自我包装的“媒体事件”，使社群滚雪球般壮大，产生巨大的社会影响力和商业效益。社群营销的核心在人而非其他，其中涌现出的一些创新理念和运营模式，值得传统媒体和其他自媒体学习借鉴。

一、提升：打造“魅力人格体”自媒体

相比草根自媒体，传统媒体拥有巨大的自媒体优势：一是自媒体账号量大，结构丰富。传统媒体不仅开设了多层级的机构官方账号，且辖下的编辑、记者也多开通个人账号，形成丰富的自媒体生态系统。二是自媒体账号质优，影响力大。传统媒体的一些主持人和编导在社交网络上拥有极强的号召力。在新浪微博上，张泉灵拥有 1000 多万粉丝，郎永淳 694 万、鲁健 467 万。三是传统媒体的自媒体背靠母体，拥有强大的品牌和资源优势。

显见，传统媒体不仅名人辈出，且在民众中具有较好的专业口碑，应充分发挥其潜在优势，建立健全相关保障机制，鼓励旗下名人自建个性自媒体，为用户提供多元化的精神食粮。比如《罗辑思维》运营人罗振宇所推荐的那些有趣的书籍，“吴晓波频道”运营人吴晓波对各种中国经济现象独特的评析。正是这些饱含知识分子情结的内容，为两个自媒体赢得了坚定的社群支持。

传统媒体还可依托多元化的自媒体，改变传统媒体过往相对单调的

宣传口径，以“魅力人格体”的个性化表达来丰富传统媒体的话语体系，使之与主流话语构成差异互补的立体传播格局，增强主流话语体系的影响力。

体制外自媒体则可在“魅力人格体”上多下功夫，为用户生产可供病毒式营销的个性化信息产品。

二、聚合：加强互动以提升社群凝聚力

自媒体对社群运营的启示还在于，移动互联网使得以往传统媒体难以直接接收用户回馈的问题迎刃而解，只要一键在手，社群可以第一时间向成员发出信息，成员也可以随时与社群展开交流。这对于社会转型期的中国来说，是个巨大的机遇。传统媒体尤其应审时度势，认真借鉴自媒体运营移动互联网经验，扬长避短，充分发挥科学技术的生产力为自身服务。

传统媒体应学习自媒体创新推广营销模式，打造具有自身特色的移动互联网社群，不断强化自身核心竞争力。在服务好成员的各类提升需求的基础上，最大限度增加社群成员黏性。一些自媒体的推广营销，不仅综合运用了多种市场营销方法，如限量销售、悬念销售等，更是成功地把这些营销方式嵌入社群粉丝的生活方式中，如读书、旅游、交友、互动分享等等。

对于传统媒体而言，其社群可包括两部分，一是接受传统媒体内容产品影响的社群，一是传统媒体内部组织成员。目前，传统媒体大多自发建立了主题QQ群和微信群来展开交流，既增进了感情，也方便了组织意志传达。到目前为止，这样的建设多数取决于社群成员自发的做法，并未成为正式的工作机制。建议可考虑组织建设移动化，以组织为单位建立相应QQ群或微信群，使QQ群或微信群成为组织建设的标准

配置。亦可与腾讯公司合作订制微信社区，将社群按照行政区域划分建立网络模拟社区，使各级组织均可第一时间向所辖成员传达信息，全体成员亦可通过社群平等快捷地交流信息，消除社群内的信息不对称，提升凝聚力。

自媒体则应从一开始就准确界定服务对象，针对专有社群开展有针对性的互动服务。

三、应用：将用户关注转化为媒体影响力

在鼓励旗下自媒体发挥能动性打造有影响力的内容产品之外，传统媒体和自媒体还可通过百度指数、微博指数、舆情数据分析等公共数据和自媒体平台数据分析，第一时间了解用户的关注点和成员的兴趣点，并从中提炼出内容议题，为自媒体进行个性化内容生产提供平台支持，使之转化为实际的注意力。

传统媒体和自媒体可尝试构建基于移动互联网平台的全链条管理方式，即鼓励建设自媒体平台——聚合成员人力智力——发现典型性新闻线索——总结提炼议题——供自媒体参考——制作个性化内容产品——通过自媒体平台发布。通过采取这些措施，它们可基本实现三个战略目的：一是打造品牌自媒体，提升全媒体舆论影响力；二是站在网络智慧的制高点上，发现热门选题；三是凝聚成员，调动成员参与积极性，使之形成良性循环。

◎案例一

高晓松与《晓说》

2012 年 3 月，一档名为《晓说》的脱口秀节目引来了不少关注，网友纷纷惊呼：“老哥说得真逗，太好笑了！”而这位铁齿钢牙的主持

人，正是音乐人高晓松。《晓说》是高晓松的网络脱口秀节目。

在《晓说》每周20—30分钟一集的节目中，谈论一个热门话题，由主持人高晓松自由发挥，说历史、评人物、聊八卦、论文化、谈热点，打造视频化的“高晓松专栏笑话大全”。每个月《晓说》会邀请嘉宾制作一期特别对话节目。同时，网友也可以实现和节目的全互动，每期节目会提前在网上公布话题，征集网友对该话题的看法，录制成视频，有独到观点的网友视频将在节目中播出，还会得到高晓松的点评。

《晓说》自2012年3月起每周五早8点于优酷视频准时播出，每期节目话题都深受网友追捧热议，创下网络播放奇迹，并且输出到高铁、民航客机、高速大巴以及浙江卫视等全方位媒体播出，创下多项纪录，聚拢了百万高素质“晓说迷”。

在与优酷合约到期后，高晓松决定加盟爱奇艺。《晓说》于2014年5月底在优酷停止更新。高晓松以及《晓说》的全部团队移师爱奇艺，制作另一档脱口秀节目《晓松奇谈》。

成功秘笈之一：低投入高产出的视频自媒体

《晓说》成功的背后是视频网站的原创浪潮。在经历了资本大战、内容大战之后，开始了激烈的制作人争夺。随着版权费用日渐高企，当初靠着版权混乱时期起家的网站，在聚集到大量资金之后都要重走大制片厂的老路。正如凤凰卫视凭借新闻评论的低成本方式迅速崛起的老办法，脱口秀节目也是视频网站以低成本方式吸引用户眼球的捷径之一。比起自制剧的大投入和不明朗的市场前景，网络脱口秀的投入产出优势显然更突出。

成功秘笈之二：趣味

《晓说》的爆红，在于高晓松讲出了一些新闻背后的故事。或者是潜规则，或者是人们预知而不可得的冷门野史，这些本就撩人眼球的内容再经由他独特的表达，自然也就风靡全网了。而这些内容的积累则得益于他的家庭背景以及他个人的学习游历。就像他说的，“我从小有一个优势，家里人是政协常委之类的，有那种文史资料选编。中国人有写史的传统，让国民党将领什么的写回忆录，但又不让大家看，就编成资料选编内部交流。我们家都是学科学的，没人看，我自己天天在那里看，哟，跟课本上写的不太一样”。

成功秘笈之三：一个人的电视台

技术的进步，让制作变得简单，让个人生产力、创新力得到最大的释放。据说，早期优酷土豆方面也没想好与高晓松做什么，只是单纯想和高晓松合作，对于内容和合作方式，他们以各种各样的方案、节目进行协调。高晓松觉得这些都太麻烦，说就弄一个世界上最简单的节目，我一个人说话。由于高晓松一个人在镜头前的脱口秀成本很低，优酷土豆就决定做这个节目。制作的简单不意味着粗制滥造，反倒因为这种轻制作，使得节目更为浑然天成，轻松愉快。

◎**案例二**

罗振宇与《罗辑思维》

《罗辑思维》是一档国产知识性脱口秀类栏目，其包括微信语音、视频、线下读书会等具体互动形式，主要服务于80、90后有“读书求知”需求的群体，打造互联网知识型社群。《罗辑思维》由前央视《对话》节目制片人罗振宇发起创办，其口号是“有种、有趣、有料”，做大家“身边的读书人”，倡导独立、理性的思考，凝聚爱智求真、积极上进、自由阳光、人格健全的年轻人。2014年1月13日，凤凰视频与凤凰卫视资讯台携手打造的首届“视频新闻盛典”，将自媒体奖授予了罗振宇与《罗辑思维》。

在价值未变现之前，很多人认为《罗辑思维》只是一个形式新鲜、细水长流做内容的自媒体。但分水岭随着其社群商业模式的初试牛刀而出现。2013 年七夕节和 12 月底，《罗辑思维》依托两次“史上最无理”的会员招募，分别在半天时间内募集资金 160 万元、在一天时间内募集资金 800 万元，从而彻底引爆了外界的关注，进而被视作自媒体变现的“标杆”。在此后的时间内，带着付费 1200 元的铁杆会员和付费 200 元的普通会员们，《罗辑思维》开始举办相亲会、带队采茶、吃“霸王餐”、游斐济，社群运营的思路逐步浮出水面。联合创始人申音也多次提及，“《罗辑思维》的核心从来就不是内容，而是社群”。① 为了确保社群质量，《罗辑思维》也宣布在未来最多发展 10 万名会员。2014 年 5 月，《罗辑思维》晒出用户数达到 200 万、脱口秀视频观看次数过亿。10 月，《罗辑思维》在 5 小时内卖出柳桃 1 万盒。12 月，《罗辑思维》在七天内卖出 5 万本硬书《战天京》。《罗辑思维》所谓的互联网实验渐入佳境，社群规模也在 2015 年初扩展到 320 万人。

成功秘笈之一：追求极致

被罗振宇定位为“马桶伴侣”的每天早上六点半的 60 秒语音，就集中体现了极客精神。虽说只有短短 60 秒，但要完美地从头录到尾，却并不容易。罗振宇说最开始的时候，一条语音要录几十次，一点点调整。一个人在一个细节上能如此追求极致，一定不是一般人。60 秒代表一种仪式感，代表对用户的尊重，通过极致体验获得用户发自内心的尊重与热爱。

电视台录节目通常会有提词器，但《罗辑思维》偏偏不这么做。每期节目罗振宇都把台词背得滚瓜烂熟，不到半小时的节目要花六七个

① 百度百科：《罗辑思维》，http：//baike. baidu. com/subview/9852388/13243393. htm。

小时才能录制好。

成功秘笈之二：用嵌入服务黏住用户

在《罗辑思维》里，罗振宇设置会员互动环节，将精彩的用户评论植入节目，使之成为节目的一部分。罗振宇还会招募会员做节目助理，并在节目中不吝溢美之词为会员做宣传。第一次做线下活动时，《罗辑思维》设置了两个特殊环节。一个是爱与抱抱，鼓励人们表达自己的真实情感，结果演讲结束后一群年轻人冲上台去拥抱罗振宇。另二个设计是两个箱子，一个名为打赏箱，一个叫吐槽箱，如果对活动满意可以进行不限金额的打赏，如果不满意可以写下意见以助改进。

《罗辑思维》在成就自己的同时，也为会员提供了互动交流乃至价值实现的窗口，在用户之间建立爱的链接。

成功秘笈之三：用游戏体验做社区

维系《罗辑思维》社群的，是一个个游戏串起的社区活动。因为《罗辑思维》认为，在大家从事繁重工作的同时还不厌倦的只有游戏。

《罗辑思维》曾发布了一个"霸王餐"游戏，发动社群成员为一顿互联网思维的霸王餐献计献策，结果用户自发联络餐馆，参与组织和执行。游戏将粉丝与《罗辑思维》、与互联网、与社会连为一体，形成规模化社群效应。一群因《罗辑思维》走到一起的陌生人，自然而然形成一种拥有共同的价值观、共同的理念、共同的兴趣爱好的社区文化。

成功秘笈之四：用事件玩营销

无论是卖会员、卖书、卖月饼，《罗辑思维》营销的路径堪称另类，却又完全在互联网思维的情理之中。

2014年6月份，《罗辑思维》在微信里做了一场互联网出版实验，结果，8000套单价499元的图书礼包在90分钟内被秒杀，掀起了一股用信任改造传统出版业的狂欢。《罗辑思维》和合作伙伴还做过很多回馈用户的活动，只是借花献佛就取得不错的社会营销效果。

成功秘笈之五：用魅力人格建立品牌

自《罗辑思维》创办开始，罗振宇就到处推广他的“魅力人格体”理论。罗振宇认为，在互联网时代，个人比组织更有价值。“魅力人格体一定有趣、有料、有亲切感、有丰厚的人文精神。”这也印证了互联网的成功模式，越来越多的互联网创业者把自己打造成创业明星，用个人形象培养品牌粉丝，进而转化为粉丝经济，《罗辑思维》和罗振宇也是如此。

◎案例三

《吴晓波频道》

《吴晓波频道》是著名财经媒体人吴晓波运营的自媒体，它的口号是“一个人的财经频道”，旨在打造“自己的媒体，自由的媒体，自在的媒体”。《吴晓波频道》于2014年5月8日上线，之后每周二、周日各一篇财经专栏文章，周四在爱奇艺播出三十分钟左右的视频脱口秀。微信公号上线当天的订阅户为4582人，30天超过10万，50天订阅数接近14万，其中，北上广和浙江、江苏五地之和约为50%，集中度很高。6月14日，第一场由订户自主发起的读书活动在北京银河SOHO进行，组织者是中国社科院的一位在读博士，12名北京订户参加，有人提供场地，有人提供茶叶，频道提供了10本《商战》。6月27日，频道发布“招募令”，在北上广深杭成立书友会，招募管理员和后援团。

从传播形态来看，《吴晓波频道》本质上是财经写作的多媒体化改造，是一次升级，而非转型，它的原发起点并没有改变，变化的是传播的手段和方式，相应带来的是作者—读者关系链以及商业兑付模式的突变。

《吴晓波频道》在文字专栏中大幅度增加了历史图片和自制图表，改善了财经阅读的用户体验。在专栏中增加“小调查”版块，提高了订户的参与感，并因此生发出独立的观点和立场。经过改造升级后的《吴晓波频道》，每期更新的专栏，图文转化率为25%到50%之间，后台每天收到的消息留言为200条到1600条之间。①

《吴晓波频道》在推出视频的同时，勾连相关的文字内容和图书推荐，使之形成多媒体的互联互动。为了活跃节目气氛，《吴晓波频道》在一向严肃的财经脱口秀中，增加一个布袋角色巴九灵，负责吐槽、搞怪和提问。在爱奇艺财经频道播出的脱口秀，集均收视量为82万，最高达到120万。与娱乐节目相比，《吴晓波频道》的男性观众多，年龄段集中于18岁到35岁之间，上海和江浙观众多。②

随着移动客户端及社交网络的兴起，越来越多的人在社交状态下获取信息，自媒体因此变得更加灵活和主动。社交化传播并不意味着内容的完全碎片化，相反，沉浸性阅读及视频收看仍然大量存在。《吴晓波频道》顺应了这种趋势，使得以往的专栏式写作和图书出版模式更往前了一步，其自媒体的广告价值、增值兑付模式以及粉丝价值也将因此生发并引爆。

---

① 网易客户端：《吴晓波频道：50天报告》，2014年6月29日，http：//help.3g.163.com/14/0629/09/9VT7Q3JD00964K91.html。

② 网易客户端：《吴晓波频道：50天报告》，2014年6月29日，http：//help.3g.163.com/14/0629/09/9VT7Q3JD00964K91.html。

第二章　倒逼出来的全媒体战略

“全媒体”是近年在业界出现频率很高的一个词，不同时期定义也有不同的提法。但实际上，这个专为互联网时代量身打造的概念，并不由互联网公司使用，而是传统媒体的专有名词。当新兴媒体一点点地撬动文字、图片、视频等传统媒体的既有版图，传统媒体开始感受到强烈的危机感，并期待以全媒体战略来抵御新兴媒体的解构。危机感越重，对全媒体的讨论就越热。与此相对应的是，新兴媒体并不关心概念，只关心产品和盈利模式。它们很少使用全媒体概念，除非是在与传统媒体交流。

作为一个应对新时代的策略本身，全媒体概念本身无可厚非，也对于提示传统媒体人重视新媒体挑战有明确的指向意义。但需要警惕的是，如果它更多重视的是多媒体内容呈现形式或多媒体平台，就有可能陷入思维误区。因为很明显，这是老媒体的思维而不是互联网思维。老媒体思维与互联网思维的分野就在于到底是重视内容还是用户。传统媒体往往自恃内容优势，期望借助新媒体将老媒体的内容传播至宇宙的每个角落。互联网的思维则是为不同终端的用户推送他们喜欢的内容。看上去，从内容到用户还是从用户到内容，只是一个简单的次序差别，但背后则是新旧时代的根本性分野。从内容到用户反映的还是传统媒体专业精英主义的傲慢姿态，从用户到内容则是以用户为中心的服务精神。思维决定行动，显见，媒介改革应从适应互联网思维做起。

第一节　《纽约时报》赢了自己输给互联网

2014年5月，《纽约时报》一份96页的内部研究报告暴露出其在新媒体转型中的发展问题。报告显示，《纽约时报》正逐渐失去新闻霸主地位，浏览其在线版的读者正在减少，《纽约时报》已不再是读者首选新闻源，其地位被在线网站《赫芬顿邮报》等后起之秀所取代。他山之石可以攻玉，全面分析《纽约时报》衰落的深层原因，充分理解有利于产业发展的时代背景，对于我们在新时期加快推动传统媒体转型发展，有着深刻的现实意义。

一、《纽约时报》丧失新闻霸主地位

（一）媒体影响力日渐式微

《纽约时报》并非新媒体时代的落后分子，相反，虽然《纽约时报》拥有150年历史，但它敏锐地察觉了网络变革给报业带来的巨大影响，在1996年就建立了报纸网站，而且创办第一年就开始盈利，成为美国影响力最大的报纸网站。但它依然失去了新闻霸主地位，在包括《赫芬顿邮报》、雅虎新闻、BuzzFeed、HuffPost等竞争者在内的互联网新闻战中，《纽约时报》的业绩并不显眼。

（二）产业拓展屡屡受挫

在全球媒体已进入混业经营的大时代，受限于纸媒思维，《纽约时报》未能把握住互联网革命给予的机会。而同为纸媒起家的南非媒体公司Naspers（注：Naspers于1915年创办，最初旗下只有一份《公民报》，后来增加了杂志和书籍业务），其股价在2014年11月升至历史新高，市值达到575亿美元，[①] 是1994年上市时的100多倍。而《纽约时报》股票的票面价值，则相当于20世纪80年代中期的水平，市值约为20亿美元。从1990年代初到2000年代中期，《纽约时报》管理层斥资约20亿美元收购了后来大幅缩水的资产——《波士顿环球报》（购入价格13亿美元）和《伍斯特电讯报》（1999年购入价格为2.96亿美元）后以7000万美元的价格甩卖；2005年斥资逾4亿美元收购的About. com后来以约3亿美元的价格出售给了IAC。2000年时，《纽约时报》的总营收为36亿美元，营运利润为6.35亿美元。2013年，其营收为16亿美元，营运利润为1.58亿美元。该公司的资产负债表岌岌可危。[②]

与之相对应的则是，Naspers公司则彻底改变了纸媒思维，把互联网业务摆在首位，投资或购买了许多在Web上诞生的公司。如今，它已成长为全球范围内除美国及中国的互联网公司之外最大的互联网公司，在俄罗斯、波兰、巴西、尼日利亚和阿联酋拥有网上拍卖业务、即时通信服务、移动广告网络、比价网站，以及电子商务公司。

二、《纽约时报》失败的时代背景

以美国领衔的互联网时代提供的机会主要包括三个方面：一是以用户为核心实施科技创新，二是以风险投资为高科技企业创业买单，三是以广阔的全球市场来套现投资价值。而核心在于用户。无论是Google、YouTube、腾讯、阿里巴巴，莫过于此。

① 环球网：《得益于腾讯南非传媒Naspers上半年盈利上升22%》，http：//tech. huanqiu. com/internet/2014 - 11/5217603. html。

② 腾讯科技：《红杉资本主席：97页报告救不了〈纽约时报〉》，2014年5月23日，http：//tech. qq. com/a/20140523/001167. htm。

而在上述三项机遇的背后，是更大的国家战略支持。信息产业之所以成为美国的第一大产业，归功于美国在发展过程中实施了正确的国家战略，采取了有效的发展模式。

（一）通过国家战略支持鼓励科技创新

20 世纪 90 年代初期的克林顿政府用政府干预手段狠抓“信息高速公路”战略的落实，5 年内拿出 15 亿美元用于 60 项关键技术研究。同时，加大对信息产业研究与开发的投资力度。在 1994 年到 1999 年期间，美国研究与开发总投入年均增加上升到 6%。从 1995 年起，信息技术产业的研究与开发投入在全部产业中所占的比重上升到 1/3 左右。1998 年，信息技术产业在研究与开发上的投资是457 亿美元，几乎占了除自身以外的所有产业在研究与开发投资上的一半。①

（二）通过风险投资孵化高新科技产业

高新技术的中小企业创业需要启动资本，但新生高科技企业所面临的高市场风险和高技术风险，却令一般投资者望而却步。1958 年美国国会通过了旨在支持高科技企业发展的小企业投资法案，并赋予税收优惠，促使风险投资真正发展成为一个行业。1988 年美国的风险投资金额仅 50 亿美元，到 1999 年，风险资本向小型的创新公司投资达到 480 亿美元，2000 年为 1000 亿美元。美国的风险投资重点在高技术领域，80% 集中在新创企业的成长和销售阶段，用于创意或产品开发的种子资金不到 7%。② 风险资本使高新技术产业得以积蓄巨大潜能，为美国的经济发展奠定了坚实的基础。

---

① 中国行业研究网：《美国信息产业的发展战略及对我国的启示》，2005 年 6 月 1 日，http：//www. chinairn. com/doc/70270/20374. html。

② 中国行业研究网：《美国信息产业的发展战略及对我国的启示》，2005 年 6 月 1 日，http：//www. chinairn. com/doc/70270/20374. html。

（三）通过全球拓展来扩大产业规模

90年代中期以后，美国政府的宏观政策导向目标主要集中在继续放宽信息产业的发展环境上，并在世界范围内为信息产业开拓市场。在1996年年底的WTO部长级会议上，美国提出的《信息技术协议》主张到2000年取消信息产品的全部关税。1997年初，由副总统戈尔领导的跨部门的电子商务工作小组经18个月讨论后提出《全球电子商务框架文件》，建议将互联网宣布为免税区，凡无形商品经由网络进行交易的，无论是跨国还是国内跨州，一律应予免税。1998年5月20日，美国又促使132个WTO成员方的部长会议通过了互联网零关税状态至少一年的协议。美国就电子商务问题与OECD、欧洲、WTO、APFC等地区和组织不同程度上达成了协议或共识。①

借由全球化的东风，美国的国家战略进而成为普惠全球互联网业界的利器。由于成功利用了三大战略，《赫芬顿邮报》、BuzzFeed等互联网新秀才能看似轻易地抢走《纽约时报》们的蛋糕，Naspers才得以成为除美国及中国的互联网公司之外的最大一家互联网公司。这说明，互联网时代并不缺乏机会，尤其是弯路超车的机会，只要正确运用战略战术，无论白手起家还是传统媒体转型，都可能获得成功。

三、《纽约时报》失败的原因

（一）理念滞后于时代

时代的大背景已经改变了，2013年，一半美国人获取新闻的主要方式是互联网，通过报纸获取大部分新闻信息的比例已经不到30%，

---

① 中国行业研究网：《美国信息产业的发展战略及对我国的启示》，2005年6月1日，http：//www. chinairn. com/doc/70270/20374. html。

并且这个过程并不可逆。然而，《纽约时报》的理念依然是“刊载所有适合出版的新闻”（All the news thats fit to print）。这个理念的错误在于，这个时代的用户需要的不仅是适合出版的新闻。在这个时代，一个媒体单纯致力于传播广泛全面的新闻和信息，已经没办法获取有竞争力的收入。

（二）纸媒思维惯性过大

《纽约时报》过于看重发行量和订户数，却忽略了如何让其经济支柱——广告更有效。比较而言，Facebook 则更懂用户，更留得住用户。《纽约时报》还过于专注生产印刷品，忽略网站访客等其他内容呈现方式。在 Facebook 以超高的用户黏性和使用时长有效地为内容导流时，网站和数字订阅仍是《纽约时报》在互联网端最主要的入口。

（三）缺乏互联网思维

《纽约时报》缺乏互联网科技领军人才。《纽约时报》刊头的 32 人中（高层人士名单），依然没有一个人的头衔中含有“软件”、“工程”、“设计”或“技术”这样的词。面对以科技创新引领的互联网浪潮，这样的缺陷是致命的。在互联网公司攻城略地的当下，《纽约时报》费时良多的反思报告给出的答案仍局限于内部业务的融合创新上，对服务对象的理解仍局限于单向的受众，而不是可从全方位挖掘价值的用户。

总结而言，《纽约时报》的错误在于，在一个互联网创新全球化拓展的时代，它的决策层却选择了保住报纸龙头老大的战略。如今，它成功守住了传统报纸行业的龙头地位，而这个行业却无可挽回地没落了。而白手起家的同时代优胜者 YouTube 和《赫芬顿邮报》等互联网公司，则成功搭上了时代快车，奠定其垂直业务霸主地位。

YouTube 的成功经验其实也就是，通过以适应社交时代用户需求的视频技术聚拢人气，借助风险投资来放大市场规模，整合全球机构资源并趁势拓展全球市场。与 YouTube 相比，《纽约时报》却并未从这三种巨大的发展机遇中获利。首先，它未能利用科技创新为用户创造超预期的价值。而无论是根据用户需求撰写新闻或是通过社交网络定向推送用户感兴趣的内容，《赫芬顿邮报》、BuzzFeed 则成功实现了超预期内容生产和传送。其次，它利用它充裕的现金流做了一些同行业的并购，但未能捕捉到可以创造价值的高科技企业。YouTube 成功地把握住了在线视频的机遇，Naspers 则从思维转型开始，成功地实现了跨界投资并购。其所投资的网上拍卖业务、即时通信服务、移动广告网络、比价网站，以及电子商务公司，均是这一领域的最大获益者。最后，它的全球化道路依然只是报纸的传播，并未真正启动来自互联网创新科技的能量。

四、《纽约时报》丧失新闻霸主地位对我国传统媒体的启示

（一）应全面转型为新媒体，不可固守传统业务

《纽约时报》曾经的新闻霸主地位让它难以割舍报纸，而恰恰是报纸的思维限制了它再进一程。时代已经改变，天地已经变得更为宽广。媒体已只是选项之一，而非全部。而即便是媒体老大的电视，也已经演变为手机电视、IP 电视、互联网电视、户外大屏、车载电视等，并开始经营电视购物、体感游戏等增值业务。

在产业竞争进入以用户为核心的产业生态有机体竞争的阶段，传统媒体不可固守传统业务。以腾讯为代表的互联网巨头的经营规模（2013 年为 600 亿）已经超过传统媒体龙头中央电视台，而且还在无限制地扩张。当初它只是一个即时通讯公司，现在则跟电视台一样制作视频节目。其 2014 年 4 月 10 日开播、由腾讯视频研发出品、唯众传媒联

合制作的全国首档大型调查类真人秀《你正常吗》，8 期节目网络总点击量超过 2 亿。可即便是腾讯，面对移动互联网的新浪潮，也时刻保持危机感，不断通过技术创新将已有的优势转化为引领市场潮流的新业务。

（二）围绕用户实施全方位创新，为用户提供超预期服务

与《纽约时报》依旧固守以互联网方式传播旧有内容不同，互联网公司则始终围绕用户需求实施全方位创新。观察腾讯公司的发展进程，其多次围绕用户需求进行重大战略调整功不可没。为了满足用户的即时互动需求，腾讯推出了 QQ。为了满足用户的移动互动需求，腾讯开发了微信。为了给微信用户更贴心的用户体验，腾讯专门成立微信事业群。为了让用户的移动需求更加接地气，腾讯将原有的移动事业部化整为零，让各个事业群都发展移动业务。而且，多数创新都是不需要收费的超预期服务。

业界普遍认同一句名言，一流企业做社区、二流企业做平台、三流企业做产品。如今成功的互联网公司，多经营以用户为核心的社区。相比之下，传统媒体则缺乏社区思维，除了运营旧有平台外，它们通常将自有版权内容供予互联网公司，作为其维系社区运营的内容，美其名曰扩大网络影响力，但同时失去了其版权内容可依赖互联网长尾效应产生的增值。

因此，对于传统媒体而言，未来在于如何与用户发生直接勾连，为用户提供超乎他们预期的服务，以把控全产业价值链条。湖南卫视曾为了追求短期曝光效应，将多个视频网站平台看作节目的推广手段，疏于打理自家的新媒体平台。其结果是，节目产生了品牌效益，但自有的新媒体平台被用户冷落。2014 年，湖南卫视幡然醒悟，开始启动芒果 TV 独播战略。2013 年初，湖南卫视则为用户推出“呼啦”手机互动平台，方

便用户与卫视展开第二屏互动。围绕内容展开创新服务，打造自有的多终端社区平台，为湖南卫视未来实现用户价值增值提供了重要的保证。

（三）充分利用国家战略和财税金融政策，实施全球化拓展

《纽约时报》虽然依托上市公司的资金做了一些行业并购，但这些并购仅限于报业发展战略，并未搭上国家信息化战略的顺风车。它不仅在互联网业态创新上乏善可陈，也未能如其他互联网公司一样利用资本进行全球布局。

风险投资是推进并完善业务必不可少的元素。成功的互联网公司背后，支撑其成长的都是成熟的风险投资。风险投资为互联网企业改进用户体验、强化竞争优势、扩大全球市场份额提供了不可或缺的支持。我国传统媒体在发展新媒体过程中，由于缺乏资金支持，不仅很难制定出符合行业发展规律的战略，且始终摆脱不了小米加步枪的窘境，无法以足够的资金来改善用户体验。而一些财政资金的拨付方式则偏传统，比如过于看重固定资产等，拨付流程冗长繁复，不符合新媒体的发展规律；一些科技研发资金重学术轻应用，产学研一体化程度较低。建议国家相关部门应借鉴美国风险投资经验，改革我国创新基金拨付方式。传统媒体也应努力争取政府创新基金，加大新媒体资金投入，以改善用户体验。在条件具备的情况下，媒体还应充分利用全球化机遇和资本的力量，早日创造机会迈出国门，选取新媒体不太发达的国家发展业务，实施全球化拓展。

推动传统媒体和新兴媒体融合发展，既是党中央着眼巩固宣传思想文化阵地、壮大主流思想舆论做出的重大战略部署，更是传统媒体应对新媒体挑战的必由之路。在运用好新技术、新应用创新传播方式的同时，全面理解互联网发展的新思维，则是《纽约时报》丧失新闻霸主地位给予传统媒体最重要的警示。

注：2014 年 10 月，《纽约时报》再度决定要裁员 100 个工作岗位以便继续投资“数字未来”。裁员主要在采编部门和经营部门展开，采编部门的裁员人数大约占采编人员总数的 7.5%，经营部门受裁员影响的人数比采编部门少。与此同时，与数字化有关的岗位则在继续增加。

第二节　国外主流电视媒体怎么玩新媒体

在世界范围内，如何拥抱新媒体潮流也是国际媒体们共同面临的挑战。但相较新媒体迅猛的扩张节奏，国外传统媒体的新媒体探索略显保守，依然表现为传统业务的补充而非主营业务。出现这种现象的原因主要包括两个方面：一是传统媒体的惯性使然，缺乏新媒体人才、技术、战略思维使得传统媒体仍然沉浸在旧有思维中，如《纽约时报》停滞不前的转型、新闻集团《The Daily》转型的失败；二是以电视为代表的传统媒体依托电视牌照的行业壁垒，依然保持较高的盈利，对新媒体赚吆喝不赚钱的运营模式敬而远之。以广电媒体作为主要股东的视频网站 Hulu 之所以停步不前，也正在于此。

尽管电视业的互联网思维仍存在局限，但受益于电视的影响力依然处于媒体第一阵营，BBC、CNN、时代华纳等国际电视媒体的新媒体探索，较以《The Daily》为代表的报业转型更显成效。因此，本节将重点从战略驱动、跨界整合、模式创新、国际拓展四个维度来归纳国际电视媒体的创新求变之路。

（一）战略驱动

如何在纷繁复杂的新媒体环境中看清方向，制定正确的发展战略，是国际电视同行们面临的首要问题。

在探索媒介融合的实现途径方面，英国一直走在欧洲最前沿。早在

1998年，英国下议院就预见到——技术的革新将使电脑和电视组合成一种兼容的技术。因此，从1999年开始，肩负着带动英国数字化发展、打造“数字英国”使命的英国广播公司（简称BBC）就走上了数字化生存的探索之旅。2007年12月25日，经过多年的研发和测试，BBC iPlayer播放器正式上线。在BBC节目首播一周后的任何时间，英国用户都能利用iPlayer软件免费下载BBC广播台、电视台、网站上的所有音频、视频节目，然后用收音机、电视机、电脑、手机或者其他移动终端观看。自此，BBC首次从技术上打破了不同媒介之间的界线，实现了广播、电视、网站、移动终端等传播渠道的大融合。iPlayer不仅受到了英国民众的极大欢迎，同时也让苦于谋求数字化生存方式的传统媒体看到了希望。iPlayer业务上线后的头三个月，用户下载量就达到平均每周110万，并且这个数字还以月均25%的速度增长。此外，用户的平均观看时长是25分钟，这与YouTube之类的视频分享网站仅仅几分钟的平均观看时长形成了鲜明对比。BBC iPlayer的火爆甚至给英国的宽带网络增加了3%—5%的负担。最令人兴奋的消息是，2008年的调查数据显示：iPlayer使BBC 35岁以下年轻观众的数量大幅增加（iPlayer用户中35岁以下者占37%，而之前BBC的观众中35岁以下者只占17%），这让一直担心会永远失去一代人的BBC大为振奋。为此，BBC信托委员会（BBC Trust）将“iPlayer上线”称为BBC历史上具有里程碑意义的事件。

在推广方面，BBC利用其在英国电视市场占有的垄断地位，通过电视、广播和互联网多种途径激发广大用户对iPlayer的关注。政府也支持BBC尝试新技术，截至2008年BBC就已投资1130万美元用于iPlayer的研发和技术革新，到2011年投资规模达到2.6亿美元。

2010年，BBC iPlayer改版，新增了推荐系统和社会化功能。2011年2月，iPlayer再次修改节目设置，增加了其他电视台节目的链接。此次改版上线以来，iPlayer 链接了英国独立电视台 Channel 4 和 Channel 5 的节目。当用户点击其他电视台的节目，页面就会自动转到相关电视台的网站播放。这些电视台的节目链接也加入到了搜寻功能和频道功能中。BBC iPlayer 还增设了一个类似于互联网电视的附加功能，即当观众把电视用信号线连接到电脑上，就可以直接在电视上观赏 BBC iPlayer 网站输出的内容。截至 2011 年，BBC iPlayer 已在 433 万台电视设备上播放节目，按照这个速度，BBC 预测，到 2015 年，iPlayer 超过一半的播放请求将通过互联网连接在电视设备上实现。①

BBC iPlayer 成功的直接原因是该软件在传播技术上的突破，但真正的原因却是跨媒体计划“创意（创造性）未来”所提供的全面支持。在这个跨媒体战略中，BBC 网站发挥了独特作用，让我们不得不重新审视传统媒体的网站在媒介集团的全媒体运作中的地位和作用。

BBC“创意未来”战略的基本理念和目标是：BBC 不应把自己建设成附带一些新媒体的传统广播电视机构，而要超越传统广播电视模式，改造成根据用户需求提供视听节目和以信息服务为主的新型传播媒体。

在“创意未来”战略指导下，BBC 用一年时间从根本上改组内部机构。在内容融合上，BBC 建立了多媒体编辑中心，把以前独立的电视、广播和网络运营平台整合成一个世界最先进的跨平台新闻中心。以前在电视和网络各自为政的编辑记者现在同在一个大编辑平台办公，以新闻主题和类别为线索开展合作，不再按媒体平台划分。BBC 重组管理机构，新成立“未来媒介和技术部”（FM&T），由该部门管理 BBC 所有新媒介平台，并与绝大多数内容创作部门共同行使部门权力。BBC

① 百度百科：BBC iPlayer，http://baike. baidu. com/link? url = G2CzAW - FB1tPsZ9IUqcTXAOsDtgEVWe3T - - IE - VGHpypwmj6Eml9JD2fAKIlU5qThrdwp9Q01K7QGBmY4vxjuK。

要求所有制作人员都必须在 BBC web2.0 的背景下工作，都要有媒介融合的意识，在制作本平台节目的同时为 BBC 在线提供素材，以循环开发利用 BBC 的媒介资源。BBC 还从 2004 年开始其节目制作、编辑、传输及存档方式全面数字化进程，如今所有新内容都建立了目录及索引，可以从桌面系统立刻查到。

在技术融合上，BBC 所有的采编系统都是一样的制式，从硬件上保证了所有新闻素材都可以上传，并且供他人分享。一线记者在现场通过各种设备获得的声音、图像和信息，都上传到一个“口袋”里面，所有采编人员都可以自由地采集他所需要的东西，并且该系统会自动记录下采集的时间、内容、操作人员等等。所以，不管这个采编人员在非洲、美洲还是亚洲，只要他使用这个系统，BBC 所有记者搜集到的信息就可以全部共享。

在版权等运营模式上，BBC 在签订版权时，把新媒体的转播权也纳入其中。例如，作为温布尔登网球公开赛（Wimbledon Championships，简称“温网”）的主要转播商在 2008 年签订新合同时，包括了电视、广播、宽频以及首次应用于温网转播的 BBC iPlayer。

2011 年，BBC 再次针对未来发展提出“质量优先”战略，围绕提升质量对新媒体的发展目标、策略、路径提出了具体要求。鉴于媒体转向移动化、社交化，BBC 又先后于 2012 年和 2014 年提出“移动为先”战略和“社交为先”战略。

（二）跨界整合

美国最受欢迎的视频网站之一 Hulu 的成立，标志着传统电视媒体通过整合资源进军网络视频领域。Netflix 这家影视光盘租赁公司通过跨界整合，实现向新媒体的华丽转身。

Hulu 是由美国国家广播环球公司（NBC）和新闻集团在 2007 年 3 月共同投资建立的。除了 NBC 与新闻集团的内容，Hulu 还与索尼、米高梅、华纳兄弟、狮门影业及 NBA 等 80 多家内容制作商合作，而美国在线、雅虎、MSN 和 Myspace 等大小网站都是它在渠道上的合作伙伴。如果 YouTube 代表的是草根式的视频分享路线，Hulu 则是专业精良的正版视频路线。尽管如此，当这个视频新丁在当年 10 月底“含着金汤匙出生”（发布 Beta 版本，进行内部测试）时，硅谷乃至整个 IT 业看好它的人并不多。人们以为这不过是旧媒体的又一次“垂死挣扎”，但很快事情向另一个方向发展—— Hulu 结束测试时已拥有 500 万用户和无数赞美，被认为是至当时为止传统电视、电影工业向互联网接轨最成功的案例，是对 YouTube 的有力挑战，甚至很可能给整个视频行业带来颠覆性影响。美国《时代》杂志评出 2008 年“50 项最重要的发明”，Hulu 名列第四。理由是：当有线电视最终走向“死亡”之时，类似 Hulu 这样的视频网站将担负起电视的使命。

Hulu 模式不仅使传统电视媒体的传播范围得到扩展，也为它的股东传统媒体带来了新的业务增长点。Hulu 模式有四个主要特征：第一，经过授权的正版影视作品；第二，依赖广告而不是付费作支撑；第三，取得独家网络播放权，再向其他网络媒体分销；第四，从成立伊始就有风险投资参与。它是体外孵化的独立媒体公司，体外建立起具有独立治理结构和合理激励机制的市场主体，公司的管理层并不由股东委派，而是从市场上选聘：这是至关重要的一点。

美国互联网市调公司 comScore 统计显示，2012 年 5 月份，Hulu 视频播放次数为 8.87 亿次，超过了雅虎的 8.45 亿次，仅次于 YouTube 成为美国行业第二名。Hulu 播放次数不如 YouTube，但是其广告效果强于 YouTube。据称，Hulu 用户 5 月份平均观看了 253.7 分钟视频，全部广告播出量为 16 亿个，YouTube 一共播出的广告数量为 14 亿个。①

---

① 搜狐 IT：《Hulu 五月超雅虎成为美国视频业亚军》，2012 年 6 月 21 日，http://it.sohu.com/20120621/n346237288.shtml。

但 Hulu 的尴尬则在于，尽管表现抢眼，但它的股东们对它的盈利前景的意见却不统一，导致它经常必须面对被出售的命运。撇去 2013 年普罗维登斯资本套现离场导致包括 CEO 詹森·基拉尔在内大批高管离职外，迪士尼倾向于广告驱动的免费视频模式，新闻集团倾向于付费订阅模式，康卡斯特等公司则由于担心 Hulu 的成功可能分割内容商从有线电视公司获得的收益，倾向于套现退出。尽管用户规模远不如 Netflix、亚马逊等竞争对手，但只看盈利吝于投入的传统媒体股东们的决定使得 Hulu 的投入力度远低于对手，发展后劲不足。

相比之下，在线视频业的黑马 Netflix 则显得笃定从容，魄力十足。Netflix 成立于 1997 年，是以 DVD 租赁业务起家。2007 年，Netflix 正式推出流媒体服务，让观众在家庭个人电脑上观看电影、电视，标志着 Netflix 正式从一个传统的影碟租赁商向流媒体服务商的转型。在转入线上后，Netflix 付费模式仍为包月制，注册会员每月只需付 7.99 美元，就可以享受观看 Netflix 所有资源。除了提供在线正版影片包月观看，Netflix 还将服务延伸至有线电视点播业。面对竞争激烈的新媒体市场，Netflix 认识到，必须建立内容到软硬件的广泛联合。在内容上，Netflix 除了与美国好莱坞各大影视公司和四大电视网建立深入的合作关系，在电影和电视节目供应上达成协议，还与一些小的制片商合作，从而为 Netflix 用户提供更多丰富多元的节目内容。在设备上，Netflix 积极与各大平台或制造商合作，以便将其“即时看”服务嵌入各种视频设备中。Netflix 面向多款设备提供流媒体视频，包括智能手机、视频游戏机和互联网电视。这意味着不管是在谷歌电视、微软 Xbox 360，还是黑莓手机上，都可以观看到 Netflix 视频内容，或下载 Netflix 影片。Netflix 摇身一变，成为美国最大的视频内容供应商之一。

近两年，Netflix 成功地从一家在线影片租赁公司转型为在线影视播放平台，也已经成为有线和公共电视网之外，美国电视圈的第三股势力。该台自主开发的《纸牌屋》、《女子监狱》等剧颇受好评，收视订阅量也颇为可观。继2013年拿下3座艾美奖奖杯后，Netflix在2014年艾美奖中收到了31项提名。如今Netflix已经不满足于在电视领域的发展，希望能够让一些电影在平台上同步上映。2014年9月，Netflix与韦恩斯坦签订合约，让《卧虎藏龙2》同期在Netflix上映。据悉，Netflix与《卧虎藏龙》续集的合作并非是个别事件，而是Netflix的一项计划。Netflix将支持多部好莱坞电影的拍摄，并提供首映当天的网络点播。

截至2014年上半年，Netflix独立用户超过5000万大关，收入超过24亿美元，较上年同期大幅增长。

（三）模式创新

新媒体的互动性，逐渐形成了庞大的参与式传媒环境。媒体内容不再为传媒专业人士垄断，一般人也可以当记者、发新闻，这彻底颠覆了传播者和受众的分野。国际电视媒体也在创新内容生产以及与观众互动交流的模式。

2006年8月，CNN开辟邮箱和网站专门频道，鼓励观众提交自己身边发生的新闻，并将这个项目命名为“我报道”（iReport）。后来，CNN花75万美金买下了iReport. com的域名，专门成立“我报道”网站，创办宣言为“未编辑，未过滤，纯新闻”。

在2007年弗吉尼亚理工大学枪击事件中，“我报道”频道大出风头。惨案发生的第一声枪响是被学生贾马尔的诺基亚N70捕捉到的。随后贾马尔受CNN的委托，成为特约记者。整个事件中，当地网民共提交了400多段相关的影音图片资料。在印度洋海啸和伦敦地铁爆炸案等事件中，亲历灾难的人们也都曾经是第一手新闻的记录者。尼尔森的调查显示，在2008年，iReport每月有2300万的访问，超过8.5万人注册成为报道者。

CNN 是美国最有公信力的传媒机构，拥有全美最大的数字网络，在新媒体时代，该公司使用“不编辑、不过滤、不审查，用户决定新闻”的心态让网民内容生产。无论什么内容的节目，都可以在“我报道”网站上张贴。网民上传新闻的重要性如果受到 CNN 官方的认可与核实，该条消息将被打上 ON CNN 的标识，表示通过管理员的审核，并将被推荐至 iReport 首页以及 CNN 旗下各媒体。CNN 在其官方网站 cnn. com 上的“impact your world ”（影响你的世界）栏目中写到，你上传的内容通过 CNN 工作人员的审核后，将被用于 CNN 的全球新闻报道，你将与所有人分享你的新闻。Share it at iReport. com. See it on CNN!（在 iReport 上发布新闻，在 CNN 上收看!）

如果恰巧你在 iReport 报道者发布的新闻的现场，那么也可以加入到这个话题的报道队伍当中。在每条 iReport 新闻的下方都有这样的提示：如果你在现场，请与我们一起分享你的报道。iReport. com 并不是 iReport 的唯一登录方式，它还可以通过 Twitter、Facebook 以及 Flickr 等网站登录并发布新闻。事实上，你只需要有一部手机，就可以轻松地成为 iReport 报道者，用最快的速度提供你的个性化新闻。

而英国社交电视应用 Zeebox 的创新模式也很成功。Zeebox 是一款 iPad 应用，它基于浏览器来整合电视指南服务和社交功能，以此来改善用户体验，革新未来的电视服务。得益于英国天空广播（BSkyB)、澳洲十号电视网（Network 10)、康卡斯特（Comcast）和美国 NBC 环球（NBCUniversal）等的投资，Zeebox 在近几年迅速成长为社交电视市场最引人注目的玩家。

Zeebox 有“发现”功能，它的音频指纹技术将可以识别出 150 多个频道，可以让你根据节目的人气高低，以及观看节目的朋友数量来浏

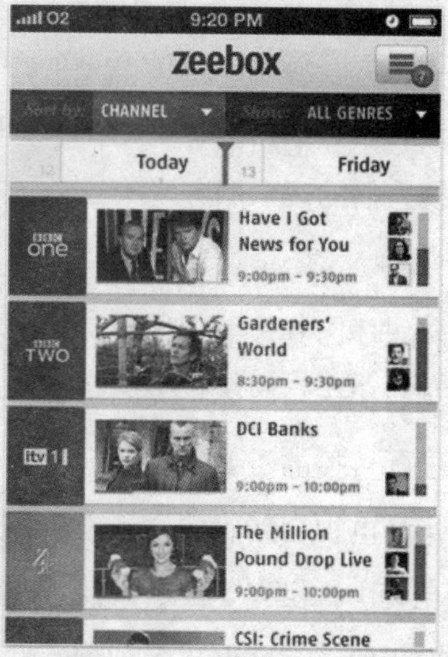

览节目列表。在信息方面，Zeebox 可以让你在看节目的时候了解更多的背景知识。此外 Zeebox 还有社交功能：对于某个特定的电视节目，你可以看到什么人在 Twitter 上发了消息，而且你还能够跟朋友和粉丝分享你的看法。如果有一台支持该功能的电视机，用户还可将该应用作为遥控器使用。2011 年底推出的更新版本还整合了各界名人 Twitter 账户的最新动态消息。

“Zeetags”是其中很有意思的一个功能，通过自动语音识别技术，该功能自动显示当前讨论话题的背景信息。虽然准确度达不到 100%，但通常情况下效果不错。

Zeebox 与英国最大的收费电视供应商 Sky 达成了合作。Sky 拥有 Zeebox 10% 的股份，这种合作为 Zeebox 在英国的发展提供了帮助。

Zeebox 应用继 2011 年 10 月在英国本土成功推出之后，已陆续登陆澳大利亚、美国等国。2014 年 4 月 14 日，Zeebox 推出了新的品牌名称 Beamly。新的品牌以简单、友好的形象示人，在品牌色彩方面 Beamly

主打玫红色并支持多样化的色彩。Zeebox Beamly 联合创始人、曾任 BBC iPlayer 首席技术官的 Anthony Rose 表示，自从该应用问世以来，电视就一直朝着视频点播和狂看片的趋势发展。Beamly 以后不仅仅为观看电视直播的观众服务。

（四）国际拓展

新媒体因其传播速度快、无国界性等特点，在国际传播和境外落地方面具有比传统媒体更大的优势，一些国际电视媒体纷纷将新媒体作为拓展国际传播的重要平台。

半岛电视台新媒体主管表示，互联网已成为该电视台重要的发布渠道。在美国，仅有 3 个地区性有线电视网转播半岛电视台英语频道。然而，由于通过互联网以各种创新性的方式发布内容，半岛电视台已经在美国和全球其他地区受到许多观众的喜爱。半岛电视台采取“分布式发布”的策略，将电视台内容同步到 YouTube、LiveStation 和英国《独立报》等网站上。YouTube 在其中显得“极为有用”。半岛电视台通过 YouTube 发布新闻片段和全长度的英语电视节目。在 2009 年的加沙地带冲突期间，半岛电视台 YouTube 频道的流量上升了 150%，其中大部分来自北美。此外，半岛电视台还通过 Twitter 发布突发消息。半岛电视台使用的其他互联网发布渠道包括 iPhone、Facebook、一个刚刚改版的手机网站以及即时通讯服务。这些发布渠道均出自技术创新部门“半岛电视台实验室”。这些新媒体融合措施使得半岛电视台目前的新闻不仅突破了传统媒体的 24 小时周期，甚至也超越了传统的网络报道。

创建于 2005 年 12 月的今日俄罗斯电视台（RT）也将新媒体作为拓展国际传播的重要渠道。今日俄罗斯开设了一个免费视频网站，提供高质量的视频内容，供外国媒体免费下载使用。现在，155 个国家的 2000 多家媒体成为该网站的客户，其中包括美国广播公司（ABC）和福克斯电视网。今日俄罗斯2007年起在视频网站YouTube上开办了自己的频道，进行连续网上直播。2010年用户数量排名攀升至第六名，仅落后于美国CBS、英国BBC、半岛电视台、法国24台等。2013年6月，“今日俄罗斯”打破YouTube记录，成为首个视频获得10亿人点击的电视台。① 它还在Facebook、Twitter、Myspace和Blogger等设立账户进行推广。如今，今日俄罗斯网站已经成为俄罗斯最受欢迎的英语互联网新闻服务网站，其点击量超过几家知名的俄罗斯网站的总和。来自本土的受众仅占5.9%，美国受众占19.2%，是其传播的最大群体，其他海外受众依次为埃及、利比亚、英国、沙特阿拉伯、墨西哥、加拿大、西班牙和德国等。

总体而言，新媒体对传统媒体发展带来了挑战的同时，为传统媒体的发展提供了更为广阔的空间，全媒体融合发展已成为传统媒体的战略转型方向。无论是战略驱动、跨界整合还是模式创新、国际拓展，国际主流电视媒体们在新媒体领域的探索都值得我们去深入地总结和思考。

第三节　国内传统媒体的全媒体转型

近年来，在新媒体攻城略地步步紧逼之下，我国传统媒体开始转变之前的试探态度，大踏步进军新媒体。从实际情况看，通讯社、报业的转型力度较大，创新业务跳跃性大。

新华社转型做电视业务、金融信息交易所，人民日报转型做搜索、舆情，浙报集团开设传媒梦工场，上海报业转型做澎湃、界面。广电媒

① 新华网：《普京创立新媒体“今日俄罗斯”受美国观众热捧》，http://news.xinhuanet.com/world/2013-08/14/c_125170337.htm。

体的注意力则更多集中于拓展增量平台上，拓展海外传播平台，发展互联网、IPTV、手机、户外屏幕等全平台，以实现与母体的优势互补，将电视台的传统优势低成本覆盖至最大范围。

一、传播技术发展促发媒体舆论生态大变革

技术改变传播，传播改变世界。新媒体特别是微博、微信等平台的兴盛，深刻地改变着传播的形态和维度，单向、扁平的传播生态系统顷刻间变得互动、立体，传统的媒体格局也随之而变。

（一）传播技术发展改变信息传播平台

1. 宽带普及提速

2012 年，为提升用户网速，加快宽带发展，工信部重点实施了宽带普及提速工程，并与国家发改委等部门联合研究“宽带中国”战略。2013 年，“宽带中国”战略稳步实施，工信部继续以宽带普及提速为重点，加强光纤宽带建设和改造，着力改善用户体验。“网速慢、资费高”的问题得以改善，移动终端更加实惠便捷。预计至 2015 年，我国将实现宽带接入用户 2.5 亿户。在宽带接入能力上，城市家庭平均达到 20M 以上，农村平均达到 4M 以上，新增光纤到户覆盖家庭超过 3500 万户。

2. 移动互联网爆发式增长

据 CNNIC《第 34 次中国互联网络发展状况调查统计报告》，在 2014 年上半年，通过手机接入互联网的网民数量达到 5.27 亿，网民上网设备中，手机使用率达 83.4%，首次超越传统 PC 整体 80.9% 的使用率，手机作为第一大上网终端的地位更加巩固。从电脑到手机，移动社交进入新的发展阶段。微信、米聊、陌陌、飞聊等移动社交应用，已经成为新媒体发展的新宠。腾讯 2014 年上半年财报显示，微信和 WeChat

（微信海外版）合并月活跃账户数达 4. 38 亿。

移动互联网的爆发还使得对“多屏互联”的期待成为热点。打通手机、PC、平板电脑、电视等多个屏幕，建构“多屏联动”，让用户随时随地、在各种平台间无缝便捷地收看海量内容，正在成为视频网站的新方向。

3. 云计算时代催生大数据

随着云计算时代的到来，数据正在变成企业竞争的利器。在媒体领域，各家门户网站开始向“大数据时代的智慧门户”转型，通过旗下门户、微博、视频、无线、游戏等各产品线的跨平台深度整合，从海量数据中挖掘、分辨出用户的行为模式、兴趣偏好等，更准确地向用户推荐合适的内容。大数据不仅将驱动创新，提高生产率，还将促进经济增长以及新的竞争形式和新的价值的产生。Netflix 的自制剧《纸牌屋》在美国和其他 40 多个国家引起了观剧热潮，被评为换了别人可能根本不会成功的“天才模式”。而其以 1 亿美元买下版权、要求大卫·芬奇担任导演、凯文·史派西担任男主角等重要决策，都是利用数据挖掘得出的。腾讯利用数据挖掘来取得竞争优势也是业界广为人知的旧闻了。

（二）新媒体崛起改变媒体竞争格局

1. 传播“革命”。自媒体时代，“人人都是编辑记者”成为可能。在重大突发事件中，微博与移动互联网的结合更使新闻传播进入“秒时代”。1991 年，CNN 对海湾战争的报道，凸显了电视在重大突发事件报道中的重要地位。2011 年，Twitter 成为首个发布奥巴马将发表全国电视讲话宣布本·拉登被击毙消息的载体，被称之为“迎来了‘CNN 时刻’”。新媒体已经以其快速反应和随身伴随的特点稳居第一信息源的位置。

2. 受众分流。根据 CNNIC 统计报告的数据，截至 2014 年 6 月底，我国网民规模达 6.32 亿，互联网普及率为 46.9%。手机网民规模为 5.27 亿。中国网民平均每周上网时间也稳步增长，自 2007 年 16.2 小时逐步提升至 2012 年的 25.9 小时。国内网络视频的用户规模则较上一年增加 2.9%，达到 4.39 亿人，使用率提升至 69.4%。手机网络视频用户达到 2.9 亿人，在手机网民中的使用率为 55.7%。随着智能终端与无线互联网环境的普及，新媒体服务以其大规模的受众群体，成为具备随时、随地、随身、随需等泛在特性的主流媒介形态，从根本上改变了媒体传播格局。

3. 广告竞争。2013 年，中国网络经济整体规模达到 6004.1 亿元，同比增长 50.9%，是中国 GDP 增速的 6 倍以上。而在“十一五”期间，全国广播电视总收入年平均增幅为 19.84%。互联网经济的增速高于传统媒体的产业增长已是不争的事实。艾瑞报告显示，2011 年度中国网络广告市场规模达到 512.9 亿，首次超过报纸广告（453.6 亿），逐渐接近电视广告 724.4 亿的规模。到 2013 年，中国网络广告市场规模达到 1100 亿元，同比增长 46.1%，与上年保持相当的增长速度，与电视广告 1302 亿元更为接近。

（三）自媒体爆发改变舆论生态

1. 自媒体时代个性化表达成主流。进入数字化媒体时代后，信息技术的发展使得新闻信息传播的门槛几乎降为零，互联网的发展提供了一种任何人在任何地点、任何时间，与任何人进行多种形式的信息交流的可能。越来越多的网民通过网络发布他们采集的个性化新闻信息，不再单纯是新闻信息的受众，而成为新闻信息传播的主体。因此衍生出的网络公益、网络问政、网络反腐等形式所展示出来的巨大能量已深刻地改变了当前的舆论生态。

2. 移动互联网改变传播生态。手机在悄然成为一种新型媒介以后，又反过来几乎复制了网络媒体几乎一切的功能，并使今后的整个传播生态可能发生转移，即将由以 PC 为中心转移到以手机为中心的时代。手机媒体不同于报纸、广播、电视大众传播平台，又不同于网络媒体的分众传播社区平台，它更多地体现以个人为单位的个人兴趣、个人需求，是完全个性化的传播平台。

3. 微博、微信放大网民参与度。随着移动社交软件高速发展，移动社交公共账号数量大幅增长，进一步扩大突发公共事件与社会热点话题的网民参与。微博、微信等新社交媒介，继续对我国社会舆论格局产生杠杆效应，政务机构、主流媒体和社会名人大量入驻移动网络舆论场，以人际关系和组织传播特征，形成网上的圈子化部落。移动社交的主要载体手机天然的联系人属性、实名属性和位置属性，减少了信任成本，使得互联网的“泥沙俱下”所带来的互联网诚信、隐私权保护等问题大为消解。

二、我国传统媒体进军新媒体情况

（一）通讯社全媒体转型（以新华通讯社为代表）

根据中共中央的要求，到 2015 年，新华社将基本完成战略性转型，建设成为中国特色社会主义世界性现代国家通讯社。战略转型的核心内容是，在巩固发展传统报道优势基础上，推动三个方面拓展，即由传统新闻产品生产为主向现代多媒体新闻信息业态拓展，由面向媒体为主向直接面向终端受众拓展，由立足国内为主向有重点地更大范围参与国际竞争拓展。

近年来新华社积极拓展新型业态空间，已经建成一条集通讯社业务、报刊业务、网络业务、新媒体业务、电视业务、金融信息业务、信息数据库业务为一体的多媒体产业链。1997 年正式开展新媒体服务，成立新华网的前身"新华通讯社网站"。2009 年以来，新华社主办的中国新华新闻电视网、全球首家金融信息交易所、搜索引擎"盘古搜索"相继开通运行。新华社中国全球图片总汇将展示终端布局到全球各地。2011 年，新华社开通了手机新华网。截至 2011 年底，中国新华新闻电视网在全球各地建设的中英文直属台、附属台达到 30 个，进一步拓展多语种全媒体海外终端市场。2012 年 2 月 9 日，"中国新华电视"作为一个新的股份公司正式在香港资本市场亮相。如今，新华社每天通过 8 种文字，24 小时不间断地向世界上 200 多个国家和地区的 6 万多家用户提供多媒体信息产品。

（二）报业差异化转型

1. 人民日报创办人民网、开设法人微博

《人民日报》于 1997 年 1 月 1 日创办人民网。依托人民日报社国内外 70 余个分社的采编力量，每天 24 小时在第一时间向全球网民发布丰富多彩的信息，内容包括政治、经济、社会、文化等各个领域。人民网强国论坛是中国网络媒体创办的第一个网上时政论坛，被誉为"最著名的中文论坛"。人民网旗下拥有人民在线、人民视讯、环球网三家控股公司，并在国内各省市设立了地方分公司。与此同时，人民网还积极推进全球化布局，先后在日本、美国、韩国、英国、俄罗斯和南非成立分社并设立演播室，大大提升了人民网的国际传播力和影响力。2012 年 4 月 27 日，人民网在上海证券交易所上市交易，成为第一家在国内 A 股上市的新闻网站。2012 年 10 月 30 日，人民网宣布注资 1000 万，成立金台创业投资公司，投资的方向主要是文化传媒和互联网领域，以通过资本运作建立和保持人民网的竞争优势。

人民网发展十多年来，在海内外的影响日益扩大，已形成广泛而稳定的受众群体，网民覆盖 200 多个国家和地区。

微博等社交化网站的快速发展让人民日报有了强烈的“危机感”。2012年7月21日，人民日报在新浪微博开通了法人微博账号，引起了广泛关注。作为我国的第一大报，人民日报当时的发行量大概有200多万。人民日报微博开通半年多后，其粉丝数即超过了500万，是其发行量的2倍。

2. 南都全媒体集群战略

南方都市报按照南方报业传媒集团董事长杨兴锋的构想，在2009年提出构建“南都全媒体集群”，实施跨区域、跨行业、跨媒体融合发展战略，在确保传统报刊行业龙头地位的基础上，优先做好跨媒体融合，以实现全媒体生产能力、全介质传播能力的跃升，真正做到“南都，无处不在”。

为了保障战略实施，南都全媒体进行了九项平台再造措施。一是内容平台和数据库建设，包括以下四个部分：保持网络化的、实时动态的线索库即报料平台、原创库（素材平台）、中央库（待编稿库）、应用库（集成平台）。二是与奥一的深度融合。实施奥一与南都全媒体在理念、治理结构、多媒体采编流程、业务流程、品牌营销推广、组织架构六方面的深度融合。三是平面媒体数字化运营能力整体布局。把南方都市报的价值观、品牌、品质生产能力转变成全媒体资源。四是全媒体采编经营理念再造。新闻和资讯素材快速共享和100%被多层次利用加工；全天候动态报道方式；围绕“活性”用户为中心来建立自洽式的应用平台系统，提供包括广告、产品等在内的一系列服务，从而打造一个完整的产业链。五是全媒体流程再造。打破以南方都市报报纸为中心的现有采编生产和经营流程，围绕中央编辑部，建立新的以媒资为基础的生产、营销结合为目标的全流程模式。六是全媒体组织再造。设置包括总编室、采集室、数据库部、数据挖掘部在内的中央编辑部，设置运营部，设置全媒体总编辑、总经理，建立起围绕着信息制作形成的“同轴电缆式”的共享组织模式。七是全媒体人才再造。培养跨媒体内容制作、运营人才、新媒体技术人才。更加强化南都一直以来坚持的责任编辑制作人制，升级换代现有的编辑人员。八是全媒体考核再造。考核指标应该是多层次、多媒介、多终端性的，如信息被采用的频率成为评价一个采集者的重要指标。九是全媒体产品再造。媒体产品化，产品系列化、多元化；在规模化、差异化的产品基础上实现大规模定制、个性化定制。

从实际运行情况看，南都的全媒体集群战略正稳步推进中。“南都”已经从一份中国报业最具影响力和最有价值的报纸“南方都市报”，升级为集“报刊网站手机广电户外 LED 屏官方微博群等新旧媒体、广告发行物流活动营销品牌增值业务 + 汽车旅游娱乐文化行业运作 + 内容售卖等业务”于一体的、无处不在的“南都全媒体集群”，正在稳步实现“现代型信息集成商、全媒体数字信息运营商、媒体和信息的混合运营商”的目标。

3. 浙报集团媒体融合三部曲

浙江日报报业集团（简称浙报集团）实力雄厚，旗下运营超过 35 家媒体，拥有 500 万读者，产业规模居全国同行业前列。2011 年 9 月，浙报传媒借 ST 白猫的壳在 A 股上市。10 月 31 日，创办了国内媒体领域的首个创业孵化器——传媒梦工场。宣布未来 5 年，将实行全媒体战略行动计划，以各种融资方法投入 20 亿元，通过内部转型、外部扩张和孵化未来多措并举，实施集团的全媒体转型。2012 年 6 月，浙报传媒再度宣布将以 32 亿元从盛大公司收购游戏平台杭州边锋和上海浩方的 100% 股权。

“传媒梦工场”面向全国遴选具有优秀创意、良好市场前景的新媒体产品及创业团队入驻。孵化基地将为创业者提供前期发展所需的资金、必要的技术平台服务、场地，尤其是媒体资源这样一些服务。浙江日报报业集团还与复星集团、阿里巴巴、三大通信运营商等11家单位签署了战略合作协议，为“传媒梦工场”提供强大的支援力量。创业项目孵化成功后，集团控股的上市公司有优先收购权。2012年2月16日，由浙报集团等主办的中国首届新媒体创业大赛在北京启动，其中脱颖而出的微拍、微触验证码、宇初验证码、几分钟网等多个项目获得知名投资机构的投资。当年，“传媒梦工场”即投资了10个新媒体项目，其中包括向刚成立2月的虎嗅网投资数百万元，并开始募集中国第一个专门针对传媒的基金。

借壳上市、布局“传媒梦工场”、收购边锋和浩方，看似毫无逻辑关联的“三部曲”，步步指向传媒转型的核心——用户。在浙报传媒看来，所谓传统媒体转型升级，核心就是把流失的用户找回来、聚拢来，服务好、吸引住。2014年，浙报传媒宣布2013年互联网业务利润首超集团主业，意味着其转型已取得阶段性成果。

4. 上海报业集团澎湃、界面后发制人

2013年10月，由解放日报报业集团和文汇新民联合报业集团整合重组的上海报业集团挂牌成立，标志着上海报业的转型之路正式迈上快车道。2014年7月22日，由上海报业集团《东方早报》团队打造的“澎湃新闻”客户端上线。一段时间以来，“澎湃”因锐利的观点、深入的调查、有分量的文章，迅速在网上走红，风靡微博、微信朋友圈。但人们也纷纷担心其精英报道模式能否可持续发展。10月，上海报业集团再度宣布另一个新媒体项目“界面”正式上线。与浸染传统媒体人精英色彩的澎湃不同，“界面”从一出生就带着浓重的互联网基因。它的战略投资股东包括两家著名的互联网股东小米科技、奇虎360。“界面”定位于全民参与的精品商业新闻网站，但还为用户提供求职、购物、社交、投资理财等服务。2015年1月25日，“界面”再度宣布发起成立中国最大的自媒体联盟，号称拥有超过2000家自媒体成员，气势逼人。尽管起步较晚，营利模式也仍在摸索之中，但上海报业的转型颇有点后发制人的意味。

（三）广电拓展全平台产业

1. 中国国际广播电台创办CIBN

2011年1月18日，由中国国际广播电台创办的中国国际广播电视网络台（CIBN）正式成立。CIBN依托的重要资源包括：61种传播语言、53家海外整频率电台、12家境外广播孔子课堂、18家环球网络电台、40个驻外记者站（总站），3165个境外听众俱乐部，180多家境外合作电台、2个数字电视频道、2000多人的多语种国际传播人才队伍。

中国国际广播电台已有近70年的历史，是国家级的对外传播机构。近年来，伴随着国际传媒竞争的激烈和中国国际地位的提高，国际台确定了建立现代综合新型国际一流媒体的目标，积极推进由传统媒体向现代媒体的转变，由单一媒体向综合媒体的转变，由对外广播向国际传播的转变，在新媒体领域全面发展。环球网络电视、移动国际在线、手机广播电视、网络电视等各种新媒体业态全面起步。国际台已形成包括无线广播、纸质传播、互联网、移动终端和视频业务在内的五大业务架构。

2. SMG孵化百视通公司

上海文化广播影视集团（SMG）是国内规模仅次于央视的大型传媒集团。2009年，SMG率先实现了广播电视制播分离的改革，其战略目标是完成“两个转变”（从为播出而生产转变成为市场而生产；从一个地方的广播电视播出机构转变为一个面向国内乃至海外的内容提供商、发行商和服务运营商)。制播分离改革后的 SMG 进一步对外开放平台和渠道，与各种社会力量和市场资源对接。新媒体、卡通少儿、财经、购物、娱乐 5 大板块日趋成熟，推动着 SMG 的文化传媒产业开始跨越式发展。

2011 年 12 月 30 日，SMG 旗下的百视通新媒体股份有限公司在上海证券交易所成功挂牌上市。百视通是国内广电专业从事 IPTV、互联网电视、手机电视、网络视频、移动互联网视频服务等新媒体全业务运营的公司，拥有世界领先的交互电视服务系统集成技术。与百视通同时注入的上市资产还包括另外三家公司比例不等的股权，包括以新媒体业务提供技术和研发为主的文广科技，以擅长专业化影视舞美制作的广电制作，以及拥有有线电视网络及相关项目资源的信投股份。百视通还与印尼电信开展合作，全方位介入印尼 IPTV、互联网电视、手机电视、直播卫星及有线网络等媒体业务的技术、内容和运营。2012 年，百视通实现营收 20 多亿元，较上年增长 52%。2014 年，SMG 再次加大改革力度，启动电视业务重构、上市公司合并等战略转型，向千亿市值的新型媒体集团目标大步迈进。

3. 浙江广电创办华数数字电视传媒集团

华数数字电视传媒集团（简称华数集团）是由杭州文化广播电视集团、浙江广播电视集团等投资的全国性广电新传媒、新网络运营企业。华数集团通过体制创新，带动管理、技术、服务和产业的创新，积极探索在“新媒体、新通讯、新信息化应用”以及“三网融合”领域的跨越式发展。

华数集团是浙江有线数字电视发展的省级平台和全国移动数字电视的运营主体之一，拥有 IPTV 全国运行牌照、移动数字电视牌照，在全国率先获取 3G 手机电视全国集成运行牌照和互联网电视牌照，位居全国新媒体和“三网融合”的第一阵营。华数集团是杭州市数字电视发展的运营主体，浙江省数字电视发展的省级主体。华数致力于以数字电视发展为切入点，实现推进全省数字电视发展，向无线、移动电视和信息化应用转型。华数建立开放的面向全社会的合作机制，广泛建立起生活、教育、财经、游戏、政务、社区等深入到社会政治、经济、生活方方面面的城市信息化服务平台。

4. 湖南卫视新媒体转型动作频频

湖南广电的新媒体业务起步最晚，但进展却极为神速。2006 年，借助“超级女声”在全国引爆的关注效应，湖南广电把电信增值业务（SP）、未来 10 年的电视节目网络版权等资产打包，成立新媒体公司快乐阳光互动娱乐传媒有限公司。从 2007 年开始，金鹰网旗下网络电视业务正式命名为芒果 TV。2008 年 7 月，湖南卫视新媒体平台金鹰网上线，并正式定下“视频门户”的市场地位。随着独立域名的展开，湖南广电在视频领域的更大野心也逐渐浮现。2009 年 11 月 12 日，湖南卫视与盛大网络宣布，出资 6 亿元人民币，成立盛视影业有限公司，在影视制作发行和相关衍生业务领域展开合作。2009 年 12 月 29 日，淘宝网与湖南卫视在长沙宣布，双方投资 1 亿元人民币，共同组建“湖南快乐淘宝文化传播有限公司”，整合双方资源，打造“快乐购”电视节目，同时在淘宝网上设立专门潮流购物频道及外部独立网站，创建电子商务结合电视传媒的新商业模式。

快乐阳光公司自成立至今，先后进军新闻资讯、电信增值、广告营销、版权经营、网络电视、网络游戏、网络社区等业务，构筑起金鹰网、芒果 TV、tazai 互动电视、芒果游戏、芒果无线五大产业平台及品牌集群——芒果在线（即芒果网络生态圈）。

2013 年初，湖南卫视在跨年狂欢夜推出的“呼啦”电视互动手机客户端应用，在66天时间里，注册用户数达到240万，最高同时在线人数107万，并因成功实现电视与手机双屏互动的创新点，而深受业界关注。

2014年，湖南卫视的新媒体战略再度提速。湖南卫视继年中祭出芒果TV独播策略的杀手锏，使得视频网站的竞争进一步趋向白热化后，2015年1月21日，湖南卫视旗下“快乐购”在深交所上市，融资总额超过6亿元，为湖南卫视生态圈建设建立了新的屏障和上市融资通道。

三、我国传统媒体进军新媒体的利弊条件分析

传统媒体作为我国主流媒体的代表，其竞争力决定主流声音的影响力。传统媒体能否适应互联网时代，在新时期继续发挥主流媒体作用，仍有待观察。分析传统媒体进军新媒体的实践情况，可以发现以下利弊：

（一）传统媒体进军新媒体有利条件

1. 拥有政策和财税支持。根据我国当前的相关法规政策，非传统媒体创办的新媒体在新闻报道的采编权限方面受到很大的限制，其发布的新闻信息在很多时候只能是转自于传统媒体。近年来，国家高度重视主流媒体的新媒体建设，给予了大量的财税支持。人民网财报显示，财政部是其最大的客户。文化改制企业也能享受一定的税费减免优惠。

2. 拥有大量的自有资源。传统媒体拥有强大的内容生产力、专业化的新闻传播理念和运作机制。传统媒体在提供调查性新闻报道、解释性新闻报道等“后新闻”方面具有新媒体难以企及的后发优势。传统媒体所创办的新媒体拥有大量的优质版权资源，天然继承母体强大的公信力、品牌和知名度，拥有得天独厚的宣传推介平台。一些运转良好的

传统媒体乃至上市机构，可用于投资新媒体的资金也比较充沛。

3. 拥有广泛的社会资源。传统媒体在多年的采访经营过程中，与社会各界建立了广泛的联系，积累整合了庞大的社会渠道资源。一旦借助新媒体建立合适的商业模式，这些资源可以很方便地转化为产业，为传统媒体乃至社会创造增值效益。而这是社会机构办新媒体所不能企及的。

（二）影响和制约传统媒体进军新媒体的因素

1. 宣传管理口径偏传统。在国外，政府往往赋予新媒体更为宽松的舆论环境，更关心新媒体的产业化而不是意识形态。这种思路随着国外风投的进入部分辐射到我国的商业新媒体上，使得它们所运营的平台上自媒体高度发达。相比之下，我国的传统媒体管理历来重意识形态轻产业发展。这两种管理思路体现在新媒体上，就体现为对商业新媒体和主流媒体所办新媒体不均衡的信息管制。传统媒体及其主管机构对体制内新媒体管理过严，自然使之丧失活力，或者更准确地讲，是不同的管理尺度使传统媒体自己必然丧失新媒体竞争优势，只能无奈地将话语权让给商业新媒体运营的网络“自媒体”平台。

2. 运营体制机制灵活度不够。传统媒体办新媒体多是按传统媒体的思路来规划新媒体。在体制上，新媒体从属于传统媒体，必须严格遵守传统媒体的种种规定，而不是按新媒体自身的发展规律来办事。新媒体只是作为传统媒体的补充，而不是作为未来，这种思路客观上导致了新媒体发展机制的缺失。首先，对于新媒体的投入必然有限。其次，新媒体的发展必须符合传统媒体的总体利益，必须是增量而不能有损耗。但实际上，新媒体往往只有在大力度的变革后才能产生效益，必然会有损耗。传统媒体往往要求新媒体快速产生效益，因此丧失了以超前投入来占领更多市场份额的机会。缺乏符合新媒体特点的人才激励机制，不利于引进优秀的新媒体运营人才。

3. 缺乏新媒体思维和基因。传统媒体所办的新媒体，多是围绕传统媒体的主营业务进行开发。比如以新媒体来拓展信息源、改进编播流程等，更多将新媒体作为传统媒体工具来使用，就媒体而媒体，而不是建设可面向社会开放的包容性平台和产业。其所运营的新媒体产品，总体上还是偏传统。如IPTV、互联网电视等，并没有真正触及移动互联网和社交网站的趋势，而更多是电视传播的工具创新。总体来看，传统媒体还是缺乏互联网思维和基因，不够有想象力。

四、关于传统媒体进军新媒体的建议

（一）转变观念，以创新思路坚守舆论阵地

针对当前国际国内形势依然比较复杂，传统媒体进军新媒体过程中，还应继续坚定阵地意识，开拓创新，做好舆论引导工作，为实现中华民族伟大复兴的“中国梦”保驾护航。

1. 以互联网思维做好新闻宣传工作

互联网思维就是围绕用户开展工作，用户在哪里就加大哪里的工作力度。因此，要加强传统媒体新媒体新闻的首发率，加强传统媒体新闻的解释性报道在新媒体平台上的发布。推动传统媒体加速进入新媒体舆论场，掌握新媒体舆论场的主动权。加大力度拓展新媒体新闻宣传平台，加大平台的影响力。加大传统媒体优质资源向新媒体转移的力度，加大主流价值观新闻内容的覆盖规模。

2. 做好主流新媒体的导向管理

传统媒体进军新媒体过程中，不应放松导向管理，但也不能以传统媒体的管理模式进行硬性“一刀切”，可要求新媒体保持正面舆论导向，并根据新媒体定位做差异化管理。应确立新媒体的舆论场定位而不

只是传统媒体立场的再现。新媒体不仅应发布正面信息，更应尽可能吸纳和听取社会各方面的信息，使之成为传统媒体进行内容生产的源泉和了解社会舆情的公共空间。

（二）多措并举，改进主流新媒体的吸引力影响力

1. 加大优质资源整合力度

传统媒体应加大以优质资源培育新媒体的吸引力和影响力。如传统媒体可以新媒体平台作为其新闻首发的第一落点，从而提升其新媒体的影响力；可以为传统媒体输送观众、草根原创、票决节目走向等，增强新媒体的吸引力。

2. 从用户需求出发做好新媒体产品

传统媒体应该更注重用户需求分析，从用户角度出发，开发出让受众满意的新媒体产品。传统媒体在制作内容时应充分考虑新媒体传播和互动环节，加强新媒体用户贴近性。如传统电视台在制作电视节目时不仅综合融入新媒体元素、新媒体互动环节，而且同时制作新媒体版，供新媒体传播。

3. 强化管理提升新媒体产品质量

加强传统媒体发展的新媒体，应确保新媒体作为传统媒体唯一新媒体出口的权威地位，由自有新媒体对传统媒体的资源进行统筹分配，其权利归属不能分散。传统媒体在发展新媒体时应做好新媒体传播效果评估，以根据数据和群众反应不断改进新媒体传播效果。

（三）内外着手，全力做好主流新媒体产业开发

1. 大力度推进全媒体产业发展体制机制革新

传统媒体进军新媒体，应综合借鉴国内外传统媒体进军新媒体的经验教训，树立前瞻意识和产业意识，大力度推进内部体制机制改革创新，

从全媒体角度对新媒体进行高规格高水平的总体设计，尽全力加大投资强度和长度，将传统媒体优势资源充分转化为新媒体的战略及产业优势。

2. 吸收借鉴商业互联网的淘汰机制

通观国内外传统媒体进军新媒体情况，成效不少，但与纯新媒体企业比，仍有较大的差距。这既与传统媒体在体制机制上的自我设限有关，亦与新媒体激烈的淘汰机制密切相关。能在现有市场上获得成功的新媒体，多是从成千上万的创业企业中脱颖而出的，它们的市场模式和互联网基因都得到了充分的检验。

所以，应借鉴商业互联网的淘汰机制，形成鼓励试错、善于纠错的创业文化。积极创造并争取条件，拓展文化产业投资，利用筹建产业基金、上市融资等金融工具，通过建立创新工场等社会化公开平台模式，加快速度吸纳全社会有竞争力的互联网创新力量。

第四节　新闻网站能否突围

进入21世纪，传媒业发展呈现出若干新趋势，进入传媒业的门槛越来越高，娱乐新闻板块成为传媒经济效益的增长点，深度报道成为传媒竞争的热点，跨地区跨媒体发展的集团化发展成为趋势，传媒不只着眼于“做大”，更关心“做强”，以避免被同质、同效传播产品挤压市场。

传媒业发展的另一个重要趋势是，互联网技术的广泛运用。随着新媒体产生的影响力日益强大，也由此衍生出新媒体传播及其管理、舆论引导、监督与当代中国社会的问题。新媒体的不断壮大，改变了媒体生态，新媒体在相当程度上缺乏把关人的状态，也使得公众对媒体的社会责任更为关切。我国新旧媒体比肩发展的格局，离不开文化体制改革的大环境。而在这些媒介前沿问题中，又以新媒体的传播及管理最为瞩目。迎接信息时代，无论是传统媒体还是新媒体，都在尝试使用新的技术手段。传统媒体纷纷触网，希望借助网络拓展传播空间，缩短与受众的距离。新媒体也不断尝试新技术新概念，以抢占媒介发展的制高点。

2003 年以来，Web2. 0 的概念逐渐成为互联网业界的热点。Web2. 0 是相对 Web1. 0 的新的一类互联网应用的统称。Web1. 0 用户主要通过浏览器获取信息，Web2. 0 则更注重用户与互联网平台的交互作用，用户既是互联网内容的消费者（浏览者），也是制造者。2012 年以来，互联网再度转向移动互联网时代，去 PC 化已经成了新的行业趋势。以场景体验、细分和垂直、个性化服务为特征的 Web3. 0 加速得以应用。

随着应用的深入，Google、Amazon、Wiki、Facebook 等互联网企业得以迅猛发展，Web2. 0、3. 0 对产业显示出巨大的提升力。能否充分利用 Web2. 0、3. 0 的受众特性，进而把握住移动互联网的新机遇，成为互联网站打造核心竞争力的关键，是新媒体竞争突围的重要机遇。

一、我国新闻网站的机遇与挑战

我国的互联网自 1995 年接入世界互联网以来，迅猛发展，先是形成新闻网站、门户网站、政府网站三足鼎立、各司其职的格局。几大门户网站是其中的杰出代表。技术平台的成功应用与对新闻内容的高效整合，使得新浪、搜狐、网易三大门户在 Web1. 0 时代有机会做大眼球经济，并进而以更大实力来拥抱 Web2. 0。在这一轮的竞争中，新闻网站由于过于重视内容或是受限于政策、体制、观念等因素的制约，保住了官方的权威地位，却未能成为产业的主角。

在 2002 年前后，正当商业网站逐步尝试 Web2. 0 概念的时候，主流新闻网站也开始在政策的支持下整体发力，试图逐步缩小跟商业网站的距离。2004年，央视网在全球4000万家互联网站中的综合排名曾一度上升至48位，在国家八大重点新闻网站中排名第一位，大大缩小了与门户网站的距离。但不对称竞争始终掣肘新闻网站的发展步伐，使得距离又渐渐拉大。

分析商业网站与新闻网站发展的不同步，可以归结为多个方面的原因。其中最为重要的是，商业网站自创业初就采用市场配置资源的商业模式。创投资金不计成本的投入，使得商业网站在成立之初就能按照自己的理想蓝图来描画未来，从一开始就站在行业的制高点上，拥有科学的管理制度、丰富的内容、先进的技术以及优秀人才，进而吸引了大多数网民，做大眼球经济。充分的市场竞争以及随之而来的高淘汰率，使得胜出的网站往往蓄积了超强的实力。

与商业网站不同的是，新闻网站多脱胎于传统媒体。网站不太明朗的盈利模式使得新闻网站往往对新媒体持观望态度，并不会在资金、技术、人才方面投入更多，这也使得新闻网站在创业初始就失去了先机。母体的强大一方面给予了新闻网站必要的发展条件，但也以其固有的思维和体制惯性束缚着新闻网站。新闻网站多采用与母体相同的事业管理体制，按传统媒体运营模式来管理新媒体。即便实行了公司法人体制，也必须优先服务新闻事业体制的管理，并对于资本投资有着近乎苛刻的要求。这些体制的制约限制了新闻网站的发展。

随着互联网影响力的不断增强，国家也对新闻网站的发展提出了更高的要求。为了更好地承担国家对外宣传任务，新闻网站逐步突破了事业体制的制约，按互联网规律办网，加大资金投入，实行公司法人制度，不断开拓新兴业务。2006年4月，在中央电视台的整体部署下，央视国际网络在保留事业身份的同时，成立了独立的央视国际网络有限公司，并宣布全力进军网络电视、手机电视、IPTV，打造国内最强大的视频网站。其他新闻网站如新华网、人民网等也开始尝试两种体制并存的发展模式。新体制的采用，使得新闻网站焕发出蓬勃的生机，但在一个技术驱动呈主导并激烈竞争的 Web2.0 年代，资金已成为新闻网站发展的生命线。没有充裕的资金，强大的技术平台、优秀人才、优质的内容等都无从谈起。但新闻网站在融资方面仍遭遇着发展瓶颈，尽管国家已经允许新闻网站可以在国内选择合作伙伴，但国内的资金并未如期投入互联网。毕竟，比较商业网站，新闻网站的盈利模式还不明朗。

二、世界新媒体发展潮流

如今，人们越来越多地谈到大数据，将之称为“战略地位堪比工业时代的石油”的资源。实际上，大数据曾是 Web2.0 概念的重要部分。互联网在经历了 2001 年的大转折后，开始迈进 Web2.0 时代，并明确提出了与用户共同创造价值的盈利模式。与将互联网当成简单的传播与互动平台的 Web1.0 不同，Web2.0 时代崇尚“自由、互动、共享”的精神，以用户贡献内容作为其核心理念。2005 年 10 月，Web2.0 概念正式由 O'Reilly 媒体公司总裁兼 CEO 提姆·奥莱理在《什么是 Web 2.0》文章中提出。他是美国 IT 业界公认的传奇式人物，是“开放源码”概念的缔造者，一直倡导开放标准。

在《什么是 Web 2.0》一文中，提姆·奥莱理探讨了 Web1.0 与 Web2.0 相区别的 7 大应用原则：1. 互联网作为平台；2. 利用集体智慧；3. 数据是下一个 Intel Inside；4. 软件发布周期的终结；5. 轻量型编程模型；6. 软件超越单一设备；7. 丰富的用户体验。这篇基本上概括了互联网发展的最新趋势的文章，一经发出就引发了热烈的讨论，被视为 Web 2.0 迄今为止的经典之作。

提姆·奥莱理指出，Web1.0 企业将互联网作为平台，主要围绕中心客户展开服务，中心客户的用户越多，企业所需要的服务器就越多，成本也越高。Web2.0 企业则有效利用消费者的自助服务和数据管理，将触角延伸至整个互联网，延伸至各个边缘而不仅是中心，延伸至长尾而不仅是头部。这样的运用，使得用户越多服务越好，成本也低。要在 Web2.0 年代获得成功，必须拥有足够的数据，因为只有拥有足够的数据才能提供充分的服务，并从而为受众提供丰富的体验。而这些丰富的体验则来自于跨媒体终端的服务。为适应用户的需求，这些软件还必须保证足够简便并能得到随时随地的更新。

在 Web2.0 年代，与 Yahoo、Google、eBay、Amazon 不同，Wiki、Flickr、Blog、RSS 等的成功模式在于“病毒式营销”（viral marketing）的方式。这些成功的互联网企业并不主动到处推销其产品，它们只是一方面通过利用集体智慧充实自己的内容，一方面通过口耳相传的方式直接传播。

在 Web2.0 时期，我国的新媒体实践主要包括一些以博客和社会网络应用为主的网站。其中博客网站发展最为迅速，影响力也大，如博客网和依靠门户流量优势后来居上的新浪博客等。百度贴吧的人气也不错，由于方便的交互式功能，粉丝活动成为它最为突出的特色。此外，鼓励 IT 原创交流的 DoNews IT 社区也深受网民欢迎。

而被风险投资（venture capital）大力追捧的视频网站，逐步成为 Web2.0 应用的热门。这些网站基本采用视频分享的商业模式，吸引网民自主上传视频，比如优酷网、优视网、土豆网、我乐网、六间房等。甚至为了吸引网民人气，采取与网民收入分成的方式来运营，比如酷 6 网。但这些 Web2.0 网站的应用离成熟还尚有距离，它们的盈利模式并不明朗，还只是跑马圈地的概念而已。如今回头去看，当年的这些商业视频网站已经所剩无几，行业集中度很高，也意味着市场逐渐成熟。

新闻网站则由于仍受母体的支持，依然保持原先的生存格局，在机构上维持传统媒体的职能定位，但在新闻业务上客观上仍呈现出同质竞争的态势，在产业拓展上除了少数几家上市公司外，并无太大突破。

进入移动互联网时代，Web3.0的概念日渐深入人心，人们越来越习惯于通过手机来获取信息，微博、微信、客户端等微应用的访问时长越来越多，“今日头条”在短短两年内吸引了1亿多用户。包括互联网公司和传统媒体在内的机构争相推出APP应用来吸引用户，但即便是拿到微信船票的腾讯，也依然在担心能否登上移动互联网的大船。

三、新时期新闻网站与商业网站竞争的启示

在新时代，新闻网站和商业网站的竞争再度上演。这场竞争的关键，在于双方如何拥抱新时期的蓝海。而这里的蓝海，还更多地指向长尾。

如今回看新闻网站和商业网站的竞争，有几个基本判断依然必须正视：一是定位问题偏差。当时的新闻网站囿于各种因素仅定位于内容提供商，而商业网站则坚持不做内容只全力整合来自传统媒体生产的内容。二是管理尺度不同。商业网站想方设法使用擦边球模式来迎合网民求新求异的需求，而新闻网站则仍按传统媒体的管理方式来生产内容，不逾规不逾矩，甚至回避社会热点。三是多方面的不对等竞争。在新媒体的竞争中，在人才、体制、激励机制等各方面，商业网站似乎从来都生存在特区里，而新闻网站始终束手束脚地存在着。这种不对等的竞争一日不改，新闻网站的活力便无从谈起。

第一，多数人已经明确，新闻网站绝不只是内容提供商，但在那时，传统媒体的人还都认为，新媒体跟母体一起生产内容，不吝于抢自家人的饭碗。其实，互联网时代的核心在于受众，而不只是新闻网站自

身所拥有的有限的内容，哪怕这些内容是如何的精粹。因为对于海量的互联网而言，新闻网站所拥有的内容只是沧海一粟。相反，新闻网站本身以及它所拥有的内容的影响力才是它最大的竞争力。对于新闻网站而言，正确的道路应该是利用自身的品牌影响力，来做大符合互联网规律的平台，吸引更多受众。

第二，流量决定一切，这曾是中国互联网十余年来最原始的业务法则，是眼球经济的核心，也是风险投资专家判断是否给予投资的依据之一。这样的标准，曾见证了门户的大跃进，却也带来Web1.0年代的擦边球的后遗症，还有在坚持新闻伦理和“情色文章”中左右为难的新闻网站。在当时的互联网上，为数众多的色情信息和政治谣言是锁定流量的法宝所在。然而，在商业网站利用这些信息带来巨大流量的同时，互联网的价值也在沦丧，而它所造成的社会负面效应更是不胜枚举。

但是互联网业界当时遇到的这个困惑，只能说明，充分代表受众利益、服务受众的模式尚未被完全发现，谁发现了新的更好的运营方式，谁就是下一个赢家。搜索模式和即时通讯模式就是往这个方向探索的一个阶段性成果。

基于上述的分析，第三个问题也就迎刃而解。只要市场找到了正确运行的方式，困扰业界特别是新闻网站的不对等的竞争就自然结束了。同理而言，新闻网站也没必要太执着于这个问题，因为更重要的是找对自己发展的方向，也就是找到自己所能把握的蓝海。而新闻网站的蓝海，应该是由自身影响力造就的头部和遵照互联网规律形成的长尾组成的。由于拥有首尾兼顾的潜能，新闻网站在新时代完全有胜出的可能，而胜出的关键在于新闻网站何时找到适合自己的长尾运营模式。遗憾的是，时至今日，这个问题仍未得到满意的答案。

第三章　现象级电视节目异军突起

研究近年来的媒介改革，现象级电视节目不能不说是个重要的命题。它的重要不仅体现在收视率高、经济效益佳、社会反响好，更重要的是，它促进了电视行业制播分离的体制机制创新，成为推动改革的一个关键变量。

然而，现象级电视节目是如何横空出世，如何成为坊间热议，应该如何定义现象级电视节目，学界和业界依然众说纷纭，尚未统一。

湖南广播电视台台长吕焕斌认为，现象级节目主要的两个坐标：一是收视率、影响力，即节目在各个屏的收视率、点击量、关注度；二是对行业创新起引领作用，具有行业标杆意义。环球舆情调查中心戴元初认为，现象级电视节目必须具备几个特征：在节目形态上有深刻的变革，改变了电视人习惯了的电视结构方式；社会影响力方面，对于社会不同阶层有强大的渗透能力，收视表现与话题性十分突出；潜移默化中输出自己的价值观，引导社会对于一些习以为常的现象进行反思，从而激发人们推进社会进步的热情。① 有的学者认为，现象级节目要具备三个要素：高收视、高讨论度和高产出。还有的学者干脆给出了更具体的指标，现象级节目的三个门槛：1. 成本：每期节目至少 300 万元以上；

① 戴元初：《现象级电视节目的生产主体在扩容》，《视听界》2013 年第 6 期。

2. 收视：全国网收视率超过 2%；3. 市场：创造的综合价值在亿元以上。

云南卫视台台长赵树清对现象级节目进行了更为详细的论述。他提出，大投入、大制作、高收视、高产出，并在播出后产生话题、引发广泛讨论的节目就是现象级节目，其要符合六个标准：全国网平均收视率过 1%；有吸引不同代际、不同阶层人群收看的能力；在非黄金时段有改变观众收视行为和生活形态的能力；有较高的社会影响力和话题关注度；综合收入要达到 10 个亿；是行业标杆和国内的模式节目引领者。现象级节目要具备若干软实力：节目制作过程高度工业化、节目播出过程呈现高刺激观赏体验、节目播出之后产生话题、引发讨论和追捧。此外，赵台长对于如何制作好节目提出了一个“333”模式，即三个要素——高收视、高话题、高产出；三驾马车——制作人、导演/编剧、营销总监；三大团队——节目研发团队、节目制作团队、节目推广和营销团队。

本书作者认为，业界之所以关注操作模式和数字指标，主要基于实践需要，学术定义可更简洁。我们认为，现象级电视节目指很多人观看、谈论一个电视节目，规模大至形成一种社会现象，并产生巨大的经济效益。

第一节　长尾效应下的现象级电视节目

谈及现象级电视节目，首先应研究中国电视借鉴海外节目模式的历程。我国公认的几个现象级节目，无论是 2004 年的《超级女声》，还是近年来的《非诚勿扰》、《中国好声音》、《爸爸去哪儿》，撇去本土团队的努力之外，海外节目模式功不可没。

一、新媒体冲击下电视模式的威力凸显

中国电视借鉴海外节目模式的历程，可追溯至20世纪90年代中期。开始只是简单的“模仿”，往往只学得皮毛，而未识得其中精髓。1998年中央电视台《城市之间》和《幸运52》的播出，开启了我国引进海外电视节目模式版权新纪元。央视将英国具有30多年历史的博彩电视节目《Go Bing》改编后打造成风靡一时的《幸运52》，使之在收视率和影响力方面获得双丰收，海外节目模式在我国电视荧屏初露锋芒。

在新媒体出现以前，电视行业坐拥媒体龙头地位，不愁眼球流失。但新媒体出现后，迅速以其丰富的内容和功能吸引了用户的注意力。尽管在新媒体上吸引用户的主要还是包括电视媒体在内的传统媒体的内容，但新媒体以其巨量的信息内容、个性化差异化的服务方式赢得的长尾效应是电视媒体所无法企及的。我国传统的电视制播理念以及长久以来低成本小制作的电视节目已不能完全适应人们的收视习惯、收视心理、收视需求、收视选择和收视方式的新变化。面对新媒体的冲击和电视业日益激烈的内部竞争，国内各电视台纷纷加大了节目创新的力度，海外电视模式成为电视业赢得竞争的重要砝码。

随着电视节目模式贸易发展成为一项成熟的全球性产业，国际电视商积极地开展跨国营销，并加强了版权保护，中国电视业才真正较多地向版权商正式引进海外节目模式。2004年，湖南卫视推出了以《美国偶像》为原型制作的《超级女声》，带动了国内电视平民选秀的风潮。2010年，江苏卫视继湖南卫视之后引进来自英国的《Take Me Out》，推出大型婚恋交友节目《非诚勿扰》，创下长盛不衰的收视奇迹和广告收益。

浙江卫视《中国好声音》的成功达到近年来中国电视节目模式版权引进的巅峰。2012 年 7 月，灿星公司引进一档在世界各国获得巨大成功的荷兰模式节目《The Voice》，以空前的巨资投入制作中国版节目《中国好声音》，凭借其靠实力说话的“盲选”规则、精巧而大气的节目包装和大牌评审针锋相对的卖点成功掀起了一轮收视热潮，引发中国电视选秀节目的革命。模式节目的威力在于它们对细节的严格把控。经过多年的实践检验，它们不仅积累了几百页行之有效的节目制作宝典，连导师们拿麦克风的手势、旋转座椅的设计都做出了详细的标注，更派出专人在录制现场进行指导，全程跟踪节目制作和营销等，不断细化并改进其宝典。正是这些宝贵的经验使得《中国好声音》在多档同类型的节目前后夹击下仍能脱颖而出，也展现了电视节目模式所具有的魔力。自此，精细化制化与现象级节目并列成为电视界炙手可热的两个关键词。

从简单模仿到正式引进版权的进化过程，固然是国内电视台逐渐认识到节目模式真正价值的过程，但亦与竞争加剧导致创新周期缩短有关。众所周知，借鉴《美国偶像》而来的湖南卫视《超级女声》虽然获得空前成功，但实际上，《超级女声》直到创办第二年才形成真正的现象级效应。而如果加上姊妹赛事湖南电视台娱乐频道所主办的《超级男声》的探索期，其成长周期相对较长。而且，海外模式公司的维权也一度困扰湖南卫视。相较而言，节目模式版权商带来的不仅是已经过海外市场检验的节目设计，也会派出专业人士提供指导，让制作过程少走弯路、一步到位。节目模式提供的原节目素材，如音乐、视觉设计、电脑特效等，能为本土制作方直接使用，节省制作成本。更重要的是，引进电视节目模式在全球化的背景下，往往已经是具有全球知名度的品牌，便于国内电视机构开展广告营销。

2010 年至今，中国各电视台引进的节目模式已多达数十档，我国已成为全球最重要的节目模式输入国之一。2012 年，浙江卫视引进了美国 NBC 环球公司原版电视节目《越跳越美丽》的海外版权，深圳卫视引进了索尼影视公司出品的选秀节目模式《清唱团》。2013 年，湖南卫视引进了韩国 MBC 电视台顶级歌手竞赛真人秀节目《我是歌手》（《나는 가수다》），推出中国首档顶尖歌手音乐对决真人秀《我是歌手》，打造了独一无二的顶级豪华音乐盛宴，给观众带来不一样的视听享受。2014 年，江苏卫视从德国引进电视节目模式《Super Brain》，推出国内首档大型科学类真人秀电视节目《最强大脑》。这些引进的节目模式几乎都被各电视台当作竞争的杀手锏，成为周末黄金时段的主打节目。

二、海外电视节目模式引进促进我国电视转型升级

海外电视节目模式的引进不仅带来了久经考验的节目模式，还带来了国外先进的电视节目制作理念，为我国电视节目加速转型升级提供了新的思路。《中国达人秀》、《中国好声音》、《中国梦想秀》等电视综艺节目，推崇从素人中去发现价值，放大梦想，以平民化视角，传递正能量，输出真性情，弘扬主流价值观，主动拉近电视与公众的距离，让平民化的话语替代以往高大上的电视话语，让电视真正成为普通民众的表达空间，推动了我国电视节目的核心价值追求从“单纯的宣教与美学观赏”到“公众服务与美学观赏并举”的转变，从“以内容为核心”到“内容与模式并重”的转变，实现我国电视制作与传播理念的重构、社会效益与经济效益的双丰收。

节目模式版权商带来的模式宝典，也不仅仅是一份节目说明书，更是国外先进制作能力的体现。在节目的创意、宗旨、流程、人员安排，

到舞台搭建、灯光设置、话筒摆放、录像机位置、观众座次、视觉设计、电脑特效等细节的背后，隐含的是国外电视制作人对观众心理的把控力、对技术的理解和应用，最终体现的是节目的质量。各电视台或节目制作机构通过制作引进海外节目模式，一可开阔视野、发现差距，二来积累经验、锻炼队伍，最重要的是模仿引进的结果必然是超越和创新，最终大幅推动了电视节目制作水平的整体提升。灿星团队从《中国达人秀》、《中国好声音》的一炮打响跨越到《中国好歌曲》的原创模式输出，就是最好的例证。

三、海外电视节目模式引进的几个问题

随着海外电视节目模式的广泛引进，关于其利弊之争的议论也日渐升温。其导致节目同质化、加剧版权纠纷、引发频道资源浪费、造成模式依赖等争议，值得我们深入思考。

1. 电视节目同质化与观众兴趣同质化的悖论。近年来，各电视台竞相推出了引进海外模式版权的唱歌类综艺节目，如浙江卫视的《中国好声音》、央视的《梦想合唱团》、东方卫视的《我心唱响》和《妈妈咪呀》、安徽卫视的《我为歌狂》、辽宁卫视的《激情唱响》和《天才童声》、东南卫视的《欢乐合唱团》、湖北卫视的《我爱我的祖国》、深圳卫视的《清唱团》。尽管形式各有不同，但亦有同质化的特征。相同的歌手、相似的椅子、各种情感故事，固然有助于观众理解节目形式，但容易引发审美疲劳。

2. 加剧了电视节目版权纠纷。随着引进国外电视节目模式的增多，我国电视业发展与法律保护的矛盾日益凸显，电视节目版权纠纷不断见诸媒体。2005 年，湖南卫视《超级女声》涉嫌侵权英国节目《Pop Idol》版权；2006 年，东方卫视《舞林大会》被英国 BBC 节目《与星共

舞》国内版权引进方世熙传媒提起诉讼；2010 年，江苏卫视《非诚勿扰》遭湖南卫视《我们约会吧》申诉。一方面，国外电视节目模式版权引进交易日益频繁，电视节目制作机构版权意识不断增强；一方面，法律对电视节目模式版权保护严重缺失，电视节目版权得不到应有的保护。这给中国电视节目“抄袭”、“模仿”和“克隆”提供了“空间”，“拿来主义”有恃无恐，“山寨”节目荧屏频现，加剧了电视节目市场的法律纠纷，影响和制约了我国电视产业化发展。

3. 加剧了电视频道资源浪费。随着我国电视事业的快速发展，“四级办台”的弊端日趋突出。按照行政区划建立起来的各级电视台，所有权属于政府，由于没有进入和退出机制，各级电视台之间不可能实现产权流转，重复投入、重复建设、重复播出、重复覆盖造成频道资源浪费问题日益突出。引进海外模式版权综艺节目高投入、高风险、高产出，是强者的游戏，一线卫视频道凭借雄厚的实力赢得了先机，形成了强大的观众和广告聚合效应，加剧了节目垄断，抬高了市场壁垒，占据了主流市场。在一线卫视的挤压下，三线卫视频道、市县级电视台的“边缘化”境地日益明显，一些三线卫视频道的收视和创收甚至不如地面频道，加剧了我国电视频道资源的浪费。

4. 加剧了对引进节目模式的依赖。2010 年以来，《中国达人秀》、《中国好声音》等引进国外模式综艺节目的突出表现，让越来越多的电视台把引进国外节目模式作为提高竞争力和打造新节目品牌的“利箭”。2013 年，央视、上海、浙江、江苏、湖南等一线卫视继续坚持走引进国外电视节目模式版权的创新发展之路，相继推出新的引进国外模式综艺节目；三线卫视也没有等闲视之，广西、辽宁、贵州卫视纷纷引进国外模式版权，同时启动上亿创新基金，面向全球寻求节目模式和合作伙伴。引进国外电视节目模式版权已成为一线卫视巩固市场地位、二三线卫视实现跨越“上位”的重要选择，我国电视业对引进国外节目模式的依赖正在加剧。海外电视节目模式虽提供了完整的节目框架和制作流程，具有很强的可操作性，但过多引进国外模式是否会造成一种依赖性而进一步削弱国内电视的原创能力，需要中国电视人警惕。

此外值得注意的是，在节目模式被大量引进来的同时，我国自制电视节目模式输出却不容乐观，我国电视产业在原创节目模式方面与国际水平存在较大差距。

第二节　现象背后的规律：回归传统文化

亨廷顿曾在《中国文化论》一书中指出：“一切非西方国家的现代化发展，大概要经过两个阶段。第一个阶段是西方化引领现代化，第二个阶段是去西方化，回归传统文化，继续引领现代化。”现象级电视节目《舌尖上的中国》、《汉字听写大会》火爆荧屏，可谓是验证了这条规律。自1978年改革开放至今，中华民族已逐步从工业化、现代化过程中获得民族自信，已经到了一个要求摆脱西方、重新寻找民族认同的价值的时代。这种民族自信要求重新检讨在西方化过程中过度损害民族自信的现象，并对曾经抛弃传统文化的行为进行重新审视。借由民众对传统文化价值的体认和情感回归潮，两档节目改写了以往文化节目小众的标签，成为街谈巷议的节目，取得了前所未有的成功。

一、《舌尖上的中国》：难以割舍的乡土情怀

《舌尖上的中国》是中央电视台纪录频道推出的第一部高端美食类系列纪录片。2012年5月14日22：30，当这部以美食为主题的七集纪录片悄然亮相央视一套时，没人会料到，这部在晚间非黄金时段播出的

纪录片会在短时间内引爆观众的“胃口”，迅速跻身微博热门话题榜，网络上的点击率甚至一度超过众多热播的影视大片。

5月22日，《舌尖上的中国》结束在央视一套第一轮首播，平均收视份额达到3.861，大大超过同时段任何一部电视剧。次日开始立即在纪录片频道重播，收视份额继续冲高，最高达到5.77。26日，高清频道开始第三轮重播。与此同时，百度奇艺、新浪视频等视频网站也争相抢播，网友们为此惊呼，央视有大爱，深夜发福利。

“吃货”们的疯狂不仅仅停留在语言上，更重要的是在更加疯狂的实际行动上。“《舌尖上的中国》一定是淘宝出资拍的。观看期间我至少30次忍不住打开淘宝搜索有没有这个吃的。”网友“风息神泪”深夜12点发出的微博迅速引来众多同好的转发，许多网友也忍不住纷纷上网按图索骥，根据纪录片提供的线索来“淘”美食。

有媒体报道，自5月14日央视播出首集节目中提到“云南诺邓火腿”后，淘宝上一家专卖该品牌火腿的网店下单量便急速飙升。记者通过浏览该网店发现，在5月14日之前，该店仅接到一笔订单，而在14日23：00之后，订单量便如坐上火箭般迅速增加，价格也一涨再涨。

淘宝数据也显示出吃货们的疯狂：节目播出三天内，淘宝零食特产的搜索量达到近400万次，环比增长13.54%，共成交5,823,954件。《舌尖上的中国》中出现的土特产搜索量更是爆炸式增长，其中毛豆腐增长了48倍，松茸搜索量增长了2倍。

对于《舌尖上的中国》意外走红，许多观众坦言是“眼泪与口水齐流”，“流口水”是因为片中让人垂涎欲滴的中华美食，“流眼泪”则是被纪录片所流露出的人文关怀精神所感动，“那是母亲、土地和乡愁的味道”。

（一）小文化、大情怀

《舌尖上的中国》是一部关于中国饮食文化的高端美食类纪录片，它不同于推荐烹饪大师精湛厨艺的一般饮食类节目，而是从食材采集、主食差异、加工演变等方面入手，用《自然的馈赠》、《主食的故事》、《转化的灵感》、《时间的味道》、《厨房的秘密》、《五味的调和》、《我们的田野》七集故事体现广阔国土上饮食文化的差异和共存。这也正是它最吸引人的地方，那种质朴、淡然的乡土情怀。一道道淳朴的食物的背后，是一个个寻常人家的故事。而在这返璞归真、平静如水的画面中，又浸透着浅淡的乡愁，不由得让你才下舌尖，又上心头。

《舌尖上的中国》看似“平淡如菊”，却又志在高远。以美食作为窗口，让海内外观众领略中华饮食之美，进而感知中国的文化传统和社会变迁，这是《舌尖上的中国》努力追求的目标，也是中央电视台纪录频道的宗旨——让世界了解中国。

在《舌尖上的中国》呈现的各色美食之外，展示的是普通中国人的人生百味。比如浙江慈城的一对空巢老人，他们最开心的时刻，是儿孙从宁波回来，为他们制作可口的年糕。一家人围坐一起，吃年糕唠家常，其乐融融。然而，短暂的团聚之后，儿孙们各自开车离去，家里又剩下这对老人。城市化迅猛发展的背景下，中国原有的大家族也在发生变化。通过吃食的故事，来展示普通中国人的人生况味，《舌尖上的中国》因此有了一层厚重的历史感。又比如一群香港老人，他们总是聚在一起，做最拿手的饭菜，聊年轻时的故事。他们彼此搀扶，彼此取暖，彼此分享生命中的温馨和苦痛。美食在这里，已经成为人与人之间心灵沟通的桥梁。《舌尖上的中国》纪录美食，实际上在纪录中国人对生活的热爱，纪录中国人对传统文化的向往。

（二）回归乡土

《舌尖上的中国》从食材入手，其实就是回归乡土，回归每个人记忆深处的故乡。随着中国城市化进程的加剧，数亿中国人背井离乡在都市讨生活，故乡的面目无论在现实还是回忆中都日渐模糊，故土和亲人正成为人们心中遥不可及的梦。“让我想念妈妈做的饭了……”同为“吃货”，一位网友在微博上的这番感言引来无数转发，不少人纷纷表示，《舌尖上的中国》带来的不仅是美食，“那种儿时的味道、家乡的味道”更能冲击心灵。

与以往常常邀请美食名家来单纯介绍各地菜系流派的节目相比，《舌尖上的中国》另辟蹊径，以浓浓的生活气息和人文气息成功突围。它打破了一般电视纪录片高大全的手法，从小故事、小细节着手，表现了日常生活中随处可见的食物不为人所知的一面。它由食材说到食物，追溯食物之本，由食物串起人物故事，然后再投射到饮食文化，看似轻描淡写，却是远离故土、远离亲人的现代都市人所不可承受之重。追本溯源，还原食物与人本真的状态，从民族文化的根处寻找传承的接续点，既是这部纪录片的出发点，也是它成功打动每个观众心灵的触动点。

（三）现代化的制作工艺

《舌尖上的中国》的成功首推以社会合作激发活力的创新制度安排。中央电视台纪录片频道创立后，对纪录片的需求，特别是对关注现实、贴近生活的纪实类纪录片的需求大大增加。为了激发民间机构活力，增加优质片源，中央电视台纪录片频道于 2012 年 3 月 5 日宣布推出“活力中国”项目，招募民间机构参与节目制作，这是央视首次面向社会民营机构招标制作纪录片。14 家民营机构制作的纪录片因此得以登上央视荧屏，《舌尖上的中国》也是由陈晓卿与央视体制外人员的协力合作结出的佳果。充分市场化的招投标制度的刚性设计，项目招标方、竞标方、外协专家的三方专业素养的协力碰撞，以及中央电视台的金字招牌，决定了该片的高品质和影响力。

高清拍摄也是《舌尖上的中国》的成功秘笈之一。《舌尖上的中国》从 2011 年 3 月开始大规模拍摄，是国内第一次使用高清设备拍摄的大型美食类纪录片。它以高清设备在国内拍摄 70 个地点，涵盖了包括港澳台在内的中国各个地域，全方位展示博大精深的中华美食文化。以精美的画面和鲜活的情境向观众展示中国的日常饮食流变，千差万别的饮食习惯和独特的味觉审美，以及上升到生存智慧层面的东方生活价值观，让观众从饮食文化的侧面认识和理解传统和变化着的中国。

社交化推广也是《舌尖上的中国》迅速蹿升社交网络话题榜的重要原因。调查发现，许多观众都是首先从社交网站上知道《舌尖上的中国》的，这也正是《舌尖上的中国》重播收视率持续走高的根本原因。首播当天，总导演陈晓卿发了一条微博，“今晚没事都看看吧。不难看。真的。求各位亲帮转”。陈晓卿当时有约 16 万粉丝，其中不乏意见领袖。正是这条微博，让很多人特意留心看了当晚的节目，之后，如潮的好评，将《舌尖上的中国》推上了新浪微博话题榜，在天涯论坛也引起广泛热议，豆瓣网友给它打出了 9.6 的高分。而后，淘宝等商品交易网站的卖家的加入，也和微博一起，让片子的口碑形成了病毒式营销效应，使得该片的影响力越来越大。显见，在信息化时代，全媒体同频共振效应才是最理想的传播效果。任何一家媒体，都应善于统筹协调全媒体的力量，把推广选题做成舆论话题，提高关注率。

二、《汉字听写大会》：生生不息的文化认同

2013 年，文化娱乐节目《汉字听写大会》意外火爆，成为全社会关注的文化现象。《汉字听写大会》播出后同时段收视率飙升 4 倍，微博话题登顶热门榜，并获得第 27 届中国电视金鹰奖优秀电视文艺节目作品奖。显见，《汉字听写大会》已成为一年一度国家级规模最大、水准最高、影响最广的文化娱乐赛事之一。

（一）节目主创的文化传承自觉

《汉字听写大会》是一档由中央电视台和国家语言文字工作委员会联合主办的国家级文化娱乐赛事，聚集了世界范围内的汉字学习小天才们，于 2013 年在中央电视台播出。中央电视台高度重视这档节目，《汉字听写大会》的电视形态研究和论证因此进行了两年，科教频道为此进行了长达一年的制作准备。因为无论是组织形式还是文化主题都事关重大，大家都希望尽量严谨。根据节目总导演关正文的初衷，为孩子们举办汉字听写竞赛活动的创意来自于美国的全国拼字比赛（英语）。美国的拼字比赛从 1925 年延续至今，吸引了一代代孩子参加，成为全民关注的带有民族性质、国家精神的活动。汉字那么美，传承又那么重要，也应该有这样的活动。在中央电视台科教频道总监金越看来，“这不是一个浮躁、奢华的秀场，呈现出来的状态可能非常单纯、简朴，但却可以吸引最广大的观众在电视机前同步参与，在充满紧张感的游戏中学习知识、领略汉字之美”。

（二）“提笔忘字”尴尬促文化回归

随着电子技术的飞速发展，在“提笔忘字”现象越发严重的今天，该赛事志在使传承华夏文明的信念得以凝聚，汉字书写美德的观念得以

传递，充分展示中华书写的真谛和魅力。“提笔忘字”的尴尬使人们对这档节目有种欲罢不能的喜爱，人们一方面感慨自己的失落，一方面又为博大精深的汉字文化有所传承而欣慰。

有专家表示，《汉字听写大会》重新激发了人们对汉字和中国文化的热情。“观看汉字听写大会的过程，实际上就是全民进行自我教育的过程。”中国社会科学院学部委员江蓝生说。

在江蓝生看来，《汉字听写大会》之所以影响巨大，就是因为其创意有着很强的现实针对性。

在《汉字听写大会》中，成人体验团书写“熨帖”一词的正确率只有10%，“癞蛤蟆”一词更是难倒了70%的成年人。

据2013年零点指标数据对北京、上海和广州等12个城市进行的“中国人书法”系列调查显示，94.1%的人都曾出现过提笔忘字，其中26.8%的人经常会提笔忘字。

当人们习惯了用键盘打字，手写的机会势必就会相对减少，使得“提笔忘字”的出现成为必然。而中国教育体系中外语和母语教育的不均衡，也是“失写症”蔓延的原因之一。国家语委的一项调查显示，65%以上的大学生将超过1/4的时间用在学外语上。

（三）汉字内涵提升节目层次

文字作为中华民族文化传承的载体，其自身蕴含的文化精髓不仅体现在书写上，更附着在文字含义上。每一个看似简单的词汇，背后都蕴含独一无二的文化密码。这些文字的出现，天然丰富了节目的内涵，但又以现场的比赛以及场外的模拟书写的互动环节设置，增加了节目的趣味，冲淡了教化色彩。必须肯定的是，这种既权威又有趣的节目形式，也为观众学习汉字提供了一个难能可贵的机会，并以其强大的影响力，带动观众自发学习并书写汉字。

正所谓，得道多助。对于重新树立并巩固转型期社会的文化自信这个命题而言，《汉字听写大会》既呈现了一个不可多得的文化传承的创举，更直接受惠于全社会对这个命题的拥护。无论是各地教育系统、学生、家长的支持，还是学者、观众们的反馈，都有力证明了这点。

第三节 现象背后的规律：补足文化痛点

改革开放以来，我国现代化进程加速，人口自由流动成为常态，人们逐渐脱离原先的乡土社会和熟人社会，成为独立的个体。传统婚恋育儿方式的告别历史、社会转型期价值观的变迁、现有教育的缺失，使得人们在新环境下对婚恋、育儿等问题存在诸多困惑，需要社会给予关注和引导。《非诚勿扰》和《爸爸去哪儿》就因为成功地回应了这类社会关切，迅速成为现象级节目。

一、《非诚勿扰》：直面转型社会中的婚恋难题

（一）定位准确，着眼于婚恋交友平台

2008 年北京奥运会之后，各大卫视纷纷推出自制的娱乐节目，由原先湖南卫视一台独大过渡到各大卫视群雄逐鹿。到 2009 年，中国各大卫视都处在综艺 K 歌的混战当中，几档唱歌选秀节目都相当火爆。江苏卫视从英国引进的王牌节目《谁敢来唱歌》（Who Dares，Sings!）因为受到同类节目冲击，收视率大幅下滑。

为了扭转不利的竞争形势，2010 年 1 月，江苏卫视宣布将频道品牌定位从“情感”升级为“幸福”，开辟多档全新的综艺和情感节目。《谁敢来唱歌》2009 年 12 月底停播，原《谁敢来唱歌》班底转战新领域，打造一档全新的婚恋交友类节目《非诚勿扰》，孟非做节目主持

人，乐嘉成为点评嘉宾。2010 年 1 月 15 日，《非诚勿扰》正式开播，节目内容取材自在全世界范围被广泛采用的英国独立电视台的两性联谊节目《Take Me Out》。

江苏卫视将《非诚勿扰》定义为一档适应现代生活节奏的大型婚恋交友节目，为广大单身男女提供公开的婚恋交友平台。配合江苏卫视“幸福频道”的新定位，《非诚勿扰》在情感上大做文章。《非诚勿扰》节目一经推出，即以其强烈的话题性大获成功，一度高居社交网络话题榜前列。节目中的话题时常会成为社会议论的焦点并对流行文化产生影响。虽然其推出时间略晚于湖南卫视的同类节目《我们约会吧》，但《非诚》的口碑和经济收益远胜于后者，且自 2010 年开播至今为中国大陆收视率最高的综艺节目，并于 2012 年获得超过 20 亿的经营收入，跃居中国电视行业收入最高的栏目前三强，仅次于《新闻联播》和《焦点访谈》。该节目的成功使得其入选哈佛商学院的教材，成为中国电视界首个进入哈佛课程的案例。

（二）创新形式，鼓励嘉宾展现自我

《非诚勿扰》的互动形式完全突破过去传统的交友方式，充分体现新时代男女的婚恋观。节目中有 24 位单身女生以亮灯和灭灯方式来决定报名男嘉宾的去留，经过“爱之初体验”、“爱之再判断”、“爱之终决选”、“男生权利”等规则来决定男女嘉宾的速配成功。

与早期的相亲类节目相比，《非诚勿扰》之所以在创办 5 年间始终保持较高的关注度，在于它对于闯关式的节目形式、嘉宾自我的关照以及社会婚恋心理的引导等多重看点。男女嘉宾们独特的表达方式，他们的择偶观是否正确，怎么形成的，能否引导，这些都是观众感兴趣的内容。由于男女嘉宾在现实生活中均代表一定的人群，观众在自己身边完全可以找到相似的对象，这些都给观看增加了趣味。而最开始的 20 世纪80年代末的《电视桥》、1998年湖南卫视的《玫瑰之约》，均局限于婚恋平台和场上嘉宾本身。

（三）恪守底线，在积极价值观和娱乐大众中找平衡

作为世界上观众最多的相亲类节目，《非诚勿扰》在不过度利用主体的情形下，负责任地探讨重要的文化转变，社会转型对于年轻人婚恋观的重大改变。人们再也不羞于谈情，而是清楚明白地表达自己的喜好，甚至于冒天下之大不韪。比如曾引起舆论轩然大波的拜金女马诺，她的拜金语录至今仍在网上流传，“我宁愿坐在宝马车里哭，也不愿坐在自行车上笑”。尽管这样的语言确实有悖于正常的婚恋观，但不可否认的是，这也是如今多元化社会中客观存在的一种现实，马诺只是扮演了一个戳穿皇帝新衣的角色。

当然，作为一个传播甚广的文化产品，它需要在宣传积极价值观和娱乐大众间找到平衡。在选择嘉宾时，节目组尽量做到民主。他们鼓励年轻人张扬自我、说出自己的问题，同时允许讨论的空间。但同时，他们也明确道德底线，坚持“节目真实性和共鸣度要大于煽动性”，通过社交网络及时充分地了解用户的需求。《非诚勿扰》在努力尝试代表形形色色的中国普通人，同时不去评判他们，相比较美国的相亲节目屡屡因一些没品位的价值观而被诟病更胜一筹。《非诚勿扰》所呈现出的充满活力的价值观、创新特性以及坚守的道德底线体现了一个成功文化产品的核心价值。

二、真人秀《爸爸去哪儿》：爸爸们的学习课堂

湖南卫视2013年第四季度全新推出大型明星亲子旅行生存体验真人秀。该节目模式购自韩国MBC电视台的《爸爸！我们去哪儿?》，由湖南卫视《变形计》的团队操刀打造。

《爸爸去哪儿》于2013年10月11日起每周五晚22：00登陆湖南卫视。节目为季播，第一季共12期，由林志颖等五对明星父子联手担任嘉宾。这档名人代际沟通纪实节目将创新视角对准亲子关系，每期播出五位明星爸爸跟子女进行72小时的乡村体验真人秀。

这档小制作、“小清新”的节目播出后，不仅收视率稳步上升，稳居同时段第一，更是引发关于“父爱”的社会话题大讨论，获得收视和社会影响双丰收。

（一）锁定“父爱”话题：代际沟通引发全民热议

当“母爱”被各种市场炒得沸沸扬扬的今日，《爸爸去哪儿》聪明地采用反向思维，以不同于以往的“父爱”来定位节目，正好切中了中国人传统文化中最为含蓄的一种情感表达以及当今时代爸爸们缺席亲子教育的软肋。当被唤醒对“父爱”的思考和记忆时，每个人情感的火山都会喷发，大热反而成为意料之中。网友纷纷吐槽，在中式文化中，父亲几乎没有时间陪伴孩子，更不会完整地伴着孩子成长，这折射出当前社会转型期由于城市化进程加速、生活节奏快、父母生存压力大，家庭独生子女教育、代际沟通不畅这一现实问题日益凸显。

五对明星父子在节目中投射出的教育观，也成为观众热议的焦点。其中，林志颖与内向腼腆的儿子Kimi之间的互动最受观众好评。节目中，林志颖一直在引导孩子乐观，即便是抽到最差房子。相比之下，田亮则在节目中展现出了一个典型中国式父母的毛病，不管是在女儿哭闹时表现出的无感和无力，还是面对镜头对女儿忍不住爆粗，都让网友怒其不争。网友也对此感慨：“其实我们大多数父亲都是这样的，不善表达不会哄，看到孩子哭会黑脸，但是心里也是牵挂孩子，真希望这样的父亲能更贴心一点，更善于表达一点。”全民大讨论的结果则是《爸爸去哪儿》的收视日渐抬升，其全国网收视率已从第一期的1.1%迅速提升至第六期的2.3%，一直稳居同时段第一。《爸爸去哪儿》不仅成功颠覆了节目类型，而且给含蓄内敛的中国爸爸们上了必要的家教一课。

《爸爸去哪儿》聚焦家庭子女教育和代际关系沟通，尤其是“父爱”这一文化价值观传承中常被媒体忽略的痛处，引发了广泛的社会关注。在媒体传播中，所谓“冷门”视角和内容并非观众不需要，而是节目创作团队是否切中了社会进程中问题、矛盾的“脉”，节目创新是否拥有更符合民生的人文关怀视野。说到底，“父爱”沟通、汉字听写都是适合全家人收看、自我审视的电视艺术表现，其社会意义、传播价值远高于泛滥的娱乐节目。

（二）还原明星的本真：从追星到回归人性，贴近生活

明星效应，历来都是电视节目提升收视率的法宝。明星嘉宾和真人秀，也越来越成为国内外成功综艺节目的惯用元素。但在以往多数的综艺节目里，明星们往往都在扮演角色、展示才艺，而非展示自我。观众则渴望能看到明星真实的自我。在《爸爸去哪儿》里，明星被完全剥去了光环，没有经纪人，没有粉丝，没有保姆，甚至连钱都没有。他们只是一个平常的爸爸，需要每天操心孩子的吃穿住行。这样的节目设计迅速拉近了观众与明星爸爸们的距离，正如观众所说，“父亲和孩子共同成长，是这个节目最好看的地方”。

对于明星本身来说，参与这么一档节目也是前所未有的体验。林志颖表示，自从孩子出生以来，他一直都缺乏和Kimi一起独处的机会，每次孩子看到他后，都担心爸爸会突然消失，很缺乏安全感。因此，对他来说，《爸爸去哪儿》已经不是一档节目，而是给自己和儿子一个交流的机会，是很难得的体验和经验。而郭涛则认为，这个节目有意思的地方在于带来很多的联想，特别是有孩子的家庭，可以从节目中得到不

少成长的经验。

总结而言，以前，观众常抱怨中国电视节目教化色彩太重；后来，观众又抱怨电视节目过于娱乐化。现在，《爸爸去哪儿》告诉我们，明星不仅可以娱乐我们，同样可以用他们的身体力行给我们以教益。将明星视为一面镜子，让他们回归到本真的常态，截取闪光的一面，贴近、反映并引领生活，应是电视台进一步提升节目质量的道路选择之一。

附：其他启示

作为一档当仁不让的现象级节目，《爸爸去哪儿》除了切实补足了中国社会转型升级中的文化痛点，还有不少可圈可点的成功经验。

1. 抓住“限娱令”转型契机：从音乐选秀转到体验真人秀

近年来，低水平重复、同质化竞争已成为中国媒体行业的痼疾，电视业也是如此。一旦出现一个好的节目模式，跟风的同类节目必定扎堆出现，飞速地导致观众的审美疲劳。自《中国好声音》红透半边天后，音乐选秀风再度席卷全国电视荧屏，近十个音乐选秀节目竞相登场，各种苦情桥段、克隆椅子让观众不堪其扰，吐槽不止，国家新闻出版广电总局不得不为此发出“限娱令”。湖南卫视恰恰抓住了这个机会，推出不同以往的体验真人秀节目《爸爸去哪儿》，给观众耳目一新的感受。

当然，转变也需要勇气。由于节目类型新、投入规模小，《爸爸去哪儿》在开播前一度不被业界看好，不仅在邀请明星加盟时磕磕碰碰，甚至遭遇广告商临播前突然撤单。《爸爸去哪儿》的总导演谢涤葵透露，刚接到节目时也是顾虑很多，怕中国的观众接受不了这种节奏慢、又完全没有冲突的节目。《爸爸去哪儿》的面世也是一波三折，看过样片后，半数观众沉默了，有人认为节目不适合放在周五档，害怕无法与其他卫视后期发力的音乐节目抗衡，而湖南卫视台领导则力挺节目登上周五档，理由是节目非常走心，《爸爸去哪儿》才得以在周五晚接档《快乐男声》播出。结果，《爸爸去哪儿》第一期的收视率就超过了《我是歌手》第一期，第二期更是以索福瑞46城网2.588%的收视率、11.53%的市场份额成为当天的收视冠军，堪称“黑马”。

可见，模式创新、个性化发展是电视节目成功的铁律，同质化竞争的结果只能是自毁长城。在国家新闻出版广电总局调控节目模式的情况下，电视台节目创新可认真研究观众的收视需求，积极促进节目模式创新，赋予节目准确的社会定位。

2. 实施精准营销：通过网络口碑发酵实现全民参与的营销效果

湖南卫视一向注重网络营销。早在2005年的《超级女声》时代，湖南卫视就已将网络营销的作用发挥得淋漓尽致，甚至因此造就了“百度贴吧”这个明星产品。在《爸爸去哪儿》里，湖南卫视更是做到了期期有看点、处处有话题。节目花絮“奥特曼的蛋”在淘宝出现，不少号称“正品包邮”。“爸比、北鼻、森蝶”，台湾腔与川味英语也快速成为网络流行语。在网友们随时随身接触到的媒体里，微博、微信、新闻客户端，处处都可以看到《爸爸去哪儿》的信息。这些信息，既是父亲和孩子终生难忘的成长故事，也是《爸爸去哪儿》留下的最温暖的回忆，更体现了网络营销的威力。

除了采取传统的播前预热、播中互动、播后保持话题持续发酵等套路外，《爸爸去哪儿》的口碑营销里还充分借助了大数据分析手段，通过大数据的新词识别和梳理，发现了网友关注的一个个笑点和泪点，在节目和网络推广中持续强化，回应网友。

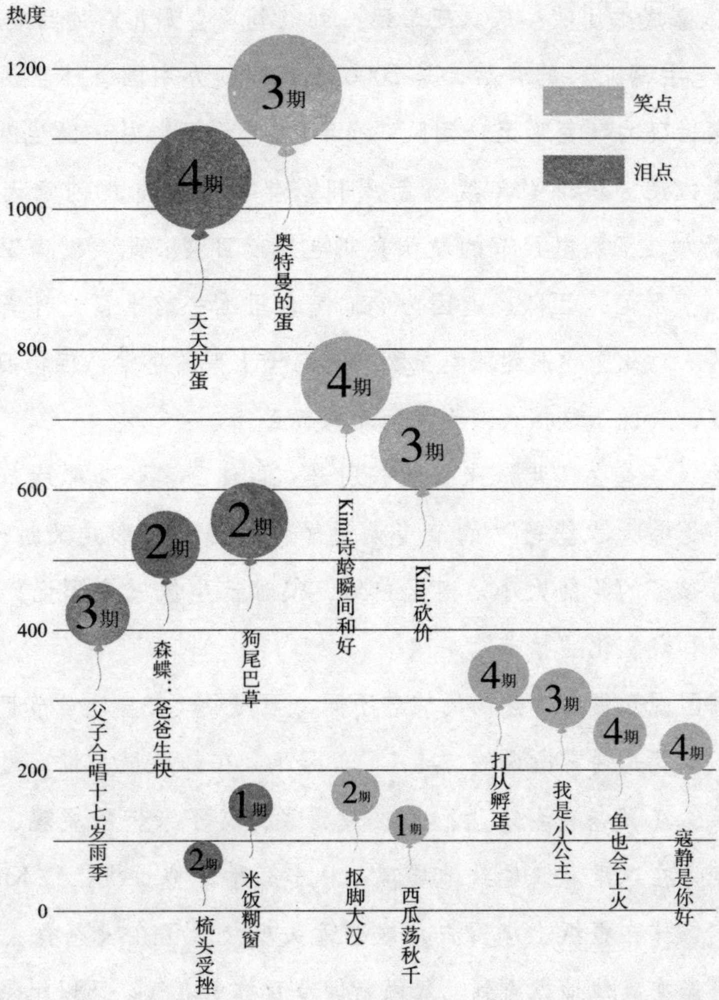

摘自《〈爸爸去哪儿〉背后的大数据解读》

“好酒不怕巷子深”的年代已经过去，如今是广告营销的时代，好的节目必须插上推广的翅膀才能飞得更快、更高。社会话题是最好的口碑营销，聪明的节目制作者总善于利用并引导社会话题。启用年轻化、时尚化、网络化的策划思维，鼓励电视栏目自行组织低成本的节目推广，以扩大电视节目的整体社会影响力，已经成为电视节目推广的自觉选择。

3. 依靠成熟团队：从《变形记》到《爸爸去哪儿》的品质延续

《爸爸去哪儿》的背后，是2006年起即创办中国首档生活类角色互换纪实栏目的《变形记》团队。当年，《变形记》从一诞生就引起强烈的社会关注，获得当年度《新周刊》年度中国电视创意大奖以及2007年新加坡亚洲电视节的最佳真实电视节目奖。此次湖南卫视将任务交给《变形记》团队，就因为它们是台里唯一有丰富户外真人秀经验的团队。对此，导演谢涤葵虽然有赶鸭子上架的感觉，但仍旧依靠多年的积淀，成就了这档火遍大江南北的节目。

尽管《爸爸去哪儿》来自版权引进，但谢涤葵认为原版节目并不好看。一是韩版“爸爸”的节奏太过缓慢，而综艺形式又过于强烈；二是参与孩子的年龄太小，情况单纯，很难产生像《变形记》那般强烈的冲突和戏剧化“情节”。

与韩国观众更喜欢热闹的综艺不同，国内观众更喜欢从节目中得到些什么，也就是通常所说的“走心”。因此，在韩版里一带而过的睡前聊天环节，在《爸爸去哪儿》里被放大了，父子亲情的展现、对孩子表现的点评在这里淋漓尽致地展现。林志颖学开拖拉机，给Kimi冲奶粉，用剩饭抹在报纸上糊窗户，这些镜头观众除了在《爸爸去哪儿》，几乎不可能在其他地方看到。靠做新闻节目打出名气，又以纪录片形式的《变形记》奠定在湖南台地位的谢涤葵很快找到了让这档节目符合国内观众口味的要义。

所以说，好的节目一定是好的专业团队制作的，没有好的团队，多么昂贵的模式都落不了地。《爸爸去哪儿》背后是《变形记》团队，《中国好声音》的背后是灿星团队。这些专业团队的一大特点是长期磨合、相对固化、拥有团队领袖。电视台在进行电视节目创新中，应注意从多方面培养专业团队，让团队在其专业领域中，不断尝试新的研发任务并实现创新突破，促其品牌、品质升级，巩固品牌，不断升级团队的核心竞争力。

第四节　现象背后的规律：融通中外

《中国好声音》（The Voice of China）是由浙江卫视联合星空传媒旗下灿星制作强力打造的大型励志专业音乐评论节目，源于荷兰一著名电视节目《The Voice of Holland》，于2012年7月13日在浙江卫视播出。《中国好声音》的成功是多维度的：它不仅是中国的，还是世界的；它不仅是一个优秀的选秀节目，也是中国电视历史上真正意义的首次制播分离；它不仅在节目制作水平上接近世界一流水平，在价值观上也是融合共通的。

一、声音是节目唯一的要素

2012年《中国好声音》异军突起，这是《The Voice》的中国版，二百多页的正版节目宝典总结成一句话：如何让声音成为唯一的主角。没有文化考试，没有粉丝投票，选秀进化成比赛，只有声音才能决定成败。中国电视音乐选秀节目在经历了山寨、收视疲劳、“限娱令”、“去掉一个最高分，去掉一个最低分”之后，开始追求更为极致的要素，这也呼应了转型期社会“唯才是举”的时代强音：排除一切干扰，只相信声音的力量。

二百多页的宝典用了十多页的篇幅专门强调“声音是节目唯一的要素”：这档节目只和声音有关，不考虑外貌；最好的声音结合最好的想法，这是这档节目唯一关注的，不可能有任何让步；《The Voice》以寻找新的全国巨星为核心，寻找那个与众不同、真正一流、有能力坚持并带来独一无二的声音的人。《中国好声音》出色地实现了宝典赋予的价值理念，并得到了观众的热烈响应。

捍卫声音的唯一性，其实也是捍卫公平这个唯一的原则。因为对于音乐来说，最公平的评判标准就是声音，而非其他。当前中国音乐界面临胶着、断层、萎靡不振、心灰意冷的状况，需要重拾失落的价值，而这也正是中国电视人所应该承担的责任。

声音这个唯一的要素亦是《The Voice》风行全球的重要通行证。文化会有差异，但声音却是共通的。《The Voice》的成功说明，国际传播其实并不复杂，将一个共通的电视文化元素放大到极致，就足以打动来自不同文化背景的观众。用声音作为载体来讲述故事，这也是《The Voice》给予渴望向世界讲述中国故事的人们的启示。

二、高概念引入电视

自《中国好声音》开始，以“大成本、大制作、大营销”为特征的好莱坞高概念开始从电影业引入电视业，中国电视大踏步进入大片时代。

《中国好声音》的音响配置和乐队的规模都超过原版，光是一套音响就花了2000万左右，比电视台做一场跨年演唱会的经费还要多；现场有三张调音台调音，请来的是国内顶级的调音团队，奥运会开闭幕式的音响总监金少刚负责现场扩声和台上学员与乐队反听的两张调音台，给节目录音的是为王菲录音的录音师李军，音响工程为学员的现场演唱加了不少分……

节目组棚录三天，可剪出两期可供播出的节目。模式方规定，录制现场必须有27个机位，把每个镜头都录下来，保证所有细节和稍纵即逝的情绪爆发点不会被错过。四个导师在台上的时候，四台摄像机捕捉他们的面部表情，等他们转过椅子之后，另外一边还有四台摄像机等着他们；同时还有两台摄像机以流动的方式抓取他们生动的表情和肢体动作。每位学员上台的过程，必须有一台摄像机跟拍。一期 80 分钟的节目背后至少有 1000 分钟的素材。

每期《中国好声音》从制作到播出，只有一周剪辑时间，而在国外剪同样一辑，需要半个月，模式方惊讶于中国电视人的制作速度之快。

除了中国电视人加班加点已成习惯之外，电视台的高投入和激烈的竞争氛围也是答案之一。《中国好声音》有 300 多个现场工作人员，加上音响、乐队将近 500 人，外景 6 个导演组，其中 4 个管正片，另外 2 个分别管花絮和推广节目，人数比一个电视台的节目中心都多。《中国梦想秀》、《中国好声音》都是拼尽一个频道的力量去做一个节目，而且只做一季。

自《中国好声音》之后，中国电视节目的游戏规则已经改变，精细化制作已经成为中国电视节目的生产标准之一。在这样的竞争态势下，再以小成本制作去竞争，胜出的概率很低。而精细化制作带来的成果，显然是观众的福音。

三、制播分离和市场对赌机制的引入

《中国好声音》是由星空传媒旗下灿星制作公司以 350 万元三季的价格，从注册在英国的版权代理公司 IPCN 手中购买《The Voice》的中国版权后制作的中国大型专业音乐真人秀节目。由于浙江卫视拒绝了灿星最早提出的浙江卫视全额出资（等于间接承担了全部风险），灿星只负责制作的模式，但又不愿意接受灿星全额出资、浙江卫视只做播出平台的模式，最终双方达成了共同投资、共担风险、共同招商、均分收益

的意见，也就是灿星能直接参与浙江卫视广告分成。而这些共同承担的责任并不是简单的合作，而是在制播分离中首次引入了商业领域中的对赌协议，既加大了制片方的压力，同时也极大激发了制片方的创作积极性，为《中国好声音》的成功奠定了基础。

由于第一季的成功，《中国好声音》的第二季的网络播出版权费狂飙百倍，最终被搜狐视频以 1 亿的价格购得其独家网络播出权。

媒介影响篇

所谓的用户体验就是想方设法让用户满意，其实就是为人民服务。
你可能知道，尊重知识产权是现代社会的分水岭。
你可能不知道的是，尊重知识产权是北京奥运会的重要遗产。
不懂大数据，就是不懂用户。

第四章　新力量崛起：领跑的新型媒体产业

进入21世纪以来，我国一方面面临西方强势文化的渗透、挤压，一方面奋起直追，凭借中华民族文化优势，大力拓展和占领世界文化市场。其中，以新兴媒体为代表的产业表现格外抢眼，混业经营的BAT（百度、阿里巴巴、腾讯）市值已跻身世界前列，并持续加大对文化产业的投入。而BAT的崛起也带动传统媒体行业加速改革进程。人民网上市，南都全媒体、浙报“传媒梦工厂”纷纷踏上全媒体转型之路。2013年以来，上海媒体开始大力度尝试破局。解放日报报业集团和文汇新民联合报业集团整合重组成立上海报业集团，《新闻晚报》休刊，澎湃新闻客户端上线。上海大小文广合并重组，旗下东方明珠和百视通两大上市公司合二为一，指向打造千亿传媒航母。我国新型媒体产业正以前所未有的速度崛起。

第一节　媒体生态圈的形成

我国自启动媒体改革以来，历经“事业单位、企业化管理”、媒介集团化、媒体生态圈建设几个阶段。进入21世纪以来，传统媒体与新兴媒体正依托不同的体制机制，努力探索相应的竞争策略和运营模式，加快建设新型媒体集团。

一、传统媒体改革渐入佳境

我国的媒介改革可以追溯到1978年。当年，财政部批准《人民日报》等8家中央新闻单位实施企业管理。这一政策的出台，意味着原有的机关办报的模式将被“事业单位、企业化管理”的模式所取代。这一由财政部主导、明显是希望给新闻单位“断奶”、减轻财政负担的政策框架，基本奠定了此后20多年的媒介改革方向。随着改革的启动，越来越多的媒体被推向社会和市场，媒体能力得到前所未有的发展，在原有的传媒事业管理体制上实现了较大的突破。但与实行充分的市场竞争机制的国外传媒行业相比，我国的传统媒体产业依然保持较为浓重的行政色彩，仍未突破属地管理的政策框架。

进入20世纪90年代以后，我国媒介的改革与发展速度不断加快。如何应对加入WTO后外来媒体集团的挑战，成为中国媒体最为关心的问题。因此，媒介集团化成为当时人们首选的战略性举措。1996年，中国第一家报业集团——广州日报报业集团正式挂牌，报业“集团化”正式进入了实践操作阶段。但直至2003年南方报业集团与光明日报集团联合投资的《新京报》的成立，报业才真正实现跨地域发展。而此项探索以2011年《新京报》划归北京市宣告截止。

2001年，以中央电视台、中央人民广播电台、中国国际广播电台、中国电影集团公司、中广影视传输网络有限责任公司为主体的中国广播影视集团宣告成立，是当时中国规模最大、实力最强的传媒集团。自那以后，全国不少省市先后成立了广播影视集团。然而，由于缺乏真正的市场主体，靠行政手段组建的广播电视集团未能适应市场经济的洗礼，纷纷夭折，正部级中国广播影视集团仅存在3年就被迫撤销。直到湖南卫视于2009年与青海卫视达成深度合作，2010年上海广播电视台与宁夏广播电视总台合办宁夏卫视频道，影视集团才真正走出跨地域发展的步伐。同样，这两项探索于2013年先后宣告终止。

中国媒体还大胆尝试以资本手段发展多种经营业务。1997年，中央电视台控股的中视传媒股份有限公司率先在上海证券交易所挂牌上市（简称“中视传媒”，证券代码600088），以曲线救国的方式成为中国传媒第一股。1999年，由湖南广播电视产业中心控股的湖南电广传媒股份有限公司（简称“电广传媒”，证券代码000917）在深交所挂牌上市，使湖南广电产业在全国率先进入资本市场，成为地方卫视最早吃螃蟹的典范。但从实际运行看，此时的媒介资本化投资运营仍显保守，其探索多局限在内部产业链的整合和发展的初级阶段。

直至近年来，由于身受互联网巨头强烈冲击，上海文广、湖南卫视等地方卫视等初尝资本运营甜头的传媒主体开始尝试电视产业生态布局。上海文广一方面以上市公司百视通为新媒体龙头，构建网络电视（控股民营视频网站风行网）、IPTV、手机电视、电视游戏（与微软合作）以及智能电视应用开放平台（与中国电信合作）等新业态；一方面以参股的华人文化产业投资基金（黎瑞刚为董事长）为孵化器，先后投资国内最成功的电视购物频道“东方购物”，2011年销售额达到50亿人民币；与美国梦工厂合资成立全球家庭娱乐公司“东方梦工厂”，拍摄中国文化元素的国际动画电影，在上海黄浦江畔建设可与纽约百老汇和伦敦西区匹敌的大型都市文化集聚区“梦中心”；投资控股星空卫视、Channel V及全球最大的华语电影片库Fouture Star，并与新闻集团合资成立了星空华文传媒公司，下辖灿星制作。灿星制作先后成功引进和创作开发出舞蹈真人秀《舞林大会》、选秀节目《中国达人秀》、音乐选秀节目《中国好声音》。

2014年，上海文广再度动作频频。3月，被称为“大文广”的上海文化广播影视集团（SMEG）和被称为“小文广”的上海东方传媒集团有限公司（SMG）全面整合，并改制为上海文化广播影视集团有限公司（统称“SMG”）。SMG 由此成为我国文化传媒行业产业布局最完整的传媒集团，官方数据显示，至 2013 年末 SMG 资产规模 445.9 亿人民币，总收入 209.8 亿元人民币，业务涵盖广播、电视、报纸杂志等传统媒体运营，影视剧及电视节目制作与发行、数字付费电视、IPTV 和互联网电视等新媒体渠道与平台运营，网络视频、网络游戏、电视购物、现场演艺和文化旅游等拓展业务。

10 月 14 日，百视通、东方明珠两上市公司双双发布公告，称公司第一大股东将变更为“上海文化广播影视集团有限公司”（SMG）。公告显示，SMG 将与百视通的控股股东上海东方传媒集团有限公司，以及东方明珠的控股股东上海广播电影电视发展有限公司进行吸收合并。合并后，SMG 将作为存续公司，持有百视通总股本的 41.92%、东方明珠总股本的 45.24%，成为公司第一大股东。而东方传媒及广电发展将注销法人资格，全部资产、负债、权益、业务和人员均并入文广集团。公告证实了 SMG 将正式吸收合并两家公司的大股东，千亿市值的国有传媒股整合大棋局正式浮出水面。

同日，有消息传出，SMG 将携旗下上市公司与华纳兄弟、华人文化基金、Rat Pac 娱乐和 WPP 等合作伙伴，共同设立“跨国文化创意投资基金”（CMC Creative Fund），从事境内外文化创意、娱乐产品的投融资业务。SMG 展现了其志在打造一个世界级的媒体娱乐公司、内容公司的雄心。

湖南卫视则一方面拓展电视业务，与青海电视台共同成立第三方公司负责青海卫视具体运营，与泰国正大集团合作输出创新节目《挑战麦克风》节目模式；一方面先后与盛大公司合作成立影业公司、与阿里巴巴合作成立购物公司、与新热力等游戏公司联合开发网页游戏及手机游戏。

报业集团也不甘落后。浙江日报报业集团在2011年上交所成功上市后，率先发布“全媒体战略行动计划”，宣布将用5年时间投入20亿元推进以新媒体为核心的全媒体转型，同时启动中国首个媒体孵化器——“传媒梦工场”，打造新媒体内容与技术应用孵化基地。目前，传媒梦工场已投资了虎嗅网等多个创业项目。人民网于2012年上市后，也迅速成立在深圳前海设立投资公司，对新媒体产业链的上下游进行投资。

二、互联网“天王”生态布局进入白热化

与传统媒体相比，于20世纪90年代后期崛起的新兴媒体的发展势头惊人。它们不仅迅速改变了旧有媒体格局的力量对比，并逐渐展露出主导媒体变革的决心和能量。

值得注意的是，新兴媒体在发展初期出于生存需要，多谨慎地专注于各自擅长的领域。但在意识到新兴媒体更新迭代的节奏危及其发展根本后，它们开始通过融资上市获取的竞争优势来追逐更为长远的战略性目标，也即构建媒体生态圈，以巩固其优势地位。

1. 生态布局源自生存危机。在2010年的3Q大战中，360推出一款名为“360扣扣保镖”的安全工具，声称可以实现对QQ的全程监控以防止QQ窥探用户隐私，其下载量72小时内突破2000万，直接对QQ生存模式构成威胁。感受到强烈危机的腾讯，在3Q大战中迅速掀起一场自上而下、从内到外的反思运动。其中著名的“诊断腾讯”从2011年2月底开始连续举办10场，遍邀业界学界专家批斗自己，一向低调的腾讯高管悉数出场接受各行业专家的挑刺和建议。经

过深刻的问诊和反思，腾讯于 2011 年宣布实施开放平台战略，带动新媒体生态发生微妙而又剧烈的变动。百度、阿里等互联网巨头们出于对其原有垂直业务随时可能被颠覆的恐惧，纷纷加速以资本手段实施产业生态布局，以巩固现有的市场地位。

2. 围绕核心业务构建生态系统。腾讯本着其“一站式在线生活平台”战略理念，围绕 QQ 核心业务，先后宣布彻底开放腾讯朋友、QQ 空间、腾讯微博、财付通、电子商务、腾讯搜搜、彩贝以及 QQ 八大平台，推出 QQ 的开放系统 Q+，开始了多维度的开放，将各方产品和应用依附于腾讯平台之下，实现产业共赢。同时为了更快获取战略性资源，以 100 亿元的产业共赢基金，先后投资了高朋、华谊兄弟、艺龙、金山等项目，包括注资搜狗，投资项目数量超过过去 12 年总和，构建了更为丰富、稳固的产业生态系统。

阿里巴巴锁定互联网商业帝国战略目标，在阿里巴巴、淘宝网电商平台基础上，继续深挖上下游产业链，布局菜鸟物流、金融支付、阿里银行等新业务。2013 年以来还先后收购移动开发者数据统计平台友盟，入股新浪微博、高德地图、UC 浏览器，完善其在移动互联网上的布局。

百度则围绕搜索建立开放生态，巩固其搜索王者地位。近三年来先后投资旅游、购物、视频、安全、美图等。

在搜索内容高度雷同的今天，生态系统的建立，可稳固和培养大量用户和用户习惯，最终实现在互联网领域立足并做大做强。百度应用开放平台上线不到 1 个月，就已收到提交应用 3 万多个，总上线应用每日总体验人次达 4200 多万，应用总体验已突破 34 亿人次。2013 年以来先后收购 91 无线、PPTV，入股团购网站糯米网，与小米联姻强化爱奇艺视频业务，加速其移动生态建设。

搜狐、360、网易等互联网公司也纷纷围绕其娱乐、安全、搜索、邮箱等核心优势展开生态布局。

3. 加速文化传媒领域布局

相较而言，腾讯在文化传媒领域的布局较为领先。腾讯网、腾讯视频、腾讯文学、腾讯微博、腾讯游戏等业务板块已构建了一个较为完善的体系。2014 年 7 月，腾讯对其网络媒体板块的业务进行了优化——将腾讯微博与腾讯新闻合并，探索社交新闻方向。腾讯互动娱乐业务推出“腾讯电影 +”计划，集中优质资源拓展电影市场。

2014 年上市前夕，阿里巴巴（Alibaba）及与其关系紧密的基金在加速产业投资的同时，重点加大了对文化传媒领域的布局。

2014 年 3 月，阿里巴巴斥资逾 8 亿美元，收购了香港上市公司文化中国传媒（China Vision Media Group）60% 的股份，包括大量电视剧、电影和游戏的版权。文化中国将更名为阿里巴巴影业，这也意味着阿里巴巴的影视业务浮出水面。国内两岸三地顶级电影人的名字，也陆续出现在相关的名单中。除国际影星李连杰将担任阿里巴巴影业的独立非执行董事外，阿里巴巴影业还获得王家卫、周星驰、陈可辛等人的投资优先权。阿里巴巴董事局主席马云曾表示，自己越来越觉得文化产业是值得投资的行业，“中国也应该有华纳兄弟那样的电影公司”。

2014 年 4 月，为了规避国家新闻出版广电总局的相关规定，阿里巴巴以与其关系紧密的杭州云溪投资合伙企业（Hangzhou Yunxi Investment Partnership Enterprise）的名义，以逾 10 亿美元购买了华数传媒 20% 的股份。杭州云溪投资是一只投资基金，其所有者分别为：阿里巴巴创始人马云，阿里巴巴合伙创始人谢世煌，以及巨人网络创始人史玉柱。

阿里巴巴表示，这些股份将使其在向用户提供数字娱乐方面得到优势。“通过利用华数集团在视频服务领域的主导地位以及丰富的数字内容库和用户频道，两家企业将探索机会，以合作推广产品和内容创作以及数字服务，从而扩充阿里巴巴的数字娱乐服务范围和战略。”

国家广电总局曾在2004年7月6日颁布《广播电视节目传送业务管理办法》（33号令），其中第七条规定：禁止外商独资、中外合作、中外合资机构从事广播电视节目传送业务。华数传媒主营业务中的有线电视网络运营业务，应属于这一范畴。此笔收购显然是为了弥补阿里巴巴的一个战略弱点：与借助腾讯视频（QQLive）主导着视频内容的对手腾讯（Tencent）相比，阿里巴巴在视频领域比较薄弱。

4月28日，阿里巴巴宣布与优酷土豆建立战略投资与合作伙伴关系。阿里巴巴和云锋基金以12.2亿美元收购优酷土豆A股普通股，其中阿里巴巴持股比例为16.5%，云锋基金持股比例为2%。

其他互联网公司也纷纷抢滩文化传媒领域。雷军投资雷锋网，盛大投了TechWeb和创业家杂志。

梳理改革开放以来我国媒体变革的路径，可以清晰地发现市场化逻辑的威力。而新兴媒体产业借力资本市场迅速抢占市场份额，构建产业生态圈，并借助更易变现的产业链来获取商业上的成功，值得传统媒体学习借鉴。

第二节　互联网产业崛起的奥秘

自互联网进入中国的短短二十年，互联网以大浪淘沙般的节奏滤去了各种泡沫，留下了以BAT为代表的业界巨头。完全市场化的竞争环境锻造了它们不一般的能力，也交出一份份令传统媒体艳羡的漂亮成绩单。

从宏观环境看，互联网产业崛起的最大奥秘在于它们恰当地把握住信息科技时代赋予的机会，利用国家给予的优惠政策和慷慨解囊的风险资金，将科技创新的红利成功转化为市场规模。其中尤其值得大书一笔的是它们聚合资源的能力和先占规模不问盈利的战略眼光。

在主营业务上，面对传统产业架起的高行业壁垒，它们巧妙改变游戏规则，从行业的边缘地带出发，从免费而又便捷的服务入手赢得用户的青睐，并以此来分割传统产业的市场份额。在技术上，它们要么以最先进的专利技术，要么以模仿创新热门应用，来赢得竞争。在人才上，它们以高薪和股权激励机制来吸引最优秀的人才加盟。

正是通过这几条看似简单但又让传统媒体难以企及的战略战术，互联网巨头成功地将传统媒体甩在后头，如今正进一步通过构筑生态系统来巩固它们的垄断优势。

腾讯创立于 1998 年 11 月，经过 16 年发展，员工已达 24,000 人，市值突破千亿美元，跻身世界互联网公司 4 强，为中国即时通信、网络社区、移动即时通讯等多个领域领军企业，下辖通讯与社交、媒体与资讯、娱乐、商务四大业务板块，QQ 同时在线保持在 2 亿左右。

阿里巴巴创立于 1999 年，自成立以来建立了领先的消费者电子商务、网上支付、B2B 网上交易市场及云计算业务，为来自超过 240 个国家和地区的互联网用户提供服务，在大中华地区、印度、日本、韩国、英国及美国 70 多个城市共有 20,400 多名员工。2014 年 9 月 19 日，阿里巴巴成功上市，收盘价比发行价上涨 38%，市值 2300 亿美元，成为仅次于 Google 的市值第二大互联网公司。

百度创立于 2000 年，致力于向人们提供“简单，可依赖”的信息获取方式。从最初的不足 10 人发展至今，员工人数超过 18,000 人。百度于 2005 年在美国纳斯达克上市，如今市值 750 亿美元左右。

在微观运营上，这些企业之所以得以在同时代的竞争者中脱颖而出，显然还有其他的逻辑。依我看，对用户、市场、服务价值的珍视、因时而变的组织架构与激励机制、高效执行的企业文化，是它们最终得以获胜的根本原因。

• 重塑价值观，打破旧有观念

与家大业大的传统媒体期待借助新媒体工具巩固既有地位不同，白手起家的互联网公司一开始就着眼于以新媒体来颠覆老媒体。对于互联网公司来说，传统的运营模式和价值已经落伍了，不同于以往的竞争环境需要它们建立不同于以往的公司文化，也即重塑价值观。颠覆一个行业必须从解放思想做起，因此，互联网行业也成为最优秀的概念批发商。BAT 在这点上各有所长，阿里巴巴表现最为出色。客观而言，这与阿里巴巴本身的商业属性以及马云的媒体曝光度亦密切相关。相比其他两位掌门来说，马云在媒体上的曝光率更高。

在三家公司的价值观里，尽管遣词造句不同，但用户的地位毋庸置疑。

公司	用户导向
阿里巴巴	客户第一
百度	用户需求决定一切
腾讯	用户第一

互联网公司更强调员工的价值实现，给予员工充分的成长空间。

公　　司	员工价值
阿里巴巴	遵循但不拘泥于工作流程，化繁为简，用较小的投入获得较大的工作成果
百度	给最自由的空间、允许试错。证明自己，用结果说话
腾讯	重视员工利益，激发员工潜能，在企业价值最大化的前提下追求员工价值的最大实现

相比传统机构墨守老套的工作模式，强调金字塔式的等级制度，显然新兴媒体在强化用户黏性和激活员工活力上更胜一筹。而这两项是一个机构最为重要的两个价值来源。

◎资料

阿里巴巴公司的价值体系

阿里巴巴的梦想：通过发展新的生意方式创造一个截然不同的世界

阿里巴巴的使命：让天下没有难做的生意

阿里巴巴的愿景、使命、价值观

愿景（Vision）

1. 成为一家持续发展102年的公司
2. 成为全球最大电子商务服务提供商
3. 成为全球最佳雇主公司

使命（Mission）

让天下没有难做的生意（To make doing business easy）

价值观（Values）

客户第一——客户是衣食父母

尊重他人，随时随地维护阿里巴巴形象

微笑面对投诉和受到的委屈，积极主动地在工作中为客户解决问题

与客户交流过程中，即使不是自己的责任，也不推诿

站在客户的立场思考问题，在坚持原则的基础上，最终达到客户和公司都满意

具有超前服务意识，防患于未然

团队合作——共享共担，平凡人做非凡事

积极融入团队，乐于接受同事的帮助，配合团队完成工作

决策前积极发表建设性意见，充分参与团队讨论；决策后，无论个人是否有异议，必须从言行上完全予以支持

积极主动分享业务知识和经验；主动给予同事必要的帮助；善于利用团队的力量解决问题和困难

善于和不同类型的同事合作，不将个人喜好带入工作，充分体现“对事不对人”的原则

有主人翁意识，积极正面地影响团队，改善团队士气和氛围

拥抱变化——迎接变化，勇于创新

适应公司的日常变化，不抱怨

面对变化，理性对待，充分沟通，诚意配合

对变化产生的困难和挫折，能自我调整，并正面影响和带动同事

在工作中有前瞻意识，建立新方法、新思路

创造变化，并带来绩效突破性地提高

诚信——诚实正直，言行坦荡

诚实正直，表里如一

通过正确的渠道和流程，准确表达自己的观点；表达批评意见的同时能提出相应建议，直言有讳

不传播未经证实的消息，不背后不负责任地议论事和人，并能正面引导，对于任何意见和反馈“有则改之，无则加勉”

勇于承认错误，敢于承担责任，并及时改正

对损害公司利益的不诚信行为正确有效地制止

激情——乐观向上，永不放弃

喜欢自己的工作，认同阿里巴巴企业文化

热爱阿里巴巴，顾全大局，不计较个人得失

以积极乐观的心态面对日常工作，碰到困难和挫折的时候永不放

弃，不断自我激励，努力提升业绩

始终以乐观主义的精神和必胜的信念，影响并带动同事和团队

不断设定更高的目标，今天的最好表现是明天的最低要求

敬业——专业执着，精益求精

今天的事不推到明天，上班时间只做与工作有关的事情

遵循必要的工作流程，没有因工作失职而造成的重复错误

持续学习，自我完善，做事情充分体现以结果为导向

能根据轻重缓急来正确安排工作优先级，做正确的事

遵循但不拘泥于工作流程，化繁为简，用较小的投入获得较大的工作成果

马云语录

今天很残酷，后天很美好，大部分人死在今天晚上，永远不要忘记自己第一天的梦想。如果马云能成功，80%的人都能成功，上当不是别人太狡猾，而是自己太贪，最优秀的模式往往是最简单的东西，风险投资不是投资风险，你要想把服务做好，就要让你的客户不需要服务，永远要把对手想得更强大一点，一个企业最重要的是要耐得住寂寞，挡得住诱惑，没有优秀的理念，只有脚踏实地的结果，不让任何一个队员掉队的团队是最优秀的团队，精英不会跟着你吃肉，跟着你吃肉的未必是精英，唐僧团队是天下最好的创业团队

百度的核心价值观：简单可依赖

百度文化论语

人一定要做自己喜欢且擅长的事情·认准了，就去做；不跟风，不动摇·专注如一·保持学习心态·公司离破产永远只有30天·每个人都要捡起地上的垃圾·百度不仅是李彦宏的，更是每一个百度人

的 · 一定要找最优秀的人才 · 给最自由的空间 · 允许试错 · 证明自己，用结果说话 · 让优秀人才脱颖而出 · 愿意被挑战 · 说话不绕弯子 · 对事不对人 · 百度没有公司政治 · 遇到新事物，先看看别人是怎么干的 · 听多数人的意见，和少数人商量，自己做决定 · 一个人最重要的能力是判断力 · 用流程解决共性问题 · 创新求变 · 不唯上 · 问题驱动 · 让数据说话 · 高效率执行 · 少许诺，多兑现 · 把事情做到极致 · 用户需求决定一切 · 让产品简单，再简单 · 迅速迭代，越变越美 · 你不是孤军 · 打破部门樊篱 · 主动分享 · 帮助别人，成就自己 · 只把最好的成果传递给下一环节 · 从可信赖到可依赖

腾讯公司企业文化理念系统

愿景——最受尊敬的互联网企业

腾讯将以长远的眼光、诚信负责的操守、共同成长的理念，发展公司的事业。与公司相关利益共同体和谐发展，以受到用户、员工、股东、合作伙伴和社会的尊敬为自身的自豪和追求

坚持“用户第一”理念，从创造用户价值、社会价值开始，从而提升企业价值，同时促进社会文明的繁荣

重视员工利益，激发员工潜能，在企业价值最大化的前提下追求员工价值的最大实现

通过成熟有效的营销、管理机制，实现企业健康、持续的利益增长，给予股东合理的回报

与所有合作伙伴一起成长，分享成长的价值

不忘关爱社会、回馈社会，以身作则，推动互联网行业的健康发展

互联网不分国界，在全球互联网行业、全球华人社区不断强化腾讯的影响力，保持综合实力在全球前三名

使命——通过互联网服务提升人类生活品质

腾讯以高品质的内容、人性化的方式，向用户提供可靠、丰富的互联网产品和服务

腾讯的产品和服务像水和电一样源源不断融入人们的生活，丰富人们的精神世界和物质世界

持续关注并积极探索新的用户需求、提供创新的业务来持续提高用户的生活品质

腾讯通过互联网的服务，让人们的生活更便捷和丰富，从而促进社会的和谐进步

价值观——正直　尽责　合作　创新

正直

做人德为先，正直是根本

保持公正、正义、诚实、坦诚、守信

尊重自己，尊重别人，尊重客观规律，尊重公司制度，从而自爱自强

尽责

负责是做好工作的第一要求

不断追求专业的工作风格，不断强化职业化的工作素质；有强烈的责任意识，有杰出的肩负责任的能力，有勇于承担责任的品格

合作

团队优秀才能真正成就个人的优秀，环境和谐发展是企业基业长青的基础

积极主动，重视整体利益，从而创造优秀的团队绩效；放眼长远，胸襟开阔，不断追求优秀的合作境界

创新

创新不仅是一种卓越的工作方法，也是一种卓越的人生信念

在方式、方法、内容上，时时寻求更好的解决方案，精益求精，谋求更好的成果水平

不断激发个人创意，完善创新机制，以全面的技术创新、管理创新、经营模式创新，推动公司的不断成长

企业精神——锐意进取　追求卓越

锐意进取

目光向前，不仅去做，而且要执着地去做

坚韧不拔，任何困难和挫折也阻挡不了腾讯一往无前的意志

勇于变革，善于变革，以变革求生存、求发展

培养提高学习能力，善于学习，持续学习

追求卓越

在市场竞争中不断取胜，在反省中超越自我，在学习中超越平庸、不断进步

实现目标后体验成功的快乐，追求过程中体验奋斗的乐趣

经营理念——一切以用户价值为依归　发展安全健康活跃平台

一切以用户价值为依归

坚持“用户第一”理念，为用户创造价值、维护用户正当利益是经营的第一要务

保持对用户需求的敏感，重视用户的消费体验，服务水平适当超出用户的期望

注重培育用户的满意度和忠诚度，不断提高与用户沟通的服务水平

以用户价值的最大化创造公司价值的最大化

发展安全健康活跃平台

以即时通信和门户网站“一纵一横”为核心，构建最佳业务架构

和产品组合，兼顾技术开拓、利润获取、竞争优势，有效支持公司稳健发展

所有公司产品和服务要树立健康社会的理念，肩负培育行业良性发展秩序的责任，引领行业运行规则，最有效地推动社会文明的进步

保持高度的危机意识，准确把握市场机遇，有效降低经营风险

以良好的机制和制度，保持公司的技术活力、竞争活力和成长活力

管理理念——关心员工成长　强化执行能力　追求高效和谐　平衡激励约束

关心员工成长

重视员工的兴趣和成长，以良好的工作条件、完善的员工培训计划、职业生涯通道设计促进员工个人职业发展

重视企业文化管理，以健康简单的人际关系、严肃活泼的工作气氛、畅快透明的沟通方式，促进员工满意度的不断提高，使员工保持与企业同步成长的快乐

激发员工潜能，追求个人与公司共同成长，作为个人要有先付出的意识，甘于为团队奉献智慧和勤奋，以优秀的团队成就个人的优秀

强化执行能力

再好的研究策划，没有好的执行就会成为空谈，强力执行是腾讯在管理上的核心原则之一

良好的执行力，要依靠优秀的机制、规范的制度、精诚的合作、有效的激励、感人的榜样，但最重要的，要依靠每位腾讯人对公司的热爱和对工作的负责精神

谋定而后动才能果决执行，要精于总结，执行才能不断完善

追求高效和谐

由于公司规模扩大，必须形成规范高效的管理机制，保持较高的公

司系统运作效率

根据公司发展阶段和业务变化，动态优化企业的管理，形成和谐有序的内部环境

在高效和谐的环境下，坚持结果导向的管理原则，有效支持公司经营目标的实现

平衡激励约束

根据工作贡献和成果价值，形成差异化的激励机制，有效激发员工的主观能动性和创造性

在大力推动员工了解制度并理解和认同的基础上，强化制度的有效实施，形成无形但有效的内部约束机制

强调激励、约束相结合，保持平衡有度，为实现内部管理提供有力保障

- 因时而制的战略架构及配套机制

在 BAT 的发展过程中，其大开大阖的组织架构调整不时令业界为之耸动，而在它们，却往往是一副处变不惊的态势。

2012 年 5 月 18 日，为了抢占移动互联网制高点，腾讯将原有的业务系统制（Business Units，BUs）升级为事业群制（Business Groups，BGs），把现有业务重新划分成企业发展事业群（CDG）、互动娱乐事业群（IEG）、移动互联网事业群（MIG）、网络媒体事业群（OMG）、社交网络事业群（SNG），整合原有的研发和运营平台，成立新的技术工程事业群（TEG），并成立腾讯电商控股公司（ECC）专注运营电子商务业务。重点布局社交、游戏、网媒、无线、电商和搜索六大业务。

2013 年 1 月，这是继 2011 年淘宝拆分、2012 年“七剑下天山”之后，阿里巴巴集团内部再度变阵，又一次组织架构变革。25 个事业部

随着马云的一封内部邮件公布于众，与此同时，从管理架构、人事安排、业务划分、整体战略方面的重新调整也浮出水面。

而为了达成战略目标，它们还制定了系统的配套机制。阿里巴巴集团很早就发展了自己的股权激励制度，经过马云等阿里高层的研究完善，阿里巴巴集团实行“受限制股份单位计划”，员工逐年取得期权，有利于保持团队的稳定性、员工的积极性。腾讯创立了以目标为导向的绩效考核机制、扁平化的汇报机制、创业评审机制等。

为了克服金字塔式的大企业病，腾讯内部创造了多样化的沟通汇报机制。有总办会、人力资源管理会、每半年战略大会等定期交流机制，亦有邮件、微信、QQ 群，内部乐问论坛等面向每一个员工的常态交流机制。

为了鼓励创新，腾讯专门建立了创业评审机制，由专业决策委员会负责评审，为员工自主申报创业项目提供通道。

为完成公司战略目标，腾讯将工作规划、预算、招聘培训等管理工作有机结合，制定了详细的考核机制。9—12 月由人力资源部协同战略部、财务部、企划部一起组成大项目组，共同确定明年公司战略、工作规划、预算；12—1 月开始评估行业差距，分析人员、技术需求，制订培训计划、招聘计划；对工作规划进行任务分解，确定每个部门对应的绩效指标；以月、季度为单位定期回顾业务进展，检定指标，确定追加投入或提高指标；半年为腾讯重要的考核周期，含组织考核、员工考核。考核指标包括财务指标、非财务指标。

员工指标：分 5 等，其中五星员工 10%，四星 20%，三星 55%，二星 5%，一星 10%。连续 2 次得一星强制淘汰。

部门指标：无论团队好坏，必须执行 5% 的淘汰率。此项指标由千人级别的 BG 总监执行，可在千人间做灵活调剂。

下半年重新对工作规划做 review。同时过程中做绩效辅导、回顾。

为了降低招聘成本、盘活现有人力，腾讯改良了招聘机制，开辟内部招聘市场，将外部招聘控制在 10%。

- 唯快不破，追求高效执行

互联网公司多注重高效执行，讲求日事日清。以 2012 年的腾讯组织架构大调整来说，这对于一个 2 万多人的公司来讲，难度非同一般。然而，从马化腾提出战略构想，到组织架构调整执行到位，腾讯用了不到半年的时间，不仅高效执行，且确保平稳过渡。阿里巴巴从 2011 年淘宝拆分、2012 年设立淘宝、一淘、天猫、聚划算、阿里国际业务、阿里小企业业务和阿里云七大事业群，到 2013 年 1 月成立 25 个事业部，也均是以马云的内部邮件轻松落地。互联网公司的工作效率可见一斑，这也与他们信仰"唯快不破"的互联网逻辑高度相关。

而这样的效率，不仅是讲究政治纪律和组织程序的传统媒体难以企及的，更是互联网公司超越传统媒体的重要法宝之一。

当然，我们也已经看到，传统媒体改革的速度也正加快，上海大小文广合并重组的速度已逐渐赶上新兴媒体。我们也期待随着建设新型主流媒体和新型媒体集团步伐的加速推进，传统媒体与新兴媒体之间的其他差距将越来越少。

第三节　微创新改变产业生态

研究新型媒体的发展史，我们可以发现创新并非一直都是石破天惊的天才之作，相反，它们通常只是微小的改进。从 ICQ 到 QQ，从易趣到淘宝，从 Google 到百度，改变产业生态的其实只是微创新。即便被普遍称为颠覆式巨作的苹果手机，其实也只是软件、硬件乃至艺术设计的组合创新。最早在业内全面掀起体感风潮的任天堂游戏机，其实也只是引进了在当时追求高清的游戏行业看来是跨界的体感技术。

BAT之所以可以胜出，也在于它们在更懂中国用户基础上推出的微创新。淘宝超越易趣，在于顺应中国用户需求，改变了收费的游戏规则。QQ之所以战胜ICQ，在于它在多个细节上的超越。ICQ的信息只存储于用户端，一旦用户换电脑登录，以往添加的好友就会消失，而QQ的用户资料存储于云服务器，在任何终端都可以识别好友；ICQ只能在好友在线时才能聊天，QQ则首创离线消息发送功能、隐身登录功能；ICQ通过企业定制获利，QQ则坚持为消费者提供免费服务寻求商业化机会。百度则充分利用自身的中文优势，在中文用户上大做文章，做到了“百度更懂中文”。

正如台湾创作人赖声川曾指出的，创意是可以在生活中累积而成的。微创新也是如此，只要了解业界、了解用户、了解最新潮流，那么微创新可以无处不在。了解用户、服务用户的微创新是赢得市场的关键。总结微创新发生的地方，我们可发现大致存在几个规律。

一是为用户提供更贴心的服务。比如腾讯和百度为中国用户提供较国外对手更优质的服务。

二是改变游戏规则。比如淘宝改变了C2C的收费规则，让对手无所适从。

三是寻求跨界突破。比如苹果手机和任天堂体感游戏机使用跨界技术，轻松改变了行业生态。

◎案例分析

搜搜+搜狗——产业升级的创新样本

本节我们以搜搜+搜狗作为典型案例，来分析微创新对于产业生态的影响。因为腾讯搜搜注资搜狗的背后，不仅是微创新的胜利，更是互联网巨头围绕核心业务构建与升级产业生态系统的一个缩影。

2013 年 9 月 16 日，搜狐公司与腾讯共同宣布达成战略合作。腾讯向搜狗注资 4.48 亿美元，并将旗下的腾讯“搜搜”业务和其他相关资产并入搜狗，交易完成后腾讯随即获得搜狗完全摊薄后 36.5% 的股份，而且腾讯持股比例会在近期内增加至 40% 左右。搜狐及其关联方则是搜狗的控股股东。仔细观察此次注资，可发现其对于两大互联网巨头乃至互联网产业生态布局的意义都非常重大，其化危机为机遇的战略理念、从红海中寻找蓝海的创新模式、三方共赢的合作模式及以包括资本手段在内的多元化方式展开生态布局的战略举措尤其值得传统媒体学习。

启示一：搜狗通过创新搜索竞争模式，面对强敌从零起步至抢占超过 10% 的市场份额，网游由原来盛大独步天下到被各寡头瓜分乃至被腾讯超越，说明只要准确把握趋势并正确使用战术，“红海”并非没有机会。

自 Google 退出中国市场，百度就占据绝对领先地位，占据 80% 以上的中国搜索市场。然而，百度的竞价盈利模式却屡遭诟病，涉假新闻频出。搜狗从输入法切入对搜索模式进行创新，把搜索领域的“红海”

变成“蓝海”。在输入法上，搜狗把云计算与输入法进行了结合，打败了紫光输入法。在搜索上，搜狗把输入法跟搜索结合起来，使用户获得更智能的体验。由于输入法是用户需要经常使用的软件，可以根据用户的习惯而产生不同的价值。搜狗输入法通过与豆瓣和金山的开放合作，能够听音乐、背英文单词。在视频搜索功能上，搜狗对于电视节目提供贴心的小提示：如用户查询“快乐大本营”节目，搜索结果会按照结构化的数据格式展现，每一期一个结果，包括每期主题、参加嘉宾等信息，大幅提升了用户搜索的满意度和点击率。在音乐搜索功能上，搜狗通过人工分类提升了查询效果，在播放上进行优化，播放的流畅性优于百度。搜狗凭借优质的用户体验获取差异化竞争优势，奠定其成功的基石。

以输入法为发展契机吸引用户进入，进而通过专注于改进用户体验来提高用户体验，是搜狗持续创新在“红海”中获得竞争优势的成功经验，亦使之成为中国互联网行业为数不多的创新样本。盛大公司从当年游戏行业的龙头老大陆续被腾讯、网易等互联网巨头超越，亦说明任何领域都没有永恒的老大，只有永恒的创新。

近年来，我国传统媒体正加快向新媒体转型，但仍缺乏业界入口级的核心应用，不少人由此担忧传统媒体缺乏互联网基因，无法在业界获得领先优势。搜狗的经验启发我们，只要真正把握住用户的需求，任何时候都可以超越。

传统媒体可学习搜狗从无到有创新发展至搜索第二的成功经验，在以下新媒体业务方面重点着力：一是深挖用户需求，培育核心应用。从移动、智能、本地化新时期的用户需求出发，整合新技术核心精华，培育适用于用户的新媒体入口级应用，如可共享一个账号、流畅贯穿多屏的互动应用；二是于“红海”中寻找“蓝海”，实施模式创新。在现有跨界整合业务模式基础上，通过整合品牌、独家内容、版权开发、大数据应用、牌照使用等优势，结合用户社交分享需求，继续寻求差异化竞争优势，以突破业界“内容＋平台＋终端”的旧思维，实现模式创新。

启示二：面对单一垂直竞争的危机，互联网巨头和传统媒体纷纷启动产业生态战略布局。传统媒体以升级产业生态来加快对上下游产业的拓展，巩固主流媒体地位，已时不我待。

自2010年的3Q大战后，互联网产业生态变局于2013年进入白热化阶段，大规模投资并购频率远超往年。从腾讯所带动的互联网生态系统“大跃进”可以发现，改变其实源自危机。目前，传统媒体核心业务也面临传统竞争对手和新媒体的双重挑战。为了巩固传统媒体的核心优势，可学习互联网巨头成功经验，与时俱进，围绕传统媒体核心业务升级产业生态系统，如募集社会资本或上市融资、实行全媒体战略改造、强化线下网络，整合区域、行业及客户资源，收购热门体育赛事、影视剧版权来建构内容银行，创办具有国际竞争力的演艺公司，投资剧院、演出中心，升级影视基地生态，开办主题文化创意产业园等。一来借助品牌优势深度拓展上下游产业，二来有效构筑产业防线，化解竞争力下降危机。

启示三：搜狗实施开放合作战略。坚持以我为主整合业界资源，迅速扩大竞争优势。

在发展过程中，搜狗始终在整合资源。搜狗一方面整合输入法、云计算、浏览器、搜索等领先技术打造“输入法—浏览器—搜索”三级火箭模式，获取优质用户体验；一方面在与巨头博弈的同时以“巧实力”整合业界资源，为自己赢得了更为宽广的发展空间。2010年，在面临被360并购丧失独立发展空间时，搜狗公司CEO王小川说服搜狐公司董事局主席兼首席执行官张朝阳和阿里巴巴集团董事局主席马云，通过阿里巴巴和云锋基金共同投资搜狗，在2010年8月从搜狐分离出来独立运营，成立搜狗科技有限公司。

2013年，搜狗再度在多家战略投资者中选择了最利于自身发展的腾讯，并利用360、百度、腾讯等多家战略投资者间充分的市场博弈，成功提升了自己的身价，其估值较2012年6月的估值涨了5倍，超过12亿美元。

传统媒体在实现新媒体转型过程中，亦可充分吸收新技术、新趋势、新业态的精华为我所用，并尽最大努力整合业界资源。一是与包括互联网巨头、国内外传媒机构等竞合对象展开战略合作，以快速获取战略资源，构筑战略优势，实现战略利益最大化。如传统媒体可在做强核心竞争力基础上，充分利用微博、微信、新闻客户端等互联网巨头的优质资源推广自身内容，提升网络影响力。

二是借助互联网巨头们超强的营销变现能力为优质内容获取更高的产业收益。如营销网络、独家内容等独占性优质资源，应在确保不影响传统媒体核心利益的基础上，通过与互联网巨头合作营销来获得更高的商业价值。一些缺乏网络传播能力的广播和电视机构可通过打包销售独家内容资源，既获得传统收入以外的增值收益，又扩大了其独家内容资源的社会影响力。为了不影响其传统广播和电视业务的收看收听率，还应提前商定在互联网延时播出其内容。三是以资本手段加快资源整合。采取以资本并购等手段，充分整合国家资源和业界资源，以实现超常规发展。如一方面为国家承担国际传播、大型主题宣传等公益项目，寻求财政支持；一方面加大与业界的战略互补合作，通过互通有无，提升传统媒体的竞争力。

启示四：腾讯通过注资搜狗，不仅实现腾讯、搜狐、搜狗三方共赢，还将为用户提供更优质的服务。树立合作共赢的投资思维，传统媒体需要加快资源整合，构建互利共赢的产业联盟。

在腾讯注资搜狗事件中，搜狐引入了更有实力的战略投资者，并获得1.61亿美元现金分红；搜狗获得了发展资金及腾讯强大的资源支持，奠定搜索老二位置；腾讯则一方面盘活了搜搜的负资产，一方面充实了一直缺乏的优质搜索业务，三方实现了战略共赢。

传统媒体在投资并购过程中，可借鉴腾讯与搜狐合作的思维模式，盯住并研判能够破局整个行业的优质资源伙伴，与之强强联合，建设市场第一阵营、更为巩固的产业联盟。第一，对于迫切需要的现金收益，可以传统媒体现有产业的优质资源实施股份置换；第二，对于迅速获取更高市场份额，传统媒体可采取与竞争对手强强联合的方式来实现；第三，对于负资产，传统媒体可通过与战略合作伙伴优质资产的合作来实现真正意义上的市场覆盖。

第五章　全球语境下的国际传播能力建设

随着改革开放的深入和中国国力的增强，中国媒体的触角逐渐伸展到世界各地，塑造并传播中国的国家形象。与西方媒体雄厚的国际传播能力和娴熟的传播技巧相比，中国媒体仍存在较大的提升空间。为此，习近平同志在2013年全国宣传思想工作会议上专门指出，要精心做好对外宣传工作，创新对外宣传方式，加强话语体系建设，着力打造融通中外的新概念、新范畴、新表述，讲好中国故事，传播好中国声音，增强在国际上的话语权。十八届三中全会《决定》也强调，要加强对外话语体系建设，推动中华文化走向世界。

在世界经济一体化和信息传播全球化的大背景下，我国媒体作为塑造国家形象的主力军，建设国际一流媒体，提高全球传播能力，讲好中国故事，传播好中国声音，既是战略任务，也是紧迫任务。

第一节　传媒对于塑造国家形象的重要作用

改革开放以来，无论在经济还是政治上，我国都日渐成为一个举足轻重的大国。然而，在西方世界，中国的国家形象依然模糊，“中国威胁论”、“中国崩溃论”仍占有一席之地，不时干扰西方社会对中国的准确认知。中国学者贾敏的最新研究显示，在影响美国对外政策的智库中，随着第二代知华派逐渐从决策层和学术界离开并退居二线，以“六零后”和“七零后”为主的第三代知华派“对作为大国崛起的中国抱有较为强烈的警惕心态，遏制中国的冷战思维亦有相当的市场存在”。“目前美国智库在涉华问题上愈来愈多地从现实政治和地缘政治博弈的角度出发思考，战略竞争和零和观念较为盛行，而并非像前两代那样更多从战略格局和追求伙伴关系的视角来审视。”①

塑造国家形象，媒体所起的作用不可低估。当2005年中日风波时，日本电视台重复播放中国反日游行画面，日本民间右翼的支持率迅速飙升。2008年奥运前夕，CNN等西方媒体歪曲报道西藏3·14事件，在国际上造成恶劣的影响，轻易抹杀了中国为筹办奥运会所付出的巨大努力。然而，由于我国媒体在国际传播格局的弱势地位，未能通过有效的传播使这些负面的影响降至最低，因此，提升我国媒体的国际传播能力的任务责任重大。

其实，我国政府一向重视国际传播。1937年10月，由埃德加·斯诺撰写、在伦敦公开出版的《红星照耀下的中国》（《西行漫记》），曾成功改变了西方世界对于中国革命和中国共产党人的印象。新中国成立后，党和政府用多种语言相继创办了《人民中国》、《中国建设》、《北京周报》等国际传播期刊。近年来，在广播、影视、网络等方面的国际传播工作再度得到加强，立体式的国际传播体系逐渐得到确立。然而，我国媒体在经营规模、经济总量、营销团队规模、海外雇员数量等硬件以及报道的专业能力和话语水平等软件上，与国际一流媒体相比差距依然明显。

相比之下，英国广播公司（BBC）、美国有线电视新闻网（CNN）

① 贾敏：《美国智库“中国观”的演进路径及对策》，《对外传播》2014年第7期。

在国际传播上的探索则较为成功。受益于“日不落帝国”成功的国家战略和丰富的国际外交经验，英国广播公司经过将近百年的国际传播实践，形成了一套对不同民族和文化进行充分而公正的报道模式，已基本成为国际传播的范式，受到全世界的普遍欢迎，其国家形象也因其成功的国际传播而大受裨益。第二次世界大战以来，尽管英国的实力已今非昔比，但仍凭借媒体的曝光度在国际舞台上保持一定的影响力。在海湾战争中一战成名的美国有线电视新闻网则以重大事件直播报道见长。一旦发生重大事件或突发事件，CNN 都会调动全球资源做现场报道，全力以赴，甚至借用其他电视机构的人力资源为自己服务。全球超过 210 个国家及地区均转播 CNN 新闻，美国的立场和价值观也因此传播到世界各地。

半岛电视台和今日俄罗斯则是国际传播领域的后起之秀。半岛电视台是一家位于卡塔尔首都多哈的阿拉伯语电视媒体，自 1996 年开播后，一直在稳步扩张。它先是成为一家 24 小时播出的电视台，又先后于 2001 年和 2004 年开通了阿拉伯语网站和英语网站，并不断扩充位于伦敦和华盛顿的记者站。半岛电视台通过 BBC 式的报道方式，以及频繁与这两个记者站连线报道西方观众关注的议题，在西方世界大受欢迎。当然，半岛电视台的视野并不局限于阿拉伯世界和西方，它的新闻报道来自世界各地，占据其头条位置的新闻往往来自中东以外的地方。半岛电视台敢于选择争议性嘉宾和议题的能力也是其声名远播的重要原因，尽管它也因此招致美欧国家的不满、阿拉伯国家的抗议，甚至导致断绝外交关系，付出巨大的代价。美国 9 · 11 事件之后，半岛电视台通过传递一些在电视历史上重大的幕后事件，包括播放本 · 拉登演讲的录像，迅速在西方世界成为家喻户晓的名字。显然，半岛电视台对于卡塔尔构建它在海湾地区独树一帜的国家形象的作用是不容置疑的。

成立于2005年12月10日的“今日俄罗斯”（Russia Today TV或Russia Today，或称今日俄国，缩写为RT）是俄罗斯一家英语国际新闻频道，也是第一家全数字化的俄罗斯电视频道，在全球拥有超过3.4亿观众。自美国王牌主持人拉里·金开始加盟后，“今日俄罗斯”更显成功。金在CNN工作25年，他的背带裤几乎成为一种象征。英国《泰晤士报》曾专门评论称：“美国最著名的电视主持人叛逃到俄罗斯。”德国《明镜周刊》曾评论称，普京创立的国际卫星新闻网络“今日俄罗斯”已经成为俄罗斯与美国“形象大战”的武器，为西方观众打造出一个针对CNN的媒体。

今日俄罗斯网站还是俄罗斯最受欢迎的英语互联网新闻服务网站，其点击量超过几家知名的俄罗斯网站的总和。RT在著名视频网站YouTube上开办了自己的频道，还在Facebook、Twitter、Myspace和Blogger等设立账户进行推广。2013年6月，“今日俄罗斯”打破YouTube记录，成为首个视频获得10亿人点击的电视台。

RT还开设了一个免费视频网站，提供高质量的视频内容，供外国媒体免费下载使用。现在，155个国家的2000多家媒体成为该网站的客户，其中包括美国广播公司（ABC）和福克斯电视网。

无论在对外供稿，还是直接嵌入西方电视网、社交网络进行贴身宣传，雇佣美国最著名的电视主持人来讲述俄罗斯立场上，“今日俄罗斯”的做法均可圈可点。

俄罗斯政府非常重视媒介对于国家战略、利益和对外形象的重要作用。为了更有效地在国外阐明俄罗斯的国家政策以及报道俄罗斯人的社会生活，在“今日俄罗斯”电视频道之外，俄罗斯总统普京在索契冬奥会前夕专门颁布了一道总统令，在俄新社和“俄罗斯之声”广播电台基础上成立一家新的国际新闻通讯社“今日俄罗斯”，同时也对其他媒体做了相应并转和调整。克里姆林宫办公厅负责人伊万诺夫说，调整新闻机构是要提高效率，加强新闻深度和广度，“坚决捍卫国家利益”。

正因为媒体对于塑造国家形象、传播国家价值观的重要作用，无论是西方国家、阿拉伯世界还是俄罗斯，政府都需要旗帜鲜明地主张自己价值观的媒体。“英国广播公司”、“美国之音”、“今日俄罗斯”等，概莫能外。因此，媒体在从事新闻传播时务必充分考虑国家利益，时时处处从国家战略角度发出政府的声音，报道人民的真实生活。

附：中央电视台等媒体国际传播能力建设情况

近年来，中央电视台加紧建设国际一流媒体，加大国际传播能力建设力度，形成了中文、英语、法语、西班牙语、俄语、阿拉伯语6个语种、中文国际频道、英语新闻频道、多语种国际频道以及纪录频道等7个国际频道的对外传播格局，海外用户达到3.5亿户，分布在171个国家和地区。

2009年以来，中央电视台在大力推进专业频道品牌化战略的同时，加强全球新闻采编网络布局。截至2012年底，中央电视台在世界各主要国家及地区共拥有北美、非洲两个海外分台，欧洲、俄罗斯、中东、亚太、拉美五大中心站，以及64个海外记者站点，海外人员与记者规模近500人，其中海外雇员150余名。自此，中央电视台基本完成了国际报道力量的历史性布局，全球电视新闻采编网络初具规模。

中央电视台还通过加强长城卫星平台、CNTV新媒体平台和国际视通发稿平台等全球化传播渠道建设，加大中央电视台节目的覆盖率。通过长城卫星平台，中央电视台使电视节目在全球10多个国家和地区落地播出。通过网络、手机、互联网电视、IPTV、移动客户端等新媒体平台，中央电视台可为用户提供电视节目直播、点播服务，覆盖210多个国家和地区。国际视通则从品质传播入手，注重提升质量，丰富产品类型，努力提高外媒采用央视新闻视频和文稿的数量和频率，产生了良好的效果。据统计，从2011年12月26日至2012年11月25日，国际视通对外发布的央视新闻素材累计被71个国家和地区的389家电视媒体机构下属的1434个电视台（频道）采用36.7万次，涵盖BBC、CNN等境外知名电视机构。中央电视台通过卫星、新媒体、国际视通发稿平台的全球化、多语种、多渠道、多终端的立体化传播网络，实现电视节目的传播效果最大化。中央电视台国际传播能力建设也因此实现了三大转变。一是海外报道网络由“面的扩张”转变为“质的打造”，国际新闻的到达率和自采率全面提升；二是国际新闻由过去的贴牌产生开始转变为品牌创造，节目品质和传播能力与日俱增；三是中央电视台开始由新闻购买方向出售方转变，国际竞争力明显增强。

“新华社海外站点数量从2007年的102个增加到2012年的172个，覆盖国家也增加了近40个。中国国际广播电视台的海外调频台数量从2007年的10家增加到2013年的90家，覆盖国家增加到50多个。”①

第二节　新媒体在电视媒体国际传播中的作用

当前，国际主要电视新闻媒体都在积极运用互联网等新媒体手段，开拓新的传播阵地。BBC、CNN、美国三大电视网、Foxnews、德国之声、今日俄罗斯、France 24等9家主流电视新闻媒体，先后推出了各自的网站、跨平台产品、用户交互产品等整合电视媒体的资源，向全世界网民发布信息、提供服务。这些电视新闻媒体还根据其国家对外传播

① 文剑：《中国国际传播能力建设的现状及改进路径》，《对外传播》2014年第4期。

总体战略，服从服务于国家的外交方针，采取了分层次发展的方式，突出母语和重点语种建设，实现多语种、跨媒体全面发展。

清晰的战略对国际主要电视新闻媒体加强新媒体国际传播能力建设意义重大。BBC 在 2006 年提出“创意未来”发展战略，2011 年再度提出了“质量优先”战略，均对 BBC 新媒体的发展提出明确的规划，客观上成就了 BBC 突出的新媒体国际传播能力效果。目前，BBC Online 全球排名 44 位，在电视媒体网站中排第一，62.1% 的受众来自英国之外。这与其重视新闻质量、新媒体传播技术、本土化海外网站、跨媒体构建并完善全球传播网络的战略密切相关。

国际传播应使节目满足受众的心理需求，符合对象国受众收听、收看习惯，适应对象国民族文化。为此，多语种传播成为国际电视新闻媒体加强国际传播能力的首要选项。BBC Online 和德国之声使用 30 种语言，CNN. com 使用 12 种语言，RT 和 France 24 则各使用 3 种覆盖面较广的语言。它们还大力推行节目“本土化”策略、“人本化”策略和文化包装策略，提高节目的针对性、贴近性、可听性和渗透性。

国际主要电视新闻媒体普遍采取多媒体融合的方式来进行新媒体国际传播能力建设。因为信息技术的飞速发展和广泛应用使受众获取信息的手段日益多样化，单靠传统的电视形态已无法赢得竞争，为此，它们正着力改变单一的媒介形态，走向复合型的多媒体形态。在提供电视台视频新闻的直播、点播内容，建设可供查询、下载的视频数据库外，还充分整合文字、图片、音频等信息，方便受众阅览。

总之，国际主流电视媒体高度重视以新媒体为平台的国际传播，日益丰富其传播手段，不断创新其全媒体管理体制和运营机制，以多语种、多终端、本土化传播、跨平台推广进行新媒体国际传播正成为其重要战略。

一、欧美国家主流电视媒体新媒体发展情况

在对欧美国家主流电视媒体调研中，我选取英国广播公司（BBC）、美国有线电视新闻网（CNN）、福克斯新闻网（Foxnews）、美国三大电视网、法国国际新闻台（France24）、德国之声（DW）、今日俄罗斯电视台（RT）等9家较有代表性的电视媒体作为调研对象，对它们的新媒体发展战略、语种分布、世界排名、海外受众、社交分享策略等进行调研，以较为全面地了解国际主流电视新媒体发展的总体情况，探讨它们进行新媒体国际传播的经验，为我国加强新媒体国际传播提供经验借鉴。

从世界排名看，BBC、CNN新媒体网站凭借母体的强势品牌，位居前列。其中BBC新媒体的国际化程度亦远高于CNN，不仅语种数多，且60%以上用户来自海外。从国际传播的专业化程度看，RT、DW、France24的国际化程度较高，其海外用户超过总用户的80%以上。美国三大电视网新媒体的用户则多为本国电视用户，排名也因此落到1000名前后。

总体而言，新闻特色鲜明的电视台网站排名靠前，电视特色明显的电视台网站排名居中，主打国际传播的电视台网站由于母体多为单个国际新闻频道，内容体量小，排名靠后。

欧美国家主流电视媒体新媒体发展总体情况

新媒体	成立时间	语种数	排名	本土受众	社交分享
BBC. co	1997	33	44	37.9%	F、T、B、Y
CNN. com	1995	12	54	68.6%	F、T、B、Y
Foxnews. com	1996	1	158	83.4%	F、T、M、Y
NBC. com		1	1615	80.1%	F、T、Y
CBS. com		1	923	79.9%	F、T、Y

续表

新媒体	成立时间	语种数	排名	本土受众	社交分享
ABC. com		1	1158	82.3%	F、T、Y
France24. com	2006	3	3209	17.2%	F、T、G+、Y、Foursquare/Sound cloud
DW - world. de	1994	30	2623	16.6%	F、T、Y、Digg 等
RT. com	2005	3	1744	5.9%	F、T、B、Y、免费视频

注：F 为 Facebook，T 为 Twitter，Y 为 YouTube，B 为 Blogger，M 为 Myspace，G+为 Google+。

信息源自 www. Alexa. com（2014. 10. 8）、各网站介绍等处。

1. BBC 新媒体

BBC（英国广播公司）成立于 1922 年，1932 年开始全球首个电视播送服务。1996 年，BBC 筹划建设世界上最大的多媒体网。1997 年 12 月 BBC 在线网站正式启动，快速成为全球最大的新闻网站之一。2006 年，BBC 提出了“创意未来”的六年改革发展计划，力图超越传统广播电视模式，将自身改造成根据用户需求提供视听节目和视听信息服务为主的新型传播媒体。2010 年，BBC 提出网上数字媒体新战略。2011 年，BBC 提出了更明确的新媒体战略，也即质量优先。

BBC Online 明确提出，将更重视其编辑优势，制作由英国及世界各地通讯员带来的丰富的多媒体内容作为基础的高质量时事新闻；从观众兴趣出发制作不同国家版本；本地站点将更注重新闻、体育、天气和旅游；iPlayer 将会被打造为一个统一的“电视台”，将电视频道、节目信息、现场直播及需求定制等功能整合在一起。

BBC 将从本地站点中去除没有新闻时效性的内容，大量减少新闻网站中的娱乐新闻，减少新闻博客，更加注重主要编辑和通讯员的消息更新；减少独立的论坛、社区、留言板和博客，代之整合的社交工具；减少体育新闻和体育直播的数量。BBC 将不会建立自己的社交网络，不提供面向精英观众的专家新闻。

BBC Online 以 33 个语种，互联网、播客、手机、移动终端、社交网络等多平台对全世界进行传播，全球排名 44 位，其 62.1% 的受众来自英国本土之外。语种数、世界排名以及海外受众等指标均在欧美主流电视媒体中位居第一。

2. CNN 新媒体

创建于 1980 年的 CNN 于 1995 年 8 月 30 日启动了自己的新闻网站 CNN.com，它也被称作互联网上第一个新闻网站。CNN.com 是独立于电视频道进行运营的实体。作为 CNN 的主要网站，CNN.com 是 CNN 面向美国受众开办的三家网站之一，另外两家分别是 iReport.com 和 CNN Money.com，其中 iReport.com 是从 CNN.com 中拆分出的专门供用户分享原创内容的网站。2007 年 3 月，CNN Mobile 独立于网站开始运营，在突发新闻事件中给用户提供新闻提示、照片和流媒体视频。在运用各种新媒体手段扩大传播效果方面，CNN 在 2010 年 5 月超越雅虎，成为美国最受欢迎的新闻网站。2010 年 2 月份，CNN 连续 38 个月在手机用户查看即时新闻中领先其他对手。

目前，CNN.com 世界排名 54 位，仅次于 BBC Online，远高于美国同类网站。CNN.com 拥有 12 种语言，以播客、I－Report、手机、Twitter、Facebook、新闻订制、邮件订制进行传播。CNN.com 31.4% 的受众来自美国本土之外，依次是加拿大、墨西哥、印度、英国、日本、韩国、澳大利亚、德国、泰国等。

3. Fox News 新媒体

福克斯新闻频道是美国福克斯集团旗下的电视新闻频道，开播于 1996 年 10 月 7 日。Foxnews.com 全天候提供直播视频链接，也提供其网站的移动版本，用户可以在移动设备上获得直播视频或编辑过的视频内容。福克斯新闻数字集团2007年9月与马文网（Maven Networks）签订协议，以改进宽带视频质量：马文网帮助其网站链接更多视频，将Fox News电视节目资料库链接到网上供用户浏览。Foxnews. com在其名为“uReport”的页面上整合用户提交的内容。在新一轮与社交网站的结合过程中，Foxnews. com处于领先位置。Foxnews. com在Facebook中的页面是全部有线新闻网网站运作的页面中最受欢迎的。

Foxnews. com全球排名158位，美国排名39位，本土受众占83.4%。通过互联网、手机、社交网站、合作推广等形式传播内容。

4. 美国三大电视网新媒体

美国三大电视网自有的新媒体主要服务于本土电视节目传播，通过互联网、手机、ipad、Facebook、Twitter、新闻订制等方式对电视内容进行新媒体传播，在海外传播上的效果并不显著。

相反，三大电视网以合作模式创办或收购的新媒体则较成功。1996年，美国全国广播公司NBC与微软联合开办微软全国广播电视公司频道（MSNBC）及MSNBC. com。MSNBC. com是NBC新闻家族频道的新闻汇集网站，包括来自《今日秀》（Today）、《NBC晚间新闻》（NBC Nightly News）和《换日线NBC》（Dateline NBC）的内容，此外也有MSNBC所提供的节目内容。网站制作原创的新闻和报道，同时也提供来自合作伙伴的报道文章，包括《新闻周刊》和《华盛顿邮报》等。凭借微软强大的技术背景，MSNBC在新媒体上进行了一系列创新应用，使得自身的点播到达率独树一帜。

2007年，NBC与新闻集团、美国广播公司ABC共同推出视频网站Hulu，开通一年即获得了7000万美元左右的广告收益。2009年Hulu已经进入视频网站前三甲。

2008年，CBS（哥伦比亚广播公司）以18亿美元的价格收购

CNET 网络公司，跻身美国十大互联网公司之列。

在这些尝试上，三大电视网采用非常灵活的新媒体发展策略，与不同的专业机构进行合作，采用先进的公司管理制度，并不干预这些新媒体机构的日常管理。结果是这些新媒体机构在各自的领域都取得较大的成功，位居同业前列。

NBC. com 全球排名 1615 位，CBS. com 923 位，ABC. com 1158 位，本土用户分占 80. 1%、79. 9%、82. 3%。相比之下，三大电视网下属或关联的新闻网站则排位较高，MSN 居 11 位，MSNBC. com 4995 位，abcnews. go. com 390 位，CBSnews. com 438 位，本土用户分占 27. 3%、88. 8%、74. 1%、72. 3%，传播效果更为明显。

5. 法国 France 24 电视台新媒体

France 24 电视台又被称为“法国的 CNN”，创办于 2006 年 12 月，最初是一家每周 7 天、每天 24 小时不间断连续播放国际新闻的法国电视台。France 24 电视台通过有线、卫星、ADSL 平台和移动电话播放，重视将电视与互联网进行互补。

France 24. com 全球排名 3209 位，拥有英语、法语和阿拉伯语三种语言。来自本土的受众仅占 17. 2%，其他海外受众则依次来自美国、阿尔及利亚、突尼斯、日本、英国、比利时、沙特阿拉伯、埃及、利比亚等。

6. 德国之声（DW）新媒体

德国之声电台（Deutsche Welle）创建于 1953 年，目前已发展成为集国际广播、电视和互联网为一体的综合性媒体机构。德国之声网站创立于 1994 年，是德国之声多媒体、互动的网上服务项目。德国之声中文网每天更新时事经济文化体育新闻，并提供包括如何留学德国以及欧洲旅游等信息。

1999 年以来，联邦政府不断缩减开支，德国之声不得不采取裁员、缩减短波广播语种等一些节约措施。但德国之声也看到互联网的发展前景，逐渐扩充德国之声网站的内容和语种，并开发除新闻之外其他的互联网服务项目。2011 年初，“德国之声”广播电台再次宣布大幅削减包括中文在内的对外广播计划，以加大向互联网、手机等新媒体发展的力度。

DW – world. de 全球排名 2623 位，以 30 种语言提供有关德国、欧盟以及国际的新闻报道。来自本土的受众仅占 16. 6%，其他海外受众依次来自美国、俄罗斯、希腊、印度、孟加拉、巴西、英国、加拿大、乌克兰等。

7. 今日俄罗斯电视台（RT）新媒体

今日俄罗斯电视台创建于 2005 年 12 月，使用英语、阿拉伯语和西班牙语，每天 24 小时，每周 7 天播出。目标观众是生活在俄罗斯的外国人以及对俄罗斯感兴趣的外国人。目前，RT 在全球有 3. 4 亿观众。今日俄罗斯网站已经成为俄罗斯最受欢迎的英语互联网新闻服务网站，其点击量超过几家知名的俄罗斯网站的总和。

RT 在著名视频网站 YouTube 上开办了自己的频道，进行连续网上直播；在 Facebook、Twitter、Myspace 和 Blogger 等设立账户进行推广；并开设了一个免费视频网站，提供高质量的视频内容，供外国媒体免费下载使用。

RT. com 全球排名 1744 位，以 3 种语言提供来自俄罗斯和全球各地的新闻。占来自本土的受众仅占 5. 9%，美国受众是其传播的最大群体占 19. 2%，其他海外受众则依次为埃及、利比亚、英国、沙特阿拉伯、墨西哥、加拿大、西班牙和德国等。

二、新媒体在电视媒体国际传播能力建设中的作用

1. 无障碍全球化传播

在传统电视全球化传播中，受众较少通过直接接收卫星信号来观看节目，电视媒体节目真正实现落地需要对象国有线电视网的配合。但是，掌握用户资源的有线电视网往往基于竞争等多种因素考虑，并不会为外国电视机构加强国际传播提供最大的便利。而新媒体无国界传播的特性使得它具备在全球范围内无障碍传播的天然优势。如全世界各地的网友可以通过互联网访问任何一个国家的电视台网站，直接享受它们的服务。

2. 跨媒体节目制播和资源共享

新媒体加入国际主流电视媒体传播阵营促使节目制作和资源共享开始向跨媒体转型，以适应受众从多终端分享节目的需求。节目形态由传播形态决定，为手机、网络所做的节目要不同于电视，无论在选题还是画面等处理上都要面向新媒体特点，确保新媒体传播的鲜活性、时效性和差异化。

例如，原 BBC 1 台的几档王牌新闻播报节目《一点新闻》、《六点新闻》及《十点新闻》和 24 小时新闻频道共享一个制作班底，新闻素材能够在当天不断被循环利用，不仅降低了生产成本，而且提高了制作效率。CNN 也打造出适应“全媒体”的新闻制作流程，每一个频道、每一种媒体都能在第一时间掌握同样的素材，而在后期处理中，CNN 会根据不同受众的需求进行针对性地再加工。

3. 全平台开放式推广

在欧美主流电视媒体的新媒体国际推广中，综合利用自有新媒体平台及深受网民欢迎的社交分享新媒体平台已经成为共同的传播策略。

2009 年，BBC 还专门任命了社交媒体编辑。如今，视频分享网站 YouTube、社交网站 Facebook、Myspace、Twitter 等已经成为欧美主流电视媒体吸引年轻受众、拓展网络影响力的重要平台。

4. 整合产业链和资本运作

新媒体推动电视媒体实施产业链整合。新媒体的运营模式不同于传统电视媒体，台网融合后的电视网要扩大经营，需要不断进行有效调整，有计划、有步骤地多渠道全方位获得回报，打造一体化的产业链。成功的电视网尽可能适应受众细分现象，从新的增值业务中获得更多的收入。其中包括：对内容进行再包装和营销，提供跨多媒体渠道和格式的内容，提供更快速、方便的数字内容，通过众多不同的媒体形式销售、出租或免费推送。如 CNN 2010 年营业利润大幅增长，其中 80% 的广告销售收入来自捆绑了不止一种服务的跨平台销售套装。一些国际一流媒体还为了加快新媒体发展的速度，采用投资、并购的方式来拓展新媒体业务。

5. 培养了全媒体型人才队伍

建立跨媒体平台的节目制作和共享机制对节目制作团队提出更高要求。欧美主流电视媒体的新媒体实践培养了一大批既懂电视采编又熟悉新媒体传播特性，集采、写、摄、录、编、网络技能运用及现代设备操作等多种能力于一身的“全媒体型”人才。

在香港和亚特兰大，CNN 的电视记者和网站记者已不分彼此，有的时候电视记者为网站写稿，有的时候则是网站记者以报告人的身份在电视上露面。现在，CNN 新的传播形式已开始为社会公众接受。

◎案例分析

BBC、CNN 新媒体应用

（一）BBC 新媒体

2006 年是 BBC 新媒体发展的重要分水岭。当年 4 月，BBC 高调推出其未来 6 年的发展蓝图“创意未来”计划（Creative Future）。这是 BBC 第一次从战略的高度来认识和规划自身在数字时代的发展问题。透过“创意未来”战略及后来的“1 + 10 + 4”品牌战略①的成功实施，BBC 不仅提升了 BBC 网站在英国乃至世界的知名度和影响力，还提升了 BBC 广电节目的到达率，改善了 BBC 广电节目的受众年龄结构，使传统媒体突破了广播模式的局限，为传统媒体在数字世界抢占了一个新的竞争制高点。

● 创新内容、技术、运营机制

从 2006 年 7 月开始，BBC 在“创意未来”战略指导下，用一年时间从根本上改组内部机构。在内容融合上，BBC 建立了多媒体编辑中心，把以前独立的电视、广播和网络运营平台整合成一个世界最先进的跨平台新闻中心。以前在电视和网络各自为政的编辑记者现在一个大编辑平台办公，以新闻主题和类别为线索开展合作，不再按媒体平台划分。重组管理机构，新成立“未来媒介和技术部”（FM&T），由该部门管理 BBC 所有新媒介平台，并与绝大多数内容创作部门共同行使部门权力。BBC 要求所有制作人员都必须在 BBC Web2.0 的背景下工作，都要有媒介融合的意识，在制作本平台节目的同时为 BBC 在线提供素材，

① “1 + 10 + 4”品牌战略的内涵为：1 个 BBC 品牌，集中打造 10 个内容产品，在 4 个终端渠道上传播。

以循环开发利用 BBC 的媒介资源。BBC 还从 2004 年开始其节目制作、编辑、传输及存档方式全面数字化进程，如今所有新内容都建立了目录及索引，可以从桌面系统立刻查到。

在技术融合上，BBC 所有的采编系统都是一样的制式，从硬件上保证了所有新闻素材都可以上传，并且供他人分享。一线记者在现场通过各种设备获得的声音、图像和信息，都上传到一个“口袋”里面，所有采编人员都可以自由采集他所需要的东西，并且该系统会自动记录下采集的时间、内容、操作人员等等。

在版权等运营模式上，BBC 在签订版权时，把新媒体的转播权也纳入其中。

● 推出跨平台战略产品 iPlayer

2007 年 7 月 25 日，一个革命性的产品 BBC iPlayer 播放器上线。在 BBC 节目首播一周后的任何时间，英国用户都能利用 iPlayer 软件免费下载 BBC 广播台、电视台、网站上的所有音频、视频节目，然后用收音机、电视机、电脑、手机或者其他移动终端观看。用户不需要支付任何费用，在观看 BBC 直播的频道时，只需要按下遥控器的一个红色按钮，就可以观看过往视频。在推广方面，BBC 利用其在英国电视市场占有的垄断地位，通过电视、广播和互联网多种途径激发广大用户对 iPlayer 的关注。

● 鼓励用户原创

为了聚合全民生产的微内容，BBC 大力推广其“共享”理念，鼓励用户在 BBC 网站上建立自己的博客，并将自己的视频、音频作品发布到 BBC 站点上。BBC 还在其网站上提供了 BBC 20 世纪 80 年代以来的大部分广播、电视节目的素材，用户可以自由使用该网站的创作素材，创造新的作品。

• 重视用户体验

BBC 尝试将节目压缩到 15 分钟，以使观众更便捷地在手机上收看节目视频，而且也更容易使厌烦长时间节目的年轻观众保持兴趣。

BBC 推出一个“创意档案”行动，向 BBC 在线的付费用户提供 BBC 自 1937 年以来的过万幅图片及 35 万小时的录音、录像节目。

BBC 升级了跨媒体数据库，投入使用下一代搜索引擎。根据新搜索引擎的特点对 BBC 所有节目内容的元数据重新编排，使用户通过输入声音和图像就能检索到 BBC 广播和电视节目；并借助下一代搜索引擎技术为用户提供 iPlayer 自动化的客户服务，新技术压缩了近 75% 的用户查询时间。此外，网站支持系统还能自动解答用户的提问，99.6% 的查询问题都能获得恰当的答案。①

• 联合多平台、多终端进行推广

BBC 先后在雅虎、YouTube 等网站开通了 BBC 新闻视频频道，面向全球用户提供来自 BBC 的新闻视频。BBC 环球公司还同苹果 APP 应用商店展开合作，在英国、美国和德国市场居苹果应用商店媒体播放下载节目之首。

（二）CNN 新媒体

CNN. com 通过聚合和互动，实现了多媒体相同内容的互相嵌入，并为 CNN 的节目提供了更丰富的、时效性更强的话题和内容，使得 CNN 的节目风格更加大众化，节目的客观性也得到了增强。CNN 的新媒体实践弱化了传统媒体和新媒体争取受众的矛盾，展示了传统媒体和新媒体融合的魅力，符合媒体发展的潮流。

---

① 付晓燕：《媒体网站在媒介融合进程中的角色与作用》，人民网传媒频道，2009 年 12 月 21 日。

● 新媒体播出平台

CNN将其网站作为电视内容的第二播出平台，全天候提供直播视频链接，但并未提供全部拥有自主版权的视频。2008年初，CNN开通了独家网页频道CNN TV，包括一些原创内容和一些独家签约的主播主持的节目。

● 强大的台网交互功能

在CNN. com，网民可以在线对节目话题展开评论，主持人也可以现场观察用户评论从而掌握节目运行。CNN的电视节目中会引用网友对热门话题、重大事件的评论，编辑会有意挑选不同意见的留言。CNN记者也经常上CNN. com查询公众讨论的议题或者对某一新闻的看法。他们不轻信网络消息，对不清楚的细节采取“调查、调查、再调查”的态度。

2006年8月1日，CNN官方网站推出向全球民众搜集新闻资料的网络平台“I－Report”。“I－Report”位于CNN网站主页的醒目位置，观众可以很方便地通过“I－Report”将自己拍摄的照片或记录文字发送给CNN，网友上传到此频道的新闻故事被冠以“On CNN”。每隔两小时，CNN将观众投稿编辑后放在CNN. com的See your I－Report或Gallery中，投稿者既可以看到自己发送的报道，也可以看到编辑整理后的关于新闻图片的介绍。CNN电视也设置了I Report For CNN节目，专门播放I－Report中网友上传的视频及图文，由电视编导精编，电视著名主持人主持。栏目宣传广告每隔半小时即在CNN电视节目中播出，凭借CNN的全球影响，在短期内即产生了较广的全球认知。I－Report的广告词颇具煽动性：“新闻正在你的面前发生吗，拿出你的摄像机为CNN做‘我报道’，为IReport@ cnn. com发送录像和照片。”

● 兼容新旧媒体的新闻制作方式

CNN 拥有遍布全球的新闻采集网络，使得它的新闻节目能够快速收集和及时播报。通过网络热线链接的42 家新闻社（11 家在美国，31 家分布在全球各地）以及900 多家加盟机构和通讯社，构成全球最大的新闻信息网。CNN 的新闻制作完全依赖于网络化的工作条件，无须任何格式录放像机进行上传下载，但却兼容 Motion – JPEG、MPEG II、DV、MPEG IV 等不同格式。转码工作由小型机完成，小型机对集中存储间的迁移调度由数据管理中心执行。新闻制作人负责制定播出节目的格式、决定新闻播出串片顺序、确定每条新闻所占用时间等重要任务，边看边剪边编，串片后分配给文字编辑，完成新闻稿件的配合编辑，再上传演播室并获得编辑部经理审查通过后，由主新闻演播室合成播出。

● 便捷的内容分享和搜索数据库

网络也成为 CNN 公司内部使用的一种信息渠道。CNN 有一些内部网站。其中最重要的是“资料库”，在那里可以查到任何记者、任何时段的已录用的新闻作品，并且可以网上观看成品新闻。在图书馆里还能登录有用的电脑资料库（Online database），如 Lexis – Nexis、道琼斯互动网等，可以帮助找到期刊、文章、股票信息、政府公报和个人通讯录等。完备便捷的资料系统大大提高了新闻的质量。①

● 社交分享平台推广

CNN 充分利用社交网站的交互评论功能和人气，将它们和 CNN 的直播报道结合起来。在美国总统奥巴马就职时，CNN 与 Facebook 合作，从当天早上6 点开始，对相关程序进行了20 多万次更新，在线视频点击数达到1390 万次。CNN 的观众甚至不得不在高峰时段进入“等待”的行列。

---

① 卢咏：《在 CNN 总部实习三个月感悟》，http：//3g. xici. net/d13910166. htm。

CNN 的电视名人们在 2008 年与新锐网站 Twitter. com 进行了合作。电视名人 Rick Sanchez 在《直通 Rick Sanchez》节目中使用了 Twitter，鼓励用户通过 Twitter 与他联络，多次在节目中读出 Twitter 上的评论，鼓励人们参与交流。

● 新媒体业务和平台拓展

2007 年 5 月，CNN 与 IBS（网络广播系统）公司签约，根据协议，IBS 向 CNN. com 提供地方新闻和事件信息（链接到各地方电视台的网站），作为回报，CNN. com 向 IBS 各网站提供国内新闻和政治新闻。

CNN. com 的大多数内容都是由自己的员工团队制作的。在 CNN. com 原创团队的基础上，2008 年 11 月，CNN 新组建了主要为地方性和区域性报纸提供内容的 CNN 通讯社。CNN 新闻内容也可以通过手机和 PAD 等获取。

第三节　新形势下加强我国国际传播能力的对策

随着信息技术的持续创新，信息的传播呈现全球化趋势，其特点包括实时性和广泛性，对国际传播能力建设提出新的挑战。新形势需要新思路，要求我们重新思考我国现阶段国际传播所面临的挑战，进而提出相应的对策。

一、新媒体的发展特点和趋势

（一）现阶段新媒体的发展特点

1. 全球化传播

2011 年，拉登被击毙的爆炸性新闻，第一时间通过 Twitter 向全球传播，比美国政府发布的信息还快几分钟。一些消息灵通人士纷纷通过 Twitter 更新状态，“拉登之死”迅速成为全球的焦点。几十亿人共同关注这个新闻焦点，导致了互联网流量出现了爆炸性的增长，“拉登之死”及其相关新闻每分钟实现超过 410 万的点击率，CNN 移动网站甚至由于流量过大而出现了当机。中国网络新媒体往往在第一时间直播欧美国家的一些重大事件，如英国王子大婚等；在中国发生的一些事件，也往往很快引起国外媒体的关注。温州7·23动车事故后，一条发于北京时间 24 日凌晨的新浪微博，美国时间 24 日即登上《纽约时报》头条，动车事故的议题也在美国引起广泛关注。欧美国家高度重视借助新媒体进行国际传播，由美国率先发展起来的新兴互联网，已经成为日积月累、潜移默化传播西方文化和价值观念、影响全球舆论的互动媒体。全球访问量最大的 100 个网站中有 80 个是美国的。近年来，美国之音、BBC、德国之声等欧美国家主流媒体还不约而同在关停部分传统媒体国际传播业务的同时，加大对新媒体相关业务的投资建设。

2. 多媒体融合

在传统媒体进行国际传播中，呈现出传与受双方的多媒体融合特点。国际新闻传播的发布流程一般是，最快的消息通常由微博或是新闻网站的快讯发布，进而通过视频分享平台上传现场短视频，然后是电视记者的现场播报，最后是新媒体集文字、图片、音频、视频于一身、同时实现直播、点播及各式 SNS 互动服务的多媒体专题报道。新媒体已经成为聚合、延伸、交互、放大传统媒体国际传播效应的重要平台。另外，在受众接收端，随着终端融合进程的加速，除了传统媒体外，“点击网站，看电视”、“开启手机，看视频”逐步成为新热潮，通过多媒体终端获取新闻也成为国际传播的重要特点。

3. 互动社交平台化

伴随着互联网技术与应用的不断发展以及用户多样化需求的不断提升，主流社交网站将以往的服务内容进行整合创新，依据用户多样化的新需要，对服务形式以及服务内容不断创新，推出更符合潮流趋势的平台化服务。目前，Facebook 月用户访问量高达 12.8 亿，[①] 中国拥有超过 5 亿微博用户、5 亿微信用户。社交网站高涨的人气吸引了不少国际主流媒体进驻，包括 BBC、CNN 在内的国际主流媒体都在 Facebook 和 Twitter 上开通媒体账户，发布最新新闻信息，国际主流媒体的国际传播能力也因社交网站的应用而不断增强。综合运用社交网站以及视频分享平台，已经成为国际媒体成功延伸拓展国际传播能力的重要经验之一。

（二）未来新媒体的发展趋势

1. 互联网向移动互联网转移提速

随着微博的盛行以及智能手机的日渐普及，移动互联网将成为下一个最具影响力的媒体平台，手机及 Pad 等移动终端将以其随身性，重新定义媒体的黄金时间。研究发现，移动互联网已经成为人们最早接触同时又是最晚离开的信息源，而且是人们接触最频繁的媒介。人们会在碎片化时间内随时随地通过移动终端获取即时信息或进行娱乐，因此，传统意义上的黄金时间将随着这部分受众的增多而逐步消解，将对电视行业造成最为直接的冲击。而智能手机则让媒体消费具有更强的互动性。因此，传统媒体要加强国际传播能力建设，必须重视新媒体发展的这个趋势，重视即时、精准的碎片化新闻传播。

2. 智能电视引领媒体融合新潮流

智能电视对传统电视的冲击，将如同智能手机对普通手机的颠覆一样，将全面改变传统电视新闻媒体国际传播形势。届时，全球受众直接通过网络接入的智能电视即可观看国际电视媒体的新闻传播。智能电视

---

① 经济参考网：《Facebook 全球大规模宕机》，2014 年 6 月 20 日，http：//jjckb. xinhuanet. com/2014 -06/20/content_ 509396. htm。

虽然刚刚兴起，但未来几年将会迎来爆发式的增长。和普通的互联网电视不同，智能电视不仅仅单纯地将互联网链接到电视机上，还会提供更多更完整的互联网内容，可以像电脑一样浏览网页、观看视频网站视频等等。此外，电视机还配有系统平台，通过平台用户可以自由添加和删除各种应用程序，像智能手机和 iPad 一样。最具代表性的智能电视是 2010 年 10 月中旬谷歌联合索尼、罗技等推出的 Google TV。2011 年 10 月又推出第二代 Google TV。我国电视新闻媒体应紧紧抓住智能电视发展的契机，未雨绸缪，及早推进传统电视媒体与新媒体实现制、播、海外推广一体化进程，切实提升我国电视媒体的国际传播能力。

3. 移动终端成为社交娱乐的核心

移动互联网的发展推动新兴社交媒体不断推陈出新，“SoLoMo”概念也即社交—本地化—移动开始成为人们谈论最多的移动互联网的趋势。可以预见，SNS 社交网站的下一代服务范围将涵盖更广泛应用，有可能开创一种集游戏、视频、播客、效率工具、网络和基于位置服务等在内的全分享服务模式，为受众带来更加便捷、更加多样化的应用与体验。因此，作为最为方便的随身交流工具，兼具信息浏览、分享、发布、对话、娱乐于一体的移动终端将成为社交和信息消费的核心，必然成为受众第一时间接收新闻信息的最具传播价值的终端。鉴于移动终端将成为国际传播的重要阵地，我国媒体也应早日部署，力求在这个阵地上获得传播先机。

二、中国新媒体国际传播能力建设面临的挑战及对策

（一）全球化传播对我国媒体国际传播形成的挑战

1. 西方媒体传播能力远超我国

在当今的全球传播格局中，仍呈西方媒体主导国际话语权的态势。

覆盖国家和地区超过 190 个的国际一流媒体较少且均为欧美媒体。其中，英国 BBC 覆盖 223 个国家和地区，美国 CNN 覆盖 210 个。美国 NBC 和日本 NHK 仅覆盖 100 个，半岛电视台覆盖 50 个。[①] 中央电视台覆盖 171 个国家和地区，与联合国成员的主权国家全覆盖基准线（190 个）略有差距，距离 BBC 和 CNN 等国际一流媒体差距更大。

2. 超级传媒大国电视制播能力强

美国凭借其在经济、政治、军事、科技、流行文化、传播媒介、语言等多方面的超强优势，具有向全球进行新闻、文化、媒介传播和影响全球舆论的超强能力。美国通过广播、电视、出版和互联网等多种渠道，主导着全球文字、声音和图像的新闻传播，控制了世界约 75% 的电视节目生产和制作，每年向国外发行电视节目总量约 30 万小时。美国播出的电视节目经常在全球 100 多个国家热播。相比之下，中国的国际传播的影响力却令人担忧，只相当于美国的 14%。[②] 这个数据显示了我国媒体在国际传播中的弱势地位，也指明了中国长期在国际舆论中处于被动的原因。

3. 95% 市场份额决定跨国传媒具备颠覆性的影响力

全球范围内，以时代华纳、迪士尼、维亚康姆、康卡斯特、索尼、维旺迪环球、新闻集团为主的全球 50 家最大的传媒集团占据了世界 95% 的媒体市场份额。据《财富》杂志 2010 年公布的《世界 500 强排行榜》显示，2009 年全球营业收入最大的三家传媒（娱乐）公司为：新闻集团、时代华纳、贝塔斯曼，其中只有贝塔斯曼是德国的。美国跨国传媒巨无霸的横空出世，将影响力从新闻传播领域延伸到娱乐传播、

① 王庚年主编：《国际传播发展战略》，中国传媒大学出版社，2011 年，第 172 页。
② 陈保平：《〈新民晚报〉：建构国际传播影响力》，《传媒》2006 年第 9 期。

文化传播乃至一些相关的商品和实物实景传播，不仅将一个个主题的文化产品的商业利润追求到了极致，更重要的是将美国传媒对全球的影响力从对外部世界的了解认识延伸到观点、意见和舆论的逐渐形成，再扩展到人民价值观念、思维方式、生活方式、行为方式的逐渐改变。

4. 国际主流电视新媒体国际传播能力较强

据 Alexa. com 排名（2014. 10. 8）显示，BBC Online 排 44 位，CNN. com 排 54 位、Foxnews.com 排 158 位，居国际主流电视媒体网站前列。相比之下，我国主流电视台新媒体的国际排位相对靠后。在多语种覆盖上，BBC Online 以 33 种语言向全世界传播，CNN 以 12 种语言传播，中国网络电视台目前仅有 5 种外语及蒙、藏、维、哈、朝等少数民族语言。在海外传播能力上，BBC Online 海外受众占 62. 1%，中国网络电视台仅有 9% 的受众来自海外。

总之，与新闻集团、维亚康姆、迪士尼、英国 BBC、美国 CNN 等国际主流电视媒体相比，我国电视媒体在传播能力、制播能力、新媒体发展能力等国际传播重要核心指标上，还有明显的差距，在重大国际事务中的话语权、国际舆论中的影响力还相对较弱。

（二）我国媒体国际传播存在的问题及误区

综合而言，我国媒体国际传播普遍存在以下问题：

1. 重整合轻原创。我国媒体在通过新媒体进行国际传播时，通常以整合内容资源为主，辅之以开发内容资源的互动资源。比如邀请主持人、评论员开通博客、微博互动，进行在线访谈等。较少直接制作符合新媒体国际传播规律的原创内容，导致中国新媒体国际传播资料性价值偏重，时效性、针对性偏弱。

2. 重平台轻内容。目前，在中国新媒体国际传播能力建设中，平台建设的成就有目共睹。比如人民网在日本、美国、韩国、英国、俄罗斯、南非、澳大利亚以及香港成立分社；中国网络电视台已经建成10个海外镜像站，并在逐步完善二级站点。相对而言，内容本土化建设的步伐则相对保守。

3. 重传播轻推广。近年来，中国新媒体国际传播取得了长足进步，但在通过海外社交平台Facebook、Twitter进行推广上，由于所推广的节目的文化接近性不够、推广策略的针对性不强以及人力、技术等客观条件的限制，在海外社交平台上的影响力并不如国际同行。而之所以呈现出推广不到位的现象，还与我们不了解对象国国情文化、受众喜好直接相关。

此外，在国际传播上，我们还存在以下误区：

1. 重意识形态轻共同价值。长期以来，“外宣无小事”是从事国际传播的人最重要的指导思想之一，彰显了外宣的重要性。然而，在这样的思想重负下，由于基层工作人员往往过于畏惧如何把握外宣的分寸，外宣的工作反而较难展开。而从成功的国际传播案例看，一个成功的外宣，往往只是一件具有共同价值的事件，如智利救助矿工事件、美国新任驻华大使骆家辉低调赴任等。

2. 重传播轻策略。在日常的传播中，我们往往习惯了简单地就事件本身进行传播，但是忽视包装，忽视传播技巧。因此，在两会等重大事件报道中，我国媒体国际传播的直播效果比较好，但却缺乏一些更具人文关怀的策划，缺乏一些可以有效传达社会主义核心价值观的事件的包装及传播。出现这种问题的根源仍在于我们对传播对象国缺乏实地调查，未能充分了解当地受众的喜好。

3. 重以我为主轻本土传播。在西方，新闻的消费主义倾向十分明显。他们的新闻往往迎合受众的口味，考虑新闻在受众中可以有多大的欢迎程度。而我国的国际传播则立足于向世界说明我国改革开放的方针政策，向世界说明我国反对霸权、维护和平、支持国际正义事业的立场，充分展示中国人民坚持实行改革开放的形象和爱好和平的形象，推动世界对中国的了解和理解。显然，过于以我为主而非采取有针对性的本土化传播策略，必然影响我国国际传播的实际效果。

（三）提升我国媒体国际传播能力的对策研究

1. 创新传播理念，从受众需求出发开展传播

在国内新闻战线开展的热火朝天的“走转改”活动，由于贴近群众的需求和生活而深受欢迎。在外宣战线上，也完全有必要开展类似的报道活动，从服务受众、凝聚受众共识出发开展定向传播。在报道中，应以关注受众的需求为主，从经济、文化、娱乐、生活等与受众日常生活关系密切的角度出发，在潜移默化中将我们的观点渗透给受众。进行必要的国际舆论斗争时，更应注意从受众容易接受的角度进行传播，慎用较为生硬的官方语言，从而尽最大可能提升国际传播效果。

2. 加大投入，促进技术和内容建设齐头并进

在传统媒体领域，我国同西方发达国家有着巨大的实力差距，并且在短期内还难以改变。因此，牢牢抓住信息化的历史机遇，大力发展网络、手机等新兴媒体，对于提高我国国际传播能力、打破西方国家信息壁垒至关重要。从与国际电视新媒体的建设对比情况看，我国新媒体的国际传播能力建设相对滞后，必须率先加大投入力度，以超常规发展速度，才能迎头赶上。新媒体发展受技术驱动因素大，应以技术为先导，但新媒体国际传播能力的建设，关键还看内容，尤其是内容建设的贴近性。因此，应在建设好国际镜像站点、搞好技术装备的同时，推出覆盖更广的多语种频道，加紧建设本土化网站，创造条件培养国际化传播人才，制作播出引领新媒体发展潮流、适合多终端播放、符合海外受众需求的内容，以适应本土化国际传播的需要。

3. 重视对受众及传播策略的研究，并借助开放式平台加大推广

我们在承认意识形态差异的同时，也应深刻认识到我们与西方在传播策略上的差异。我们要仔细研究传播语境，自觉地把本国的国际传播纳入国家传播体系中，学会和掌握国际通用语系和行为规范，借鉴西方高度商业化的新闻操作手法，重视受众、研究受众、分析受众，围绕受众感兴趣的、利益攸关的、愿意接受的需求点进行传播。此外，我们还应解放思想、转变观念，不拘泥于自身媒体平台，充分借助媒体、社交网站、公共活动等其他开放式平台，与受众进行广泛互动，加大对受众的推广力度。

第六章　奥运新媒体传播重塑媒介格局

2008年对于中国是个重要的年份，人们普遍把2008北京奥运会看作中国改革开放三十年的成人礼、向世界展示中国新面貌的窗口。北京奥运会以前，传统媒体还牢牢占据传媒龙头老大地位，三大门户网站虽然发展势头强劲，但已后继乏力。搜狐虽然以重金拿下北京2008奥运会唯一互联网内容服务赞助商资质，但仍需在中央电视台以及公共交通上投入广告来招揽注意力。视频网站还在炒作UGC（User Generated Content，中译为“用户生成内容”）概念，处于新媒体的边缘位置。

然而，历经北京奥运会的洗礼，中国的媒介格局却以版权作为分野，发生了根本性的变化。国际奥委会严格保护赛事版权的规则成功地教育了中国政府和媒体，那就是，要想获得商业上的成功，必须首先遵守基本规则，也即保护版权。

自北京奥运会后，尝到了高投入高产出滋味的中国网络视频行业，开始进入了版权混战阶段，竞争者们通过争相抬高影视剧版权来实施行业洗牌，同时以正版影视剧招揽广告来抢夺电视台的广告份额，改变了UGC视频叫座不卖座的窘境。陷入颓势的三大门户则开始寻找新的增长点，微博、微信、客户端等新应用因此相继出现，进一步剥夺了传统媒体的影响力。版权保护、颠覆式创新、超常规发展，正式成为媒介变革新的关键词，媒介格局也因此发生了根本性的改变，媒介重心开始向新媒体偏移。

鉴于北京奥运会新媒体传播对于媒介格局变化的重要意义，有必要重温下这段历史，既回顾那些辉煌的瞬间，也感受那些酝酿巨变的微妙细节。

第一节　北京奥运会成就新媒体转播的新高度

2006 年底，互联网的主人——网民当选为《时代》周刊年度人物。这标志着自 20 世纪 90 年代中期发展至今，互联网已经在全球范围内成为一种重要的新闻传播和生活休闲平台，成为影响大众的“第四媒体”。

中国的网络传播事业始自 1995 年。1995 年 1 月，《神州学人》率先将内容搬上网络。8 月，中国接入国际互联网。10 月，《中国贸易报》将自己的新闻内容搬上国际互联网。之后，经过 10 余年的发展，中国逐渐形成中央地方新闻网站、商业门户网站、专业服务网站等多层面的传播格局。各家网站充分利用自身优势，全面整合资源，在互联网业务的全领域展开良性的差异化竞争，逐步形成各自的特色，并使得中国互联网的运营和管理达到世界先进水平。

在全世界的媒体业界，人们早就达成了共识，那就是对于媒体而言，重大活动向来不仅是检验媒体的试金石，也是媒体成长的契机。因此，北京 2008 奥运会也就成为中国互联网展现自我并加快发展的绝佳机会。

2005 年 11 月 7 日，搜狐率先砸以重金，击败新浪等门户网站，成为 2008 年北京奥运会唯一互联网内容服务赞助商。之后，搜狐在各个媒体上展开大量宣传，其中包括最为昂贵的中央电视台的气象广告，一时间，“看奥运，上搜狐”成为社会上广为人知的信息。但搜狐只是内容服务提供商而已，真正获得转播权利的还是央视。2007 年 12 月 18 日，经过 9 个月的长时间谈判，央视正式与国际奥委会签约，央视网成为中国大陆和澳门地区 2008 北京奥运会唯一官方互联网/移动平台转播机构。这是国际奥委会在百年奥运历史上首次将互联网、手机等新媒体作为独立转播机构，与传统媒体一起列入奥运会的转播体系。

央视在签约仪式上表示，在北京 2008 奥运会的转播上，央视将利用全新的技术手段和多终端的媒体平台，为 2 亿多中国网民奉献全面、迅速、准确、权威的奥运赛事网络直播、轮播、点播和社区互动节目。央视还将充分发挥台网联动的优势，将互联网、手机和电视平台有机结合，实现 2008 年北京奥运传播效果的最大化。

国内对中国新媒体的研究不少，但主要在传播学的基本框架下进行，包括传者研究、受者研究、传播内容、传播效果、反馈与互动等大的学术领域，偏重学者的视野，缺少对新媒体传播实践的个案研究，尤其缺少能反映新媒体发展的典型个案研究。由于奥运会对于传媒发展的重要影响，使得新媒体首次参与转播奥运会成为一个值得研究的典型个案。

本节将通过记录新媒体转播北京 2008 奥运会赛事的具体实践，对转播实践进行研究分析、总结归纳，力图把握中国新媒体重大赛事报道的规律，以期抛砖引玉，对如何看待新媒体发展乃至媒介格局变迁有所启发。

一、媒体转播奥林匹克运动的历史

历史地看，现代奥运会的历程始终伴随着媒体报道的足迹。1896 年，古典奥运会在希腊复兴，吸引了来自希腊、德国、法国、英国等

14 个国家的积极参与，雅典人民充满激情地迎接了这届奥运会，12 名新闻记者对赛事进行了报道。①

而由于电视的视音频表达比其他媒体更为生动、直观，因此，自电视一诞生，就在奥运转播史上承担起重要的责任。从 1930 年至 1940 年十年间，是电视成型的时期。1930 年底，英国电子工程师约翰·贝尔德卖出他发明的第一台电视机。1932 年，英国广播公司播出了世界上第一个规范的电视节目。从此，人类开始步入电视时代。而自 1932 年洛杉矶奥运会起，电视就开始介入奥运会。当时美国全国广播公司的广播频道在深夜新闻节目中，播出了简短的奥运会当天比赛新闻综述，发送了奥运会历史上第一次电视录播信号。1936 年，柏林奥运会将电视作为一种正式媒介引进了奥运会，对 175 项比赛进行了 138 个小时的电视播出，162,228 人观看了历史上第一次奥运会闭路电视直播。德国国家电视台用三部摄像机记录了那届奥运会，每个摄像机重 200 公斤，光是更换镜头就需要 4 名工作人员。直播时，只有一个摄像机能用，还必须在光线足够强烈的情况下，另两个摄像机转播时有 65 秒钟的延迟。那次转播电视效果很差，图像模糊，镜头混乱，好多影像只能靠猜才能领会，令观众失望不已。②

1948 年伦敦奥运会，首次制定了电视转播权收费规则。英国广播公司 BBC 同意为转播奥运会付费 1000 几尼（旧英国金币，1 几尼等于 1 英镑 1 先令）。整个英国有 8 万个家庭能够收到某种形式的电视转播。电视直播信号的发送仅限伦敦周围 80 公里的地区。这届奥运会比赛吸引了将近 50 万观众每天收看。后来由于门票销售超出预期，伦敦奥组

① 学宁：《奥运会与新闻媒体》，《体育文史》1998 年第 1 期。
② 《奥运转播权价值天文数字二十年间售价疯涨 28 倍》，《北京青年报》2008 年 6 月 26 日。

委最终略有盈余，就很绅士地免去了 BBC 的费用。

1952 年赫尔辛基奥运会，奥组委（OCOG）首次计划开发电视转播权的协商。1956 年墨尔本奥运会，电视转播权协商的失败阻碍了对包括美国在内的重要市场进行奥运实况转播。1956 年，媒体参与奥运会的作用被提高到前所未有的地位，电视转播权的主题被正式编入《奥林匹克宪章》，并在条例第 49 条做出明确规定："转播权应该由组委会来销售，先经国际奥委会（IOC）批准，应由组委会出售，并依照国际奥委会的指示对收入进行分配。"

1960 年罗马奥运会，电视转播真正走入千家万户，欧洲 18 个国家电视台联合实况转播了奥运会，在美国、加拿大和日本的电视转播时间相隔只是一个小时。1964 年东京奥运会，首次通过发射卫星向全世界进行奥运会实况直播。1968 年墨西哥奥运会，首次进行彩色电视实况转播，并运用了慢动作的电影技术。1972 年札幌冬季奥运会基本确立了赛事转播的组织模式，这个模式一直沿用至今。当时的具体做法是，由日本广播协会（NHK）专门提供所有电视转播相关资料，以便各转播媒体可从中选择各自所需的赛事内容。

由于"有广告商的介入，买电视转播权的广播公司逐渐开始盈利。美国广播公司用 1000 万美元获得了 1976 年因斯布鲁克冬奥会的美国电视转播权，后来报告盈利 100 万美元"①。

1980 年莫斯科奥运会，美国全国广播公司获得美国地区的转播权，但最终因为苏联入侵阿富汗，转播告吹。1984 年洛杉矶奥运会，共 156 个国家得到奥运广播和电视转播权，超过 2. 5 亿观众收看了这届奥运会的实况。

---

① 《奥运转播权价值天文数字二十年间售价疯涨 28 倍》，《北京青年报》2008 年 6 月 26 日。

1992 年巴塞罗那奥运会，多个国家首次使用多层式架构电视结构技术。主要电视转播商把各种相关活动盛事的实况转播许可转授给其他有线电视和卫星电视转播媒体，其中包括全部的运动赛事报道。从对美国、英国和西班牙等国的调查表明，平均十人中有七人收看了阿尔贝维尔的冬奥会，而十人有超过九人收看了巴塞罗那奥运会。

1996 年亚特兰大奥运会打破了电视转播纪录，共有 214 个国家进行了奥运实况转播。

2000 年悉尼奥运会，220 个国家的 37 亿观众收看了这次奥运实况转播。2004 年雅典奥运会，来自 220 个国家和地区共 39 亿电视观众平均收看超过 12 小时的实况转播，超过 300 个电视频道共进行了 3.5 万小时的专题报道。①

而随着互联网技术的成熟，网络媒体也快速与奥运会结盟。在中国网络事业发展初期的 1996 年，亚特兰大奥运会即第一次设立官方网站，2000 年悉尼奥运会采用图片文字直播，2004 年希腊奥运会则广泛运用多种新媒体技术。而 2008 年奥运会，新媒体正式创造了转播奥运会的历史。2007 年 12 月 28 日，国际奥委会在北京与中央电视台签约，首次将互联网、移动平台转播权授予中央电视台，为网络全面介入奥运会提供了契机，也有力创新了奥运会的观看方式。

总结媒体转播奥林匹克运动的历史，电视的位置是不容置疑的。作为公共媒介的电视，也历来被誉为现代奥林匹克运动推广的三驾马车（奥林匹克精神推广、竞技体育、电视转播）之一。通过电视转播和转让电视转播权所获得的收益，奥林匹克精神得到前所未有的推广，也让

① 尤瑟夫·哈克福编：《北京 2008 年奥运会国际体育传播手册》，新华出版社，2008 年，第 44—45 页。

全世界更大范围的观众感受到竞技体育的魅力和奥林匹克精神。即便在今天的网络时代，为了保障电视转播商的权益，新媒体转播权仍由电视转播机构一并持有，以有效协调电视与新媒体可能发生的利益冲突。新媒体介入转播奥运会反映了媒体发展的必然，也是奥林匹克运动发展的必然。

二、中国新媒体转播奥林匹克运动的背景

中国新媒体得以加入转播奥运会的媒体行列，存在宏观和微观等多方面的原因。从大的社会格局看，如导言所述，经过十几年的发展，中国的新媒体已经具备一定的传播实力、社会影响力及商业开发价值。从小的行业背景看，则反映了新媒体内部竞争和自身发展的需要。因此，研究中国新媒体转播奥运会，有必要适当了解中国新媒体的竞争背景，了解新媒体从 2005 年开始的关于奥运的竞争。

（一）奥运前夕门户网站纷争不断

由于充分意识到北京 2008 奥运会对于中国新媒体发展的重要意义，因此，中国的新媒体网站在北京赢得 2008 奥运会主办权后，展开了包括对北京 2008 奥运会内容服务赞助商、广告投放、新闻报道、转播权等多领域的竞争。

2005 年 11 月 7 日，为了“通过北京奥运会确立中国互联网第一门户的地位”，搜狐不惜以“数千万美元级别以上”① 的投入，击败新浪等门户网站，成为北京 2008 奥运会唯一互联网内容服务赞助商，标志着中国新媒体的奥运竞争正式开始。当时，搜狐和新浪都是中国的三大门户网站之一，各自占中国互联网广告份额的三分之一左右，搜狐稍逊

① 《一群押宝奥运的中国企业》，《新周刊》2007 年第 256 期。

新浪一筹。根据协议，搜狐公司要为北京2008年奥运会和残奥会，为中国奥委会、北京奥组委以及为参加都灵2006年冬奥会和北京2008年奥运会的中国体育代表团提供正式互联网内容服务。作为回报，搜狐享有使用北京奥运会相关徽记和称谓、2006年冬奥会和2008年奥运会的中国体育代表团徽记和称谓，进行广告和市场营销活动的权利，同时享有奥运会的接待权益等。

搜狐随即据此宣布它作为奥运会赞助商拥有的垄断权益，那就是，根据规定，北京奥运合作伙伴的厂商，普通广告除外，如果投放带有北京奥运Logo的网络广告，必须选择搜狐。艾瑞市场咨询曾预计，2006年中国网络广告支出达到8.12亿美元后，2007年将达到10亿美元。摩根士丹利也曾预测，在奥运会效应的带动下，2008年中国广告市场将较2007年增加25%，达到2450亿元，网络广告更是会迅猛增长。可见搜狐做大自身奥运蛋糕的“雄心”。

不甘心搜狐独吞奥运蛋糕，2007年7月19日，新浪与网易、腾讯共同宣布三方结为战略合作伙伴关系，组建“奥运报道联盟”。8月9日，联盟进一步扩大，由新浪、腾讯和网易发起、40家网站加盟的奥运报道联盟在北京成立，决定自2007年8月起启动联合奥运采访报道团队，联合报道已经开始的奥运系列测试赛、即将开始的羽毛球和体操世锦赛等大型赛事，并进行内容整合、资源共享。

之后，各家网站相继发布奥运报道战略。7月5日，腾讯启动奥运报道战略，宣布与乒乓球队、羽毛球队、游泳队、举重队等四支奥运夺金热门的国家队签约，四支国家队的队员及教练在腾讯开通博客。腾讯还推出类似美国“第二人生”的网络虚拟社区，在社区中引进了模拟现实社会的“个性秀场”、“新闻馆”、“游戏场”、“俱乐部”等。同一天，TOM在线公布强调全民参与的奥运战略，提出“娱乐第一，比赛第二”的口号。它还与湖南卫视结成跨媒体联盟，表示将在奥运相关的娱乐活动上展开合作。

9月6日，新浪在北京召开奥运战略发布会，向媒体和公众披露了新浪奥运报道规划以及新浪奥运营销策略。新浪宣布将至少拿到15张北京奥运会采访证，将筹建450人的专业报道团队，启动中、英、法、德、西班牙、阿拉伯六种语言，向世界报道北京和北京奥运。此外，新浪启动了大型奥运活动——“我的2008，世界睁大眼睛看”，全面整合社区互动产品，并为活动设立了2008万元的巨额奖金，在各项活动中设立周度冠军、月度冠军、博主每日幸运奖以及神秘大奖，引入海选的概念。

9月10日下午，搜狐也召开了奥运资源推介会，公布2008奥运报道计划。搜狐表示将组织精通英语、法语、西班牙语、阿拉伯语等资深编辑组成逾700人的专业团队，将搜狐奥运频道建设成一个全面报道奥运的奥运门户，除关注奥运体育赛事外，还将更关注奥运与中国30年改革开放、奥运与中国人生活的方方面面，从科技、绿色、人文等方面传播奥运精神。为此，搜狐专门推出“搜狐3.0”矩阵的互动平台，以概念来带动奥运赛事报道和互动。

从以上各个网站针锋相对的作为，可见竞争的激烈程度。而这一切，不仅在于造势的需要，更在于卡位战背后的现实利益。

（二）门户网站的业务格局发生变化

中国新媒体之所以在奥运报道领域展开激烈竞争，与各个网站当时的世界排名和业务格局的变化有着密切的关系。

根据美国www.alexa.com 2007年9月5日的世界排名显示，在全球4000万家互联网站中，中国网站的排名依次是：百度第8位、腾讯第12位、新浪第19位、搜狐第22位、网易第27位。从门户的座次变化可以看出，门户网站的格局已经发生显著的变化，搜索和即时通讯已经跃居老大和老二，而曾经的三大门户网站逐渐落后了。

由于受众习惯和互联网业务模式的改变，五大网站的收入排行也发生了变化：腾讯 1.14 亿美元、网易 7330 万美元、百度 5270 万美元、新浪 5980 万美元、搜狐 3900 万美元。其中，腾讯的互联网增值收入占 63%；网易的游戏服务收入占 85%；百度的网络营销营收占 99.8%；新浪的广告收入占 69%；搜狐的广告收入占总收入的 73%。①

此外，从五大网站的广告市场份额来看，自 2005 年以来，三大门户的市场份额在逐渐缩减，腾讯、百度的份额则不断上升。截至 2007 年第二季度，中国互联网广告市场份额分别为百度 37.14%、新浪 28.88%、搜狐 19.89%、腾讯 8.07%、网易 6.01%。

可见，如今网站的世界排名与收入并不成正相关比例，也就是说网站的人气指数已不是收入的直接推动力。相反，基于明确目标受众的盈利模式则为各个网站贡献了最有效的收入份额。比如，腾讯基于即时通讯工具的互联网增值收入，网易的互联网游戏以及百度以互联网竞价排行带来的高额营收。而在五大网站中，除了新浪跟搜狐的收入多依靠互联网广告外，其他三个网站均有自己的差异化竞争优势。

从这个角度看，我们就更容易理解为何新浪和搜狐在奥运广告上的交锋比其他网站要更多。搜狐坚持，除与国际奥组委签约的 TOP 奥运赞助商外，其他的奥运赞助商都必须在搜狐投放广告，因为五环标志只能在搜狐出现。但是，新浪不仅反唇相讥，而且以实际行动阻击了搜狐的主张。8 月，新浪出现了一汽大众、海尔家电等北京奥运合作伙伴带奥运 Logo 的广告。虽然搜狐指责新浪此举是“违规操作”，但新浪

① 新浪、搜狐、网易、腾讯等门户网站和百度公司 2007 年第二季度财报。

CEO 曹国伟给出的解释是，“北京奥运会合作伙伴，在什么网站上做广告，是自己的权利”。

而实际上，双方之所以选择在 2007 年下半年争吵，是因为随着 2008 年奥运会的临近，各大企业关于奥运期间的广告投放计划进入确认阶段。由于搜狐获得了独特的竞争优势，其他网站不甘心搜狐独大，所以结盟对抗。但从联盟多是由各网站的市场部牵头、内容部较少参与来看，联盟充其量是一种政治联盟，意在造势，实际意义并不大。

相比新浪，除了建立联盟外，网易和腾讯的反应相对平淡，但采取的对应措施较符合自己的实际，也不无竞争力。2007 年 9 月 5 日，为了锁定 2.2 亿普通网民，网易强化自己在中国免费电邮领域占有超过 50% 的市场份额，再次推出拳头产品无限量免费邮箱。腾讯则表示要充分利用 6 亿多个 QQ 用户的优势，整合各个社区平台的入口，推出包括个人空间、Q 吧、QQlive 直播（聊天室）、QQ video、QQ 群等产品，并将在 2008 年 1 月 1 日发布新版 QQ，以其作为腾讯奥运站的有效导入终端。

选择主营业务来锁定受众，进而锁定奥运广告商，这样的举措比较务实，也比较有效。

（三）奥运报道对门户网站意义重大

奥运前后，新媒体概念不断，各种新兴网络媒体形态轮番上场，迅速而深刻地改变着媒体的传播方式和人们的收受方式。面对新兴媒体形式的冲击，几大主要门户网站也在不断调整自己的发展策略，冲击业界第一的位置。

自 2003 年以来，Web2.0 成为互联网应用的热门概念，也成为门户升级的趋势。由于更注重受众，搜索和即时通讯以及在搜索和即时通讯基础上形成的社区，开始成为 Web2.0 的宠儿。基于用户本身的有效应用成为 Web2.0 的核心，Web2.0 也因此不仅在传播和互动上更有效率，在广告营收上同样毫不逊色。百度和腾讯的崛起就在于此。新浪、搜狐等老一辈主要靠整理、筛选信息的门户网站，在这场竞争中明显呈弱势。

在搜索和即时通讯（IM）获得成功后，两家业界领先的企业还同时瞄准了互联网社区，走 Myspace 的路，看好在线社区的商业和传播价值，认为交互式产品、技术是通向人性化社区的必要通道。因此，人们纷纷认为，Web2.0 时代的赢家，应是在社区、产品、技术等方面有所创新的公司。

正如奥运对国人的意义一样，奥运报道对于门户网站的意义非同寻常。对于国人而言，举办 2008 年奥运会意义非凡，它绝对不仅仅是体育盛事，更是一个国家的成人礼。它将告诉世界，我们长大了，我们开始可以平起平坐地与世界人民对话，我们开始第一次有资格进入到一个强国的行列。

决战奥运则是门户的梦想。传统的三大门户网站是 Web1.0 时代的赢家，但在 Web2.0 的开始阶段落后于百度和腾讯。如今，谁能在 Web2.0 扳回一局，奥运报道则是关键的时机。因为奥运将是一次网民的盛会，也将是网民参与程度最高的一届奥运会。据中国互联网协会的报告显示，截至 2007 年 6 月，我国网民总人数达到 1.62 亿，仅次于美国的 2.11 亿。而手机上网用户达到 4430 万，较去年同期增长了 2.6 倍。因此，在奥运期间，门户网站如果能利用自己的核心产品锁定网民，将达到事半功倍的效果。

因此，在这次奥运报道中，各网站争先扛起 Web2.0 的大旗，采用全功能社区平台的方式来锁定用户，以争取赢得先机。为了在概念上有所领先，搜狐甚至抛出 3.0 矩阵的提法，提供博客搬家等工具，吸引更多受众。

三、央视网及新媒体联盟转播奥林匹克运动的实践

伴随全球范围内媒体竞争的加剧，媒介传播行为日趋复杂化，任何一个重大活动的传播过程都是一项系统工程，整个媒体的资金、管理、人才、技术、营销、发展战略都成为影响新闻传播效果的重要因素。因此，深入研究首次奥运会新媒体转播，具有很强的实证意义。

（一）央视网的奥运转播实践

1. 机遇与挑战并存

在奥运新媒体转播过程中，央视网采用“台网联动”、“网络联盟”两大战略，把电视特色和网络特色相结合，将自建平台和联盟平台相结合，建立了奥运史上规模最大的新媒体传播平台。央视网还组建了1000余人的超大报道团队，在保护新媒体版权的前提下，以中、英、西、法四种语言向世界报道奥运会，圆满完成奥运史上首次大规模新媒体传播。

2007年12月18日，央视网成为北京2008奥运会官方互联网/移动平台转播机构，成为唯一拥有中国大陆和澳门地区奥运新媒体转播权益的机构。这是国际奥委会在百年奥运历史上首次将互联网、手机等新媒体作为独立转播机构，与传统媒体一起列入奥运会的转播体系。奥运会牵手新媒体，也使得北京奥运会成为全球新媒体发展的一个重要里程碑。

央视网获得这一重要转播权来之不易。2007年3月21日，国际奥委会在中国举行2008年北京奥运会新媒体转播权的招标，知名商业网站、电信运营机构以及一些民营公司纷纷希望获得授权。后来，经过近九个月的艰苦谈判，最终央视网获得了独家转播权，在抢占奥运传播战

略制高点上拔得头筹。

获得转播权后更难的是如何以新媒体把奥运会转播好，与已经拥有近80年转播经验的电视相比，新媒体转播奥运会还是个全新的概念，既没有成功的经验可以借鉴，也没有失败的教训可以吸取。而且，获得转播权意味着央视网不仅要承担首次在北京奥运主场亮相的压力，还要为2.53亿这一世界上最多的网民群体提供转播服务。

转播奥运会，对于任何一个媒体而言，都是对其整体实力最严格的一次考验，尤其需要充分的准备。而自拿到新媒体转播权算起，央视网剩下不到8个月的准备时间。在新媒体报道上，比2005年成为2008年北京奥运会互联网内容服务赞助商的搜狐晚2年多，比其他已经大张旗鼓制定奥运传播战略的门户网站也晚了近半年。在视频转播上，更比电视（中央电视台）晚了10年。早在1998年，中央电视台就通过亚广联与国际奥委会签约获得了2000、2004、2008年三届夏季奥运会在中国大陆境内的独家电视转播权。

此外，尽管在中国的互联网媒体业界，央视网成立时间不算晚，发展的历程也算稳健——1996年12月，中央电视台网络版上线并试运行，成为我国最早发布中文信息的网站之一。2000年10月，CCTV.com被列入中央重点新闻网站，成为新闻媒体网站的国家队和主力军。2001年5月25日，中央电视台成立网络宣传部，将网站纳入节目宣传部门。自此，CCTV.com建设全面推进，并迅速成长为有影响力的网络媒体。2006年4月28日，中央电视台正式成立网络传播中心和央视国际网络有限公司，逐步建立健全网络、手机、IPTV、公交移动等四个传播平台——但与商业网站相比，央视网的综合排名、受众群、技术平台、运营管理等整体实力还存在相当的差距。

但面临挑战的同时更意味着机遇。单凭取得奥运赛事转播权这一项突破，央视网就已经突进到新媒体奥运传播第一梯队的位置了。而其他网站只能寻求从央视网处获得转授权，取得转授权是它们应对奥运传播竞争必须考虑的战略。毕竟，奥运对于中国百年一遇，在 2.53 亿网民中存在巨大的网上观赛需求，而受众需求就是企业的战略方向。

转播赛事对央视网的整体运营提出了巨大挑战，但也给央视网的整体再造、业务升级提供了历史机遇。取得奥运赛事转播权，迫使央视网采取前所未有的决心来升级技术平台、重新进行业务布局、全力打造新产品、锤炼编采队伍，以迅速取得与获得转播权相匹配的实力。

2. 规划并搭建适应转播需要的网络平台

新媒体在中国已经发展了 13 年，自 1997 年 11 月以来，中国互联网协会开始定期发布《中国互联网报告》，但它更多关注一些宏观动态，缺乏面向互联网个体的公共调查。作为一个产业，互联网的一些评价体系还是不健全的。如，互联网尚没有权威的排名体系、重大事件访问量统计、重大事件并发访问量，等等。当然，这与互联网高速发展带来的巨大变化也是有关系的，高速发展的互联网使得一些微观的研究显得意义不大。

因此，对央视网而言，领衔转播奥运会的战略是确定的，但战术上的难点不少。比如，应该建一个多大的技术平台？这个平台应该采用什么技术？如何保证技术平台能经得起安全考验？而在这上面，并不是没有教训。北京 2008 奥运会的票务网站准备了并发访问量达 100 万人的技术平台，结果访问量达到了 800 万，票务网站瞬间就瘫痪了。技术上也存在类似的问题，选用成熟的技术比较保险，但过于成熟又不新鲜；最新的技术隐含风险，没有经过一定时间的检验，出了问题应对起来比较麻烦。此外，中央也高度重视奥运会期间网络安全和信息安全，因此，央视网在搭平台的时候还必须充分考虑技术平台的安全性。

在广泛调研后，央视网从 2008 年 3 月底开始设计规划包括网络覆盖、视音频技术、网络安全监控等 9 个大项 20 多个子项的新媒体传播技术平台。5 月部署实施，7 月正式投入使用。在网络覆盖上，央视网奥运传播最高的可用带宽达到 165G，覆盖国内北京、上海、天津、广州等 10 个城市、15 个机房，完成了海外覆盖欧洲镜像站点的建设，极大地提升了央视网整体技术支撑能力、实现用户就近访问、改善用户体验。

视音频运用和管理技术是央视网奥运转播的重中之重。奥运期间，央视网的视音频管理系统必须承担奥运会新媒体点播、轮播视频制作及归档工作，完成日均 37 个频道、220 个小时，共计 3800 小时奥运公共视频信号内容的收录及媒资管理，共计 7900 小时的赛事、新闻、资讯、访谈等视频内容的编辑制作及编目支持。为此，央视网通过强强联合、开放办网的方式，与全世界最优秀的公司，包括微软、Adobe、Google 等公司合作，共同打造最优秀的新媒体产品，为用户提供最好的用户体验。

央视网准备了 300 多台设备、100 多个编辑终端，构建成一个具有统一节目生产流程、节目制作发布能力、多样化业务形态系统协同作战三位一体超大规模的新媒体内容制播系统，构建国内最大的新媒体视频内容制播平台，确保奥运赛事节目的海量、时效性和丰富性。

网络与信息安全是互联网的重大难题之一，如何采取措施保证奥运会期间各类信息系统稳定有效地运行，防范黑客攻击、病毒入侵等网络安全事件的发生是奥运安全保障中不容忽视的环节。在网络信息安全方面，央视网从 2008 年 4 月起着手部署组建奥运网络信息安全中心，在奥运会开幕前建立起一套从安全产品到安全服务、从主机到网络、从技术到管理等的安全防护体系，整个央视网的安全保障能力有了大幅提升。

总而言之，为圆满完成北京奥运会新媒体转播任务，央视网在技术建设方面投入大量的人力、物力，搭建了国内比较先进的新媒体传播技术平台，直接带动了本网访问量的节节攀升，创造了奥运会开幕式网络直播59万人、闭幕式61万人同时在线规模以及开幕式当天5.06亿访问量、奥运期间日均访问量3.01亿的历史新高。央视网还在国内首次利用最新技术，实现互联网视频16：9宽屏以及500K码流的高清直播，大大改善了用户收看体验，不仅使央视网跻身国内一流门户网站行列，也为北京奥运会增光添彩。

3. 创建能覆盖最多数受众的奥运新媒体传播联盟

中国互联网协会在统计2008年上半年中国互联网网站流量（半年总PV）构成时发现，综合门户仅占20.4%的流量，而其他超过70种的各种网站类型总流量占近80%。数据显示，互联网媒介的碎片化程度加剧，搜索引擎正在营销日趋碎片化的互联网。

基于上述理由，虽然央视网取得了北京2008奥运会的新媒体转播权，但从互联网网站的总体流量来看，央视网的覆盖面还是有限的。由于网络受众存在忠实度低、高流动的特点，奥运期间，如果只允许中国网络受众必须通过央视网看新媒体奥运赛事转播，那就意味着央视网必须搭建至少可容纳2亿网民同时访问的技术平台。而央视网若是真的建成一个这样的超级平台，奥运结束后就必然构成极大的浪费。

因此，与同行合作，整合网络资源是一条比较适合央视网的运作模式。与业界同行合作，共同组建奥运网络传播联盟，建设一个互动、互通、互补的网络奥运报道平台，不仅可以直接覆盖各个网站的忠实受众，充分发挥各个网站的业务专长，统合各个网站的网络带宽和技术平台，还可以通过合作来规范各个网站对奥运赛事的视频转播，保护奥运的新媒体转播的各项权益，从而实现北京奥运会在互联网领域的传播效果最大化。

对于同行而言，这是奥运会走过百年之后第一次与新媒体亲密接触，谁都想抓住这次机会。而且，大规模的视频传播也是业界的发展方向。因此，与央视网合作，共同转播奥运赛事的模式深受业界同行欢迎。而类似的模式也自 2005 年世界杯起已经有了好的实践基础，从 2005 年转播德国世界杯比赛以来，央视网已陆续在多哈亚运会、春节晚会等重大体育赛事和活动中广泛实践“网络联盟”理念，并初见成效，与业界同行建立了良好的合作关系。

在上述基础上，央视网遵照国际奥委会比较成熟的市场开发原则，按照商业性和公益性相结合的原则来组建网络传播联盟，就奥运会新媒体版权内容分别进行商业性分授权和公益性联合传播，以实现奥运传播效果的最大化。一方面，央视网遴选拥有支撑大流量视频技术平台以及版权保护技术平台的新媒体机构进行奥运新媒体商业性转授。经过多轮艰苦谈判，并经国际奥委会审批，央视网最终与搜狐网、PPS、悠视网、新浪、腾讯、网易、上海文广、PPLive、酷 6 共九家商业网站签约。另一方面，央视网与人民网、新华网等 174 家网站共同组成公益性联合传播联盟，联盟成员以页面链接、播放器嵌套和页面嵌套央视网相关页面的方式对奥运会开幕式、闭幕式以及各项重要赛事进行视频、图文报道。

8 月 8 日—8 月 24 日奥运报道圆满落幕，央视网充分利用所取得的奥运会新媒体转播权，成功联手商业和公益两个联盟进行奥运史上首次大规模的新媒体联合传播活动，央视网作为此次活动的组织者和协调者所创造的历史性纪录倍受多方关注。中国权威数据机构 CSM 媒介研究和 DCCI 互联网数据中心数据表明：8 月 8 日开幕式当天，以央视网为首的9家奥运转播网站成为当日互联网流量激增的领跑者，9家网站当日不重复独立用户数达1.61亿人，是中国网民总数的63.63%。高达89.9%的互联网用户在奥运期间接触到奥运授权合作网站，总体受众规模达2.31亿，总页面浏览量达到1076亿页。受众规模扩大的同时，访问时长、页面浏览量更有着大幅度的提升。奥运期间受众对奥运授权合作网站的总访问时长为10.47亿小时，较7月整体的8.48亿小时提升幅度高达23.5%。

4. 保护奥运新媒体版权，维护国家形象

奥运前，国内网站的版权意识普遍淡薄，版权保护的任务非常艰巨。典型的例子是，因为央视尚未取得一些国际体育赛事的新媒体版权，所以央视网并没在网上和手机上全程直播CCTV5，但国内却有很多网站在直播CCTV5的节目，侵权现象比较普遍。

与电视相比，新媒体天生具有全球化传播的能力，因此，国际奥委会高度关注奥运新媒体版权保护工作。国际奥委会强调，新媒体的版权保护工作是具有全球性影响的工作，一旦出现问题，将影响国际奥委会和全球持权转播商的共同利益，国际奥委会希望中央电视台成为在奥运版权保护工作上的合作典范。国际奥委会要求，中央电视台新媒体传播的地域范围限制在中国大陆和澳门地区，并限制内容下载、超期限使用以及打击盗链等非法传播行为。

国家广电总局作为中国广播影视业的政府主管部门，高度重视奥运版权的保护工作，在2007年12月20日与信息产业部联合颁布的第56号令《互联网视听节目服务管理规定》中就明确规定，互联网视听节目服务单位应当遵守著作权法律、行政法规的规定，采取版权保护措施，保护著作权人的合法权益。

而鉴于奥运转播权的唯一性，版权保护也成为央视国际所有奥运转播工作的前提和基础。为做好新媒体版权保护工作，实现对国际奥委会的承诺，央视网同时采用技术、宣传、行政、法律等多种措施，全面实施反盗版行动。

央视网首先将新媒体传播的地域范围严格限制在中国大陆和澳门地区，建成了IP地址信息库、数字版权管理平台（DRM）以及视频指纹识别保护技术平台。

其次，央视网着手建立奥运新媒体版权保护联盟，在严格遵守国际奥委会相关规定的前提下，一方面遴选有版权保护能力和传播实力的机构进行商业性转授权配合传播，另一方面联合有一定的传播实力但需要版权保护技术支持的机构进行公益性转授权配合传播，进而打造一个强大的反盗版同盟阵线——奥运新媒体传播联盟。

央视网还广泛利用播放电视宣传片、联合奥组委进行公益活动等多种手段，进行反盗版宣传工作，让群众充分参与到版权保护工作中来，做到全民保护版权。

奥运赛事期间，央视网与国家广电总局监管中心密切合作实施7×24全天监控，将监察到的违规现象向反盗版工作组和国际奥委会进行投诉。央视网还及时向违规网站发送告知函/律师函，以法律手段要求对方停止违规侵权。

奥运会开幕前，国际奥委会曾预测在中国大陆地区会出现大规模的盗版侵权现象，当时提供的数据表明，全球互联网盗版总量的85%将来自中国。而奥运会开幕以后，国际奥委会监控结果显示，截止到8月17日全球共监测到4066个盗播链接，有90%来自海外，这与之前的预测完全相反。8月15日以后，国际奥委会针对中国大陆地区的监控结果连续发布了零报告，认为央视网的版权地域保护和内容加密工作完全履行了协议要求，十分满意。

5. 全程直播点播奥运赛事，供用户选看

央视历次转播大型体育赛事的经验表明，受众最为关注的还是赛事本身。而央视网无论是搭建平台、组织网络联盟还是保护版权，归根结底，还都是为了奥运赛事的直播和转播，为了中国大陆和澳门地区受众能够通过新媒体看到流畅、及时、完整的赛事视频。

在北京奥运会上，央视网是全球唯一一家对所有赛事提供网络全程直播的新媒体，而得到转授权的合作伙伴获得的是不同套餐形式的奥运新媒体转播权。奥运期间，央视网全程转播奥运会所有赛事 3800 小时，包括网络转播 CCTV1、CCTV2、CCTV 奥运、CCTV7 等电视频道赛事 2300 小时，自主直播（BOB 清流信号 + 网络解说）赛事 918 场 1500 小时。

考虑到用户上网条件的多元性，为了更加方便用户网上看奥运，央视网专门为用户提供了不同形式的视频服务：用户带宽小于 1M 的提供 375K 码流的视频节目，大于 1M 的提供 500K 的高码流视频节目，可以体验网络高清效果。央视网还同时提供 CDN 播放模式，用户无须下载安装插件，就可轻松看奥运。

央视网自身的历史数据也表明，体育赛事过程中的精彩视频点播也深受网民欢迎。因此，为方便网友在最快的时间进行点播回看，央视网推出“最新赛事视频滚动播报”，借助先进的制作系统，以实时方式提供最新赛事视频片段。央视网还按照项目和赛事日程等，将丰富的赛事内容进行整合分类，并精心策划了中国夺金、巅峰决战、奥运英雄榜、冠军访谈、奥运影像馆等主题点播频道。央视网还开通 28 个 24 小时播出的轮播频道，按最新赛事、最热赛事、热门项目等进行分类。

同时，央视网还推出奥运搜视搜听节目单、赛程表、奥运大社区、24 小时播不停、中英西法多语种奥运大黄页、林白说奥运、我家的奥运会 DV 大赛、微笑奥运 PK 赛、老外评奥运等一批服务性、互动性和原创性专栏，增强央视网友的黏性。

由于拥有强大的品牌效应以及多样化的贴心服务，央视网的多个新媒体平台的传播记录都创造了历史新高。奥运期间，央视网访问量创造了5.06 亿的历史新高，页面访问量累计达 70.20 亿页次。

CCTV 手机电视推出 20 路直播频道以及“奥运会开幕式精彩瞬间”、“赛事大盘点”等各分类点播专题，通过收看提醒、专题推送、视频搜索等技术手段，向手机电视用户提供收视服务。奥运期间，CCTV 手机电视日均访问量（PV）达 2153 万，是 7 月份日均访问量的 21 倍，收视份额占手机电视全网业务的 79.4%，以绝对优势领先整个手机流媒体行业。此外，CCTV 手机电视与中国移动联合推出的《奥运手机报》，订购用户数达到 1200 万。

CCTV 移动传媒在全国 30 个城市近 5 万辆公交车上播放，每天分早、晚两次提供赛事预告、奖牌快报、精彩集锦等奥运信息，成为央视网奥运新媒体传播的一大亮点。截至 8 月 24 日，共制作播出 1800 余分钟奥运节目，每日覆盖受众达 5000 万人次。

（二）新媒体联盟的传播策略和形式

较之电视媒体，互联网稍显稚嫩，但互联网的优势不容置疑。互联网媒体具备任何一种媒体的属性和优势，它的呈现形态是最丰富的。从页面看，网络比较像报纸；从动态更新来看，网络像广播；而在页面上开一个视频窗口，网民就可以看电视了。

各互联网企业在争夺奥运蛋糕时，使用了多样化的报道手段，使得网络奥运会成为各种媒介中玩得最热闹、最淋漓尽致的奥运会。对于网络媒体报道手法，这里没办法一一赘述，综合看来，各家的报道手法无外乎精准定位、独特角度、差异化竞争这几个关键点。

1. 利用核心资源，锁定目标受众

奥运赛事视频是北京2008奥运会的核心资源之一，因此，如何充分利用赛事视频，使之成为奥运报道的核心，是各家得到授权的网站奥运报道的重中之重。奥运期间，央视网专门打造了功能强大、造型新颖的网络电视奥运台，开通50路视频直播、轮播频道，独家全程传播28个奥运大项、38个分项共3800小时赛程。各家网站也纷纷精心编排包装赛事视频，并全面调动带宽资源，为网民提供清晰、流畅的在线赛事视频。

在电视和网友之间实行内容互补则是央视网的核心资源之一。借助于电视的强大品牌和影响力，把电视的视听内容延伸到网络媒体中来，把网络媒体的内容呈送到电视的媒体之中，使电视的视频内容和网络的互动内容相互结合起来，形成“网民—网站—电视—观众”多重互动的新的媒体体验。央视网与央视新闻频道联合推出“我的今日之最”版块，在电视上呈现网民关心的奥运内容，就是在这种理念支撑下的成功尝试。

搜狐公司董事局主席兼首席执行官张朝阳则是搜狐的形象代言人，他所代表的娱乐、时尚的路线在搜狐的奥运报道过程中贯穿始终。从国外火炬传递报道开始，张朝阳、章子怡联合担纲奥运官网记者，明星的光芒让搜狐的火炬报道抢尽了风头。火炬珠峰传递报道过程中，奥运官网首席记者张朝阳和他的装备有卫星转播车的报道团队，表现依旧抢眼。奥运期间，搜狐再度推出原创视频栏目《搜狐北京播报》，由张朝阳亲自担当出镜记者，对话名人明星、焦点冠军。开幕式结束后不到24小时，搜狐就独家专访了张艺谋、刘欢等重量级明星，相当热闹。

名人博客是新浪的优势资源。为了充分利用名人博客的号召力，新浪开辟了奥运专家专栏，招揽各路体坛名将、名嘴，在第一时间与网友分享奥运战况。央视网的名嘴专栏，也让人们看到韩乔生等活跃在奥运报道前沿的名嘴们鲜活的感受。

2. 重视互动、原创等衍生产品，拓展受众需求

对于网络而言，仅有赛事视频是不够的，网络的特点在于互动、参与，网民不仅要在第一时间看到精彩比赛，还要在网络上发表感言，交流看法。而互联网，恰恰是为网民提供符合他们这些需求的平台。

2008 奥运会，“我”成为网络传播的关键词。如，新浪的理念是“我参与、我奉献、我快乐”，腾讯的口号是“我的网络主场”，央视网干脆采用了“我的奥运会”。

身处 Web2. 0 时代，“用户产生内容”成为重要的网络传播理念，意为只有用户本身才能产生最多与用户最相关的内容。“我”体现了新媒体的特点，体现了网民与奥运会的关系是互动、参与，老百姓能够运用网络走进奥运会，而不再像过去只是一个遥远的旁观者。

为了充分鼓励互动，各个网站还为“我”提供了博客、播客、空间、贴吧、论坛、群组等各种各样的交流平台。央视网为主持人、记者、运动员、赛事项目、国家、球队等建立网络空间、论坛、贴吧、群组以及博客、播客等，并使各种功能产品互联互通。新浪网不仅花巨资打造明星博客，还提供2008 万元奖金来奖励在互动征集活动中获胜的草根博主。

对于央视网而言，“我”的含义还是多方面的，它不仅是网民的代名词，还意味着网络媒体自身。在奥运报道过程中，央视网一直在重点打造“我在现场”的概念。在奥运火炬传递过程中，央视网分期分批派出 12 名记者，全程报道包括奥运火炬珠峰传递在内的现场实况。奥运期间，央视网再度派出 16 名记者，进驻奥运报道三大新闻中心和运动场馆，以“24 小时播不停”的奥运资讯频道 + “记者空间”的集合

方式，进行现场报道，并和网民产生即时互动。这样的实践，不仅填补了网络记者在奥运报道上的空白，还锻炼了一支经历过奥运会洗礼的网络记者队伍。

3. 发挥差异化优势，全方位推介新媒体产品

互联网的内容产品，已经高度地工业化了。基于目前网络媒体在内容上的高度同质化特征，因此，网络媒体除了以网页、专题、频道等形式来进行生产、包装外，还需要进行大规模的推介，以在时效上领先，最终赢得受众。

央视网除了在互联网上传播自己的内容外，还同时在电视、手机、公交移动传媒等多个平台上进行推送。奥运期间，央视网通过手机向受众第一时间推送央视网的赛事报道，成千上万的电视观众通过在电视上播出的宣传片了解到央视网最新的新媒体产品，观看到央视网网民的互动评论，并通过手机与电视进行实时互动，央视网的跨媒体优势得以充分展现。

网络媒体不仅为网民提供丰富的信息，还提供社区、博客、即时通讯、游戏、邮箱等多样的服务平台，而这些堪称杀手级的服务对于提高奥运报道的传播到达率意义非凡。拥有6个多亿用户的腾讯，借助QQ这个即时通讯软件的链接就能抢夺奥运播报先机，第一时间向受众推送QQ迷你首页以及腾讯的奥运频道。网易也强化自己的技术优势，不仅直接向2.5亿的邮箱用户推介奥运报道，还在战况弹出报道和视频直播技术上大做文章，使得以上两个服务成为业界领先的产品。

（三）新媒体的奥运会传播获得成功

尽管由于企业的竞争属性使然，转播过程中时而会有些口水官司，但不能否认的是，中国的新媒体业界以其最高的职业水准，联合为网民奉献了一个精彩纷呈的互联网奥运会的嘉年华。

1. 开创互联网奥运转播历史

自1996年亚特兰大奥运会首次设立官方网站以来，网络与奥运会结缘的程度和层级逐级加深。1998年2月日本长野冬奥会期间，6.46亿人访问了其网址，2000年悉尼奥运会网站点击率高达235亿次，①2004年雅典奥运会大量采用了新技术，广播电视网、电信网、互联网联合发力，希腊电信运营商还推出了3G服务，形成了功能强大的信息传输和传播网络，保证了奥运新闻和信息的实时传递。然而，为了保护电视媒体的权利，网络视频的传播依旧受到严格限制。② 2008年北京奥运会则开创了互联网奥运转播的历史，首次将新媒体列为独立转播机构，赋予新媒体奥运赛事转播权，允许新媒体通过互联网、移动终端等平台，与电视一起转播奥运赛事。

没有哪一届奥运会能像北京奥运会这般烙上网络时代的鲜明印记。作为唯一一家得到国际奥委会授权的中国大陆和澳门地区新媒体转播机构，央视没有独家垄断转播资源，相反采取开放态度，与网络竞争伙伴合作转播。2008年6月24日，搜狐获得央视网的2008年北京奥运赛事的互联网网转播授权。7月15日，网易、新浪、腾讯也获得央视网的该项授权。而PPLIVE等专业视频网站也分别得到央视网不同程度的转授权。这些转授权使得2.53亿中国网民可以在更多的网络平台上，看到更为流畅的奥运赛事视频，全方位感受互联网媒体的精彩。

之后，无论是央视网、新浪、搜狐、腾讯、网易等已经拥有成熟用户的门户，还是酷6网、PPLIVE、优视等新兴的媒体，都使出浑身解数，积极参与到这场奥运大战中，通过快速、流畅的图文视频来吸引用

---

① 郑李茹、林少娜：《解读奥运会电视转播权营销模式，展望北京奥运》，《安徽体育科技》2005年6月第109期。

② 闵大洪：《中国网络媒体奥运报道的六个新特点》，新华网传媒频道，2008年8月27日。

户的关注，并利用自己的差异化竞争优势，获得各自的成功。经过央视网与联盟网站的共同努力，网络共为受众提供了16000小时的赛事服务，相当于雅典奥运会网络转播规模的近百倍，新媒体再次创造了转播内容的新纪录。

赛后，新浪表示，自奥运开幕以来，新浪奥运用户数和流量两项指标均逼近四大门户均值的200%，连续15天位居排行榜榜首，成为网络媒体中当之无愧的报道冠军。[①] 腾讯搬出尼尔森报告称，在网民“最喜欢哪个网站的奥运报道内容”的调查中，腾讯网以27%的份额超过新浪的25%，位居各大门户榜首。搜狐引用艾瑞市场咨询的问卷调查称，第三方调研数据显示搜狐全面领先，奥运赛前网民最常访问的媒体是搜狐。网易则表示，网易奥运视频流量高居门户第一，奥运期间网易视频内容的页面浏览量超过新浪、腾讯和搜狐三家门户的总和。[②]

然而，不管竞争对手们如何互相杯葛，激烈竞争背后受益的还是网民。而竞争对手们共同联手，不分大小，不论强弱，一起为最多数的网民转播奥运赛事，也使得这次网络奥运转播显得更为完美，更加彰显奥林匹克精神，为奥运的媒体转播史添上一个不可多得的成功案例。

2. 新媒体受众的规模仅次于电视

由于历来存在新媒体转播分流电视受众的争议，电视与新媒体同台竞技的表现尤其引人关注。据尼尔森在全球37个国家和地区所收集的数据表明，从8月8日至8月24日通过电视收看北京2008奥运会的观众达到了47亿人，约占世界人口的70%。主办国中国有94%的观众收

① 中国网站排名 Chinarank 监测数据，中国互联网协会主办。

② 尼尔森媒介研究分析数据。

看了奥运会，位居观众数量榜首。① CSM 媒介研究和 DCCI 互联网数据中心联合发布的第三方监控数据表明，8 月 8 日至 8 月 18 日，以央视网为首的 9 家奥运转播网站的日均不重复独立用户数（UV）达到了 1.38 亿

② 从受众规模上看，电视的老大

以确立。

巨大的空间优势及其更为多元化

电视仅为受众提供了 2300 小时

00 小时的网络视频，涵盖所有赛

运历史视频、中央电视台奥运节

视和互联网已成为社会大众获取

月 9 日北京奥运会首枚金牌决出

了这一消息，43.8% 的公众则是

大赛事信息传播效果上已经逼近

然优势，互联网在信息传播上完

的成长不容小觑。在中国当时的

的年轻群体，趋于年轻化和个性

民的高速增长继续扩大，相比之

量的增长不仅将大幅分流电视受

收方式。中国互联网信息中心公

赛事信息的第一来源为互联网，

会电视收视史新纪录》，nielsen. com，2008 年

MARKETING 成功营销》2008 年 10 月 28 日。

以 79.8% 首次超过电视 10 个百分点，这之中，大约有 13% 的网民完全依赖互联网获取奥运信息。

国际奥委会新闻委员会主席高斯帕曾做出如此评价："新媒体非常重要。无论你到世界上的什么地方，新媒体都会在你的周围，将新媒体拒之门外是错误的。""这（新媒体报道前景）将取决于世界发展的潮流。同样这也取决于那些花大价钱购买了电视转播权的转播商能否处理好这一切。"从本次奥运会媒体转播看，通过对收视率等数据的客观分析可以发现，高斯帕对电视与网络关系的判断是正确的。在奥运期间，尽管新媒体对传统的电视受众形成了一定的分流，但新媒体与电视媒体并非单纯替代关系，而是互相促进发展。

3. 实现中国互联网站自身发展的新超越

中国互联网在转播奥运会赛事上的首次亮相获得了极大的成功。这个成功不仅表现在受众的参与程度上，还在于这些高度市场化的互联网企业的经济收入上。更为关键的是，中国互联网再次刷新自身发展的历史纪录，实现了跨越式发展。

奥运开幕以后，多方数据均显示，互联网已经成为网民观看奥运赛事、参与赛事互动的主要通道，央视网、新浪、腾讯、搜狐、网易等参与奥运转播的网站流量均创新高。据万瑞数据监测，开幕式开始后，央视网的流量即出现暴涨。仅 10 分钟后，流量不但创出央视网的历史峰值，更超越了其他奥运网站。在瞬间最高峰时，央视网流量甚至超出其他奥运网站流量的总和。奥运期间，由于拥有强大的品牌效应以及多样化的服务，央视网的多个新媒体平台的传播记录都创造了历史新高，网站访问量创造了 5.06 亿的天量，页面访问量累计达 70.20 亿页次。央视网一举实现了跨越式发展的目标，进入国内互联网第一梯队行列。

互联网在互动上也再次创造了世界纪录。据统计，8 月 12 日中西男篮逆转战结束不到两个小时，新浪网友留言数便迅速突破 3 万条大关，最高峰时期达到平均每秒 20 条，一举突破此前刘翔创造 12 秒 88 辉煌成绩时的世界纪录。

在经济收入方面，据四大门户公布的财报显示，新浪、搜狐、腾讯和网易的 2008 年第二季度广告营收齐创历史新高，分别是 6490 万美元、4340 万美元、3250 万美元和 1520 万美元。其中，新浪网更是在奥运效应的推动下，上半年广告营收成功破亿，超过 1. 12 亿美元，奥运经济效应明显。

官方新闻网站也充分利用各自的差异化竞争优势，在奥运报道中不断超越自我，创造历史。新华网利用官方通讯社身份，邀请包括罗格主席、法新社社长等国际知名人士接受专访；人民网的评论优势再度得到发挥，推出“人民时评·奥运系列”，书写奥运期间的中华豪情；中国网在北京国际新闻中心所做的 84 场新闻发布会图文直播，成为各路媒体竞相采用的模板；央视网重点打造的“网络奥运电视台”、“CCTV 手机奥运台”以及“24 小时播不停”原创内容频道，则由于很好地融合了电视视频与新媒体的多媒体平台特色，实现了优势互补，格外令人印象深刻。

第二节　北京奥运会奠定媒介新格局

2008 新媒体转播奥运会的实践，是迄今为止中国网络媒体规模最为庞大的一次传播实践，也是传播手段最为多样化的一次实践。在以往各种重大报道经验积累的基础上，新媒体成功把握住了奥运会给予的第一次机会，向受众全方位展示了中国网络媒体的实力和魅力，成功奠定了媒介新格局。

在转播过程中，新媒体通过其优越的交互性、巨大的包容性以及多样化的终端体验，弥补了电视单向传播和频道资源的不足，为受众提供了更为丰富和新鲜的体验。这不仅超越了以往的媒体传播历史，创造了新的辉煌，而且在重大事件实战报道、新闻学、传播学、如何通过新媒体塑造国家软实力等各方面都取得了丰硕的成果。

在北京奥运会之后，信息化革命得以进一步深化发展，新媒体的传播手段和方式也随之产生更为多样的变化。在社会商务和用户个人需求的双重推动下，互联网从信息传播和娱乐消费向商务服务的深层领域延伸，从信息服务向平台服务延伸，从传统互联网向移动互联网延伸。互联网更为牢固地确立以用户为中心的模式，更开放同时也更注重保护个人和组织的权益；与用户的社会生活更全面地融合，更注重功能性和安全性，并逐渐向全时空、全向度的电子综合平台过渡。

一、新媒体转播奥运会成功的原因

分析新媒体转播奥运会为何获得成功，主要原因在于中国互联网产业发展迅猛、网络与电视无缝衔接、互联网受众规模和需求巨大等几个方面。

1. 中国互联网产业迅猛发展奠定了转播成功的基础

媒体转播奥运会的成功，首先离不开互联网产业的发展。互联网产业的发展源于信息科技的发展，而这也正是美国未来学家阿尔温·托夫勒（Alvin Toffler）所预言的第三次浪潮的基础。托夫勒曾在他的《第三次浪潮》中预言，第三次浪潮（信息时代）是人类思想的又一次大变革，信息技术和社会需求成为它发展的强大动力，整个世界融为一体，人们将打破国界，寻求合作。而谁能把握住这波信息化浪潮，谁就能主宰未来。

历史经验表明，技术革新带来的创造力是惊人的，技术革新也必将带动社会政治、经济、文化等各方面都产生深刻变革，因此，各国政府都高度重视信息化革命浪潮，从各个方面推进信息化革新进程。其中最为突出的表现就是，各个国家的网络基础设施得以不断改善，宽带技术已经在全球范围内日渐普及。

技术革新创造的庞大的市场需求吸引了大量的金融资本。在全球范围内，金融资本都加速了流入互联网行业的进程，推动互联网产业得以超常规发展，并不断升级换代，迅速从图文时代向视频时代过渡，使得新媒体转播奥运会成为可能。

中国政府也高度重视信息科技。中国国家领导人多次对信息化做出专门指示，还专门成立了国家信息化办公室，来统筹规划全国的信息化事业。在信息产业部、国务院新闻办等政府主管部门以及中国互联网协会等专业机构的努力下，中国互联网产业实现了从无到有、从弱小到强大的快速发展，中国从当初由电话机接入国际互联网快速跃进到宽带互联网、无线互联网的世界先进行列。

中国新媒体自1995年开始，经过十几年的发展，涌现出以商业网站、中央和地方新闻网站、专业网站等一大批新媒体代表，在新闻报道和整合传播上积累了大量的经验，也为重大事件的国际化传播做出了自己应有的贡献。处于良好发展态势中的中国的新媒体产业，奠定了转播奥运会的产业基础。

2. 网络延伸和补充了电视媒体的多平台和互动功能

在北京奥运会之前，网络媒体基本上承担了传统媒体的延伸和补充平台的角色，无论是广播电视媒体还是其他媒体。网络媒体将传统媒体的内容搬到网上，围绕受众的信息消费、互动评论等需求进行二次传播，但核心还是传统媒体的内容。

造成这种传播现象的原因是，直接传播传统媒体的内容，可以极大降低网络媒体的运营成本。而且，传统媒体的内容在公众心目中的公信力较高，便于聚拢人气。而这样的传播方式，也便于发挥网络海量、互动、快速反应的技术优势。因此，网络与传统媒体间基本上构成了内容与技术的合作互补关系，且已表现出了巨大的能量。

在转播奥运会赛事上，网络与电视间的这种互补关系表现得尤为突出。电视通过成熟的电视转播和制作体系，制作出适合电视观众观看的不同形式的赛事直播、新闻和专题节目，但由于电视瞬时即逝的线性传播特点以及电视频道资源的有限性，电视并不能满足观众观看所有比赛视频、重新点看已播过的赛事内容、随时参与互动评论等需求。此外，由于社会生活节奏加快，电视受众也趋于老龄化，对于年轻受众的影响力逐渐下降。

而网络正好可以补充电视的这些不足。只要服务器够大，网络的海量存储功能容许它存储所有电视已经播过的视频，以及电视由于没有足够的容量不能播出的节目，并提供方便的检索功能。网络不仅可以直播电视播出的节目，还可以提供点播服务，供网民查询并观看回味。此外，网络还可以为电视提供全程的互动服务，包括前期的需求调查、话题征集、播出过程中的台网互动、节目播出后的意见反馈、延伸互动等。作为一种引领潮流的新经济模式和生活方式，网络本身的发展演变也是电视必须关注的内容。由于时代和生活方式的差异，网民的收看需求已经与电视观众产生了较大的差别，因此，电视要想获得传播效果的最大化，必须充分重视并研究网民的收看需求，适当兼顾。

也正是由于电视与网络在上述几个方面的充分互补及无缝衔接，才使得此次的奥运转播获得了巨大的成功。

3. 空前规模网民的信息消费需求是转播成功的关键

网民群体的快速增长以及网民日趋多元化的信息消费需要，决定了新媒体转播奥运会的成功。1997 年 10 月 31 日中国互联网协会第一次公布互联网发展报告时，当时的网民只有 62 万，其中大部分用户是通过拨号上网。2008 年 7 月 24 日公布的互联网发展报告显示，我国网民数量已经增长到了 2.53 亿，跃居世界第一。在短短的 11 年间，中国网民的数量增长了 408 倍。受众的规模意味着媒体的影响力，网民数量为新媒体转播奥运会奠定了重要的受众基础。

尼葛洛庞帝在《数字化生存》中指出："信息技术的发展将变革人类的学习方式、工作方式、娱乐方式，一句话，人们的生存方式。"尼葛洛庞帝的这一判断已经成为现实。中国互联网协会第 22 次互联网调查报告显示，在中国 2.53 亿网民中，网络音乐、网络新闻、即时通讯、网络视频、搜索引擎、电子邮件、网络游戏、博客/个人空间、论坛/BBS 和网络购物等网络应用排名前十。其中，博客/个人空间拥有率和论坛/BBS 访问率跻身前十大网络应用，反映了中国网络应用的新特点，即网络社交已成为网民的生活方式之一。网络新闻和网络视频也居网民需求的前五位，网民的需求决定着新媒体的方向。

互联网协会的调查还表明，网民的信息消费需求较之传统媒体受众的需求更为多元化。网民不仅消费信息，有针对性地搜索信息，还发布信息，购买商品，体验音乐、游戏、在线交流等网络休闲方式。网络不仅改变了受众的信息消费方式，还改变了人们的生活方式。正是因为新媒体拥有满足受众如此多的需求的能力，所以新媒体转播奥运会获得了成功。

二、新媒体转播奥运会的不足之处

1. 整体实力突出，但个体不强，呈碎片化传播格局

"碎片化"是学界比较关注的一个词，也"是描述当前中国社会传

播语境的一个形象性的说法”[①]。所谓“碎片化”，英文为 fragmentation，原意为完整的东西破成诸多零块。有研究表明，当一个社会的人均收入在 1000—3000 美元时，这个社会便处在由传统社会向现代社会转型的过渡期，而这个过渡期的一个基本特征就是社会的“碎片化”：传统的社会关系、市场结构及社会观念的整一性——从精神家园到信用体系，从话语方式到消费模式——瓦解了，代之以一个一个利益族群和“文化部落”的差异化诉求及社会成分的碎片化分割。[②] 作为被普遍认为比较真实反映各个利益群体呼声的互联网，确实在社会基础上存在碎片化的趋势。

互联网数据中心（DCCI）发布的 2008 年上半年中国互联网网站媒介监测数据分析表明，中国互联网流量被各种类型的网站所分流，日趋分散，互联网媒介的碎片化程度加剧。数据表明，在 2008 年上半年中国互联网网站流量中，综合门户仅占 20.4% 的流量，而其他各种超过 70 种的网站类型总流量占近 80%。奥运期间，互联网的流量在 9 家授权网站中呈一定程度的集中态势，但仍远不如电视集中。

网络碎片化传播格局的形成，客观原因还在于网络竞争的同质化。由于各家网站的网络新闻和其他服务均大同小异，网民因此游弋于各个网站之间，忠诚度普遍不高。

2. 自产内容品牌弱，传播效果好的内容多来自传统媒体

网络研究学者彭兰曾指出，虽然当时综合门户网站在规模和运营实力上超过新闻网站，但是，由于综合门户网站尚未取得新闻采编权，因此，较之新闻网站，综合门户网站仍存在人才和新闻采编经验上的软

① 喻国明：《中国传媒业已进入重要的选择的岔路口》，《新闻与写作》2006 年第 9 期。

② 喻国明：《中国传媒业已进入重要的选择的岔路口》，《新闻与写作》2006 年第 9 期。

肋，有可能在将来的竞争中败下阵来。

彭兰的判断是有道理的，但实际上，从当时的情况看，由于与母体的内容生产融合度不够高，新闻网站的人才队伍和采编经验也是有限的。而且从另一角度来看，新闻网站的从业人员在网络作业的创造性上不如商业网站。

而且，即便在转播奥运会期间，为新媒体赢得最大荣誉的，仍然是电视制作出来的现成节目以及北京奥林匹克转播有限公司（BOB）提供的视频信号。以央视网、奥运官网为代表的新媒体也积极参加了一部分的内容生产，但它的作用更多是符号性的、宣示性的，标志着新媒体作为一种媒体在重大场合的亮相。无论在品牌还是传播效果上，新媒体生产的内容的曝光度仍无法与传统媒体相比。

此外，由于新媒体的海量、瞬时传播以及新媒体平台的碎片化传播趋势等特性，也给新媒体生产的内容传播造成了困惑。因为在上述基础上，即使新媒体生产出与传统媒体质量相当的内容，但它马上面临的是被海量信息埋没的窘境，不能像传统媒体一样可以影响比较集中、固定的受众群。

由于过度看重噱头，早期新媒体过于依赖“擦边球”的做法，也损害了新媒体的公信力，削弱了新媒体作为媒体的基础。总而言之，新媒体的特性增加了新媒体内容生产的难度。

3. 产业线条过于分散，整合力度不够强

由于各个转播机构的产业线条过于分散，最终，除了一般的奥运图文新闻和赛事视频外，新媒体个体留给受众的印象仍然模糊。

通过网络新闻、手机推送、即时通讯、邮箱、公交移动传媒、搜索等不同的产业线，新媒体为受众奉献了多种形式的内容。但必须指出的是，无论在哪种形式上，网民的注意力和集中度都是有限的，都不如传统媒体。因为在互联网上，值得关注的内容很多，而分散注意力的因素更多。因此，产业线条过于分散也是新媒体转播奥运会的一个不足之处。

三、新媒体下一步工作的着力点

1. 尽快超越同质竞争阶段

当时的网络媒体，除了新闻网站天然拥有母体的新闻资源外，门户网站的新闻资源都来自传统媒体。根据相关法规，门户网站不具备新闻采编资格，而只拥有登载资质。门户网站通过购买、平台互换、甚至直接侵权使用等方式取得传统媒体的新闻资源，然后根据新媒体传播规律进行整合传播，吸引受众参与。由于传者、受者以及版权持有人的版权意识普遍薄弱，因此，当时网络媒体呈现出“千网一面”的格局，处于同质化竞争阶段。由于在与网络媒体博弈的过程中居弱势地位，传统媒体内容资源的价值则被迫处于“严重低估”的水平。

如果说北京2008奥运是网络版权意识的分水岭的话，那么，随着传统媒体版权意识的增强，在网络媒体间沿用十几年的免费午餐（或廉价）的模式即将结束。这些年来，网络媒体购买了不少传统媒体的内容资源，但与传统媒体创造这些内容资源的成本相比，网络媒体的购买价格是极其低廉的。因此，传统媒体为网络媒体打工的说法在网络业界流传已久，一些为传统媒体撰稿的作者，也不满自己的作品被网络媒体堂而皇之地“盗用”。从现实情况看，传统媒体和作者对网络媒体侵犯知识产权的做法的不满由来已久。

保护知识产权能否提上日程，有赖于国家的整体发展战略。当时，国家已充分意识到，要想科学发展，必须转变经济增长模式，生产销售拥有高附加值的产品。而高附加值就意味着必须重视知识产权。免费

（或廉价）午餐模式一旦结束，网络媒体将面临无米下炊（或付出高昂代价）的局面。从新媒体转播奥运会的模式看，如果传统媒体均采用了央视的高价内容转让策略，门户网站将转为为传统媒体打工的地位。即便单个的传统媒体不能取得强势的谈判地位，但筹码会增多，会促使门户网站在信息服务方式上发生变化，内容上也会有所差异。

因此，商业网站要么着手长远布局，在政策面上争取到采编权，投资制作自己的版权作品，要么及早与传统媒体建立稳固而有利于长远发展的内容供给关系；新闻网站在加紧建设信息超市、形成有影响力的舆论场的同时，应着力强化自己的差异化竞争优势；传统媒体也应在成本核算和网络传播效果等方面做好评估准备。

2. 加速培养采编人才

当时，尽管并未得到正式认可，但民间普遍认可综合门户网站作为网络媒体的影响力。以新浪的整合模式为代表的综合门户网站的网络传播经验基本引领网络媒体界。但必须指出的是，由于综合门户网站没有采编权，而且之前网络媒体基本上以信息超市的面貌亮相，网络媒体的从业人员还缺乏真正的采编经验。

因此，碰到重大事件时，网络媒体往往需要借助传统媒体的力量来完成自己的报道任务。比如，承担奥运官网报道任务的搜狐，在报道火炬传递接力时，就雇佣专业的外包记者团队进行报道。新浪在奥运时也采取与专业运动员、体育评论员签约的方式，来补充自己专业原创内容的不足。在组建记者团队上拥有政策优势的央视网，在奥运报道等多次重大报道中屡屡派出自己的记者与电视记者并肩作战。但是，由于网络报道新技术、新平台层出不穷，成熟的网络记者采访报道模式尚未确立，造成目前的报道方式过于庞杂（兼具文字、图片、视频多种形式），网络记者往往身兼多职，反而不利于他们发挥专长，因此，较之电视记者，网络记者无论在经验还是业务上，都略显稚嫩。

在某种程度上，当时的新媒体充其量还只能算是新平台，因为它自身不生产或是很少生产内容，现有的内容多来自传统媒体和用户。而媒体必须拥有自己的声音，否则就不能被称之为有影响力的媒体。由于互联网的多媒体属性，使它在集纳传统媒体的多媒体内容信息时更具技术优势，但这并不意味着它要放弃内容生产者的权利。原因有二，一是生产内容是媒体的天性和使命，二是它比传统媒体更了解用户，只有它才能生产出适合新媒体的内容。

只有一流的人才才能造就一流的媒体，人才是媒体的核心竞争力，因此，新媒体要真正超越平台的局限，成长为有影响力的、有核心竞争力的媒体，就必须加速培养自己的采编人才，积累采编经验。而拥有自己采编力量的新媒体，也将是最早超越同质竞争阶段的媒体。

3. 打造真实有效的价值链条

由于宽松的政策环境和产业环境，使得门户网站得以形成自己多样化的产业布局，并互相支撑、补充。但从当时的格局看，各个网站的产业布局基本呈条状发展，各个产品独自发展，没有充分形成合力。

搜狐的奥运频道、校友录、搜房网、搜狗、17173 等网络产品，作为单个产品都是一流的，但并未真正产生矩阵效应。新浪的新闻、博客和网易的游戏表现突出，但也没有与本网的整体业务充分融合，形成合力。相比之下，央视网的营销策略略显成功。央视网经营的网络、手机、公交移动传媒和 IPTV 四个新媒体平台，均主打拥有强大品牌影响力的央视电视视频，集中的内容推送渠道和由此而来的用户覆盖，用来说服广告主非常有效。

腾讯网成功将 QQ 与迷你新闻弹出页相挂钩，依赖 QQ 的庞大受众群，将腾讯新闻、博客打造成拥有业界第一流量的产品，但由于 QQ 受众群的年龄和文化层次偏低，整体购买力不高，造成其价值链条存在重要缺陷，不利于广告主找到准确的投放点，腾讯新闻、博客的价值并没真正凸显，再次验证了访问量不再是互联网判断价值的绝对依据。相反，如果腾讯能精确细分它的受众，其流量的价值将能有效扩展到包括新闻、博客在内的其他产业链条里。

媒体的竞争，说到底就是对用户和广告主的竞争。因此，打造强大而联系紧密的价值链条，也是打造新媒体核心竞争力的关键所在。各个网络媒体应该充分研究受众的需求和自身产品之间的关系，设计出符合自身发展需求、可充分延展的价值链条。

第七章　大数据应用与媒介变革

大数据（big data）是继云计算、物联网之后信息技术领域的又一次颠覆性变革。随着对大数据认识的深入，“大数据是与自然资源、人力资源一样重要的战略资源”、“大数据的战略地位堪比工业时代的石油”等论断基本成为国际共识，大数据已经上升为世界各国的国家战略，尤其受到发达国家的追捧。大数据正在成为国家竞争的新的战略制高点，以及产业竞争力和商业模式创新的活力源泉。

在媒介变革中，大数据亦可以发挥重要的基础性作用。目前，大数据已通过在网络新闻、网络社交、传播效果监测、网络广告、用户行为捕捉等方面的广泛应用，逐步改变媒体运行模式，并将对媒体行业乃至社会的转型变革发挥更大的作用。

第一节　大数据的概念及应用

时代在发展，改变世界的创新业态在不断颠覆中进化。拥有最好的照相机技术的柯达破产了，拥有最好的记者的《华盛顿邮报》被收购了，在这些昔日行业霸主倒下的背后是新兴的技术和媒介重新定义了行业和人们的生活。新的时代，人们需要掌握新的工具，大数据就是这么一个公认的战略抓手。

2013年，高盛发布报告列举了八大领域，认为这些打破旧识的事物有潜力在未来几年内重塑所在的行业并成为投资者关注的焦点。其中之一就是大数据。

一、大数据是什么

早在1980年，美国未来学家阿尔温·托夫勒在《第三次浪潮》一书中就提出了“大数据”的概念，并将其赞颂为“第三次浪潮的华彩乐章”。美国数据库专家、图灵奖获得者吉姆·格雷（Jim Gray）则认为，传统的实验、理论、计算机三大范式，在科学研究特别是一些新的研究领域已经无法很好地发挥作用，他于2007年提出了科学研究的“第四种范式”，即以大数据为代表的数据密集型科学研究。

近年来，一些国际顶级学术刊物也相继出版专刊探讨大数据问题。其中，《自然》曾推出“Big Data”专刊，从互联网技术、环境科学、生物医药等多个方面介绍了海量数据带来的挑战。《科学》则出版关于数据处理的专刊讨论了数据洪流所带来的挑战，并说明大数据对于科学研究的重要性。麦肯锡认为，大数据是创新、竞争和生产力的下一个前沿。英国《经济学人》杂志提出，数据正逐渐变成商业所需的原材料之一：一项几乎和资本或劳力一样重要的经济原料。旅美学者徐子沛在《大数据》一书中提出，“大数据”之“大”，并不仅仅在于“容量之大”，更大的意义在于：通过对海量数据的交换、整合和分析，发现新的知识，创造新的价值，带来“大知识”、“大科技”、“大利润”和“大发展”。

在《大数据时代》一书中，英国学者维克托·迈尔－舍恩伯格（Viktor Mayer－Schönberger）提出，“大数据的核心就是预测……将实现三个转变。一是更多：不是随机样本，而是全体数据；二是更杂：不是精确性，而是混杂性；三是更好：不是因果关系，而是相关关系”。美国学者艾伯特·拉斯洛·巴拉巴西在《爆发：大数据时代预见未来的新思维》一书中指出，大数据“揭开人类行为背后隐藏的模式‘爆发’，提出人类日常行为模式不是随机的，而是具有‘爆发性’的”。百度创始人李彦宏认为，大数据在两个方面表现出最重要的价值：一是促进信息消费，加快经济转型升级；二是关注社会民生，带动社会管理创新。专家们普遍认定，大数据将引发新的“智慧革命”：从海量、复杂、实时的大数据中可以发现知识、提升智能、创造价值。

对于大数据，目前还没有比较准确的定义。维基百科将其定义为“无法用现有的软件工具提取、存储、搜索、共享、分析和处理的海量的、复杂的数据集合”。但亦有专家指出，如果光强调大数据的大，则偏离了大数据的本义。人民大学教授文继荣博士认为，“大数据是现代社会在掌握海量数据收集、存储和处理技术基础上所产生的一种以群体智慧进行判断和预测的能力”。

广义的大数据包括人才、组织、数据处理、分析、存贮技术等。狭义的大数据则包括文本、视频、GPS、传感器、声音等非结构化数据，客户数据、销售数据等结构化数据。业界通常用4个V（即volume、variety、value、velocity）来概括大数据的特征。

一是数据体量巨大（volume）。截至目前，人类生产的所有印刷材料的数据量是200PB（1PB = 210TB），而历史上全人类说过的所有的话的数据量大约是5EB（1EB = 210PB）。美国互联网数据中心指出，互联网上的数据每年增长50%，而且速度越来越快。目前世界上90%以上的数据都是最近几年才产生的。

二是数据类型繁多（variety）。在传统社会中，数据多以结构化数据存在，便于统计分析。但随着文本、图片、音频、视频以及社交化数据等非结构化数据的快速累积，对传统的数据处理模式提出了更高要求。

三是价值密度低（value）。价值密度的高低并不一定与数据总量的大小成正比。海量数据不仅包含有价值的信息，也包括许多干扰信息。如何通过数据挖掘迅速捕捉数据的价值，从而提供更符合用户兴趣和习惯的产品和服务，已成为企业竞争的制胜法宝。

四是处理速度快（velocity）。这和传统的数据挖掘技术有着本质的不同。大数据的数据价值越大，它的反应速度就要越快。反馈的速度越快，它创造的价值越大，消费者参与的动机就越大。数据越跑越大、反应越来越快、结果越来越好、用户参与会越来越大，才能变成一个黑洞效应。

大数据之所以如此深受追捧，在于它蕴含着大量有用的（有助于管理和决策）信息和知识。人们借助大数据分析，可以摆脱定性分析的模糊地带，更接近于事物运行的本质，以便做出科学决策。计算机和通讯技术的发展，使得各行各业乃至人体、宇宙的数据纷纷汇入互联网，让更多以往无从量化的数据变得有据可查，人类进入大数据时代。

数据积累的迅速增长成就了“无处不在的大数据”。

一是传统数据的增长。由于技术的发展，传统的调查、财政、人口数据等更易被收集统计。比如全国百万家企业开始通过统一的互联网数据采集和处理平台向国家数据中心或国家认定的省级数据中心报送统计数据。2013 年 11 月，国家统计局与百度、阿里巴巴等 11 家企业签订大数据战略合作框架协议，共同推进大数据在政府统计中的作用。

二是交易数据的增长。以金融交易、电子商务等为代表的大数据增长迅猛。在以网络化和数字化为基本特征的新经济时代，金融产业和电子商务日渐回归本质，表现为交易数据流的产生、交换、存储、分析以及使用。

三是关系数据的增长。物联网已经初具规模，随着产业发展的深入，必将带来更大的数据。物联网不仅仅是传感器，更是提供支撑智慧地球的一个基础架构，物联网的存在使这种基于大数据的采集以及分析变成了一种可能。

四是位置数据的增长。北斗卫星导航系统、美国的GPS、俄罗斯的格洛纳斯、欧盟的伽利略系统等卫星导航系统带来的海量数据，不仅战略意义重大，还具有强大的产业功能。北斗卫星导航系统的应用已逐渐形成规模化、标准化的趋势，向民用用户全面开放，应用于个人位置服务、气象应用、交通管理、运输管理、应急救援、精密授时、精细农业等多个行业。

五是生命数据的增长，如生物信息学和神经信息学。生命科学已进入大科学、大数据时代，为未来研究的使用提供重要的基础。

六是网络大数据的增长。目前为止，网络数据是使用最广泛、认可度最高的大数据源。世界上产生的数据，有近80%是由个人用户产生的。据估计，到2020年全球将有500亿个设备连入网络，地理位置、网络浏览行为、健康数据、甚至基因信息等，都成为技术为个体服务的有效资源。巨大的商业利益的驱使，使得大数据成为国际一流企业竞相投入使用的竞争利器。

有需求就有市场，大数据产业相关企业经济活动包括：用以实现大数据存储、检索、处理、分析、展示的相关IT硬件与软件的生产、销售和租赁活动，以及相关信息服务，可分为三个方面：1. 用以搭建大数据平台、实现大数据组织与管理、分析与发现的相关IT硬件与软件的生产、销售和租赁活动；2. 大数据平台的运维与管理服务，系统集成、数据安全、云存储等解决方案与相关咨询服务；3. 与大数据应用相关的数据租售业务、分析预测服务、决策支持服务、数据分享平台、数据分析平台等。

二、大数据国家战略

对大数据的研究与应用，已引起各国政府部门的高度重视，各国陆续出台有关大数据的国家政策和战略。从联合国的“数据脉动”计划、美国“大数据”战略、英国“数据权”运动、日本“面向2020的ICT综合战略”，到韩国大数据中心战略，通过启用大数据来强化国家竞争力、改善国计民生已成为世界共识。

美国提出，大数据的战略地位堪比工业时代的石油。2009年，美国data. gov正式上线，按原始数据、地理数据和数据工具三个门类开放数据。同时，美国还构建了OGPL平台，提供开源的政府平台代码并允许任何城市、组织或者政府机构创建开放站点。2012年3月29日，美国奥巴马政府发布了《大数据研究和发展计划》，同时组建“大数据高级指导小组”，涉及美国国家科学基金、国家卫生研究院、能源部、国防部等6个联邦政府部门。政府还倡议企业、科研院校和非营利机构集中资源，共同促进大数据发展，从国家战略层面构建大数据应用生态。美国政府还专门投入2亿美元用于启动“大数据研发倡议”，重点资助大数据分析以及大数据在医疗、天气和国防等领域的应用，旨在提高从海量和复杂的数据中分析萃取信息的能力，这是继1993年美国宣布“信息高速公路”计划后的又一次重大科技发展部署。

英国政府也在经济低迷、财政吃紧的背景下，注资6亿英镑支持发展8类高新技术，其中大数据技术拔得头筹，获得1. 89亿英镑的资金。而早在2010年初，英国政府的数据开放网站data. gov. uk即已正式创建，所有政府部门要公开的数据都可以在这个网站上找到。针对政府未公开的数据，媒体可通过《信息自由法案》申请有关部门公开数据。研究表明，英国政府通过高效使用公共大数据的技术每年可以节省 330 亿英镑，相当于英国人每年每人节省 500 英镑（约每人每年 5000 元人民币）。①

日本提出，2013—2020 年期间以发展开放公共数据和大数据为核心的日本新 IT 国家战略，把日本建设成为一个具有“世界最高水准的广泛运用信息产业技术的社会”。在 2013 年《创造世界最先进 IT 国家》宣言中，日本提出尽快建立跨政府部门的信息检索网站，以便于企业利用政府的大量信息资源，计划到 2015 年度末达到与其他发达国家同等的信息开放度。②

除了公开政府数据外，各国还大力推进建立开放数据生态系统。美国 2000 年取消了对民用 GPS 精度的限制，有约 300 万的就业岗位依赖于 GPS。加拿大的电子政务建设，连续第五次被著名跨国咨询公司埃森哲评为全球第一。加拿大的经验是，在组织在线信息和服务时，政府不再大包大揽，更多依托社会力量，广泛采取了市场运作的外包模式，进行政府信息资源的商业化开发利用。

三、大数据在各领域的典型应用

正如《大数据时代》一书的作者舍恩伯格所强调的，大数据时代最重要的是人们可以很大程度上从对因果关系的追求中解脱出来，转而将注意力放在相关关系的发现和使用上。只要发现两个数据之间存在相关

---

① 中国经济网：《英国使用大数据政府每年可节省 330 亿英镑》，2012 年 7 月 10 日，http：//intl. ce. cn/specials/zxgjzh/201207/10/t20120710_ 23475902. shtml。

② 数据智慧网：《日本：用大数据创建最尖端 IT 国家》，2014 年 2 月 12 日，http：//www. datakm. com/trade – news/117. html。

性，就可能创造巨大的经济或社会效益。在社会宏观管理上，联合国通过实施“数据脉动”战略来促进全球经济增长，重点预测某些地区的失业率、支出削减或是疾病暴发等现象，利用数据化的早期预警信号来提前指导援助项目。在社会微观治理上，通过大数据分析来降低犯罪率已得到成功应用。洛杉矶警局和加利福尼亚大学合作，根据各个区域之前的犯罪率和居住情况，预测调整巡逻频率和力度。利用大数据分析手段，洛杉矶警察局成功把辖区里的盗窃犯罪降低了33%，暴力犯罪降低了21%，财产类犯罪降低了12%。如今，美国越来越多的警察局在计划或者开始部署大数据分析工具，加速办案效率，优化警力资源分配，提高社会和公众安全水平。

在单个项目运营上，奥巴马团队把大数据分析运用到竞选，通过对近两年搜集、存储的海量数据进行分析挖掘，寻找和锁定潜在的己方选民，运用数字化策略定位拉拢中间派选民及筹集选举资金。美国梅西百货会根据库存和需求变化情况，实时调整7300万种商品的实时定价。

互联网公司更是依托自身得天独厚的大数据优势，积极挖掘大数据的潜在价值。Facebook千亿美元规模IPO背后的重要原因就是其用户大数据的威力。2011年，Facebook通过挖掘用户信息，主要以推送广告的形式，从每个用户身上赚到5.11美元。[①] 2012年，Netflix投拍的《纸牌屋》在世界范围内大获成功，亦得益于大数据挖掘。相比传统收视率统计只抽取数千个样本户，《纸牌屋》的数据库包含了3000万用户的收视选择、400万条评论、300万次主题搜索。最终，拍什么、谁来拍、谁来演、怎么播，都由数千万观众的客观喜好统计决定。

① 21世纪网：《腾讯玩“大数据”》，2012年7月7日，http://www.21cbh.com/HTML/2012-7-7/0NNDE1XzQ2OTY0NQ.html。

腾讯公司依托用户社交行为的大数据挖掘，成功将腾讯 QQ、微信、游戏等多款产品推上业界领先的位置。2014 年 3 月，基于大数据挖掘和智能定位，QQ 空间成功联手小米开展社会化营销合作，创造了 1500 万的手机网络预约人数记录，开售第一秒吸引 41.9 万人点击抢购。①

百度旗下的爱奇艺依托百度用户的搜索数据以及爱奇艺用户的性别、年龄、学历等参数的大数据挖掘，为收购影视作品、精准定位用户、配置导演和演员甚至是编辑精编版节目提供依据。其百度指数、百度迁徙等大数据产品亦深受用户欢迎。百度迁徙地图成功通过百度地图 LBS 开放平台的全样本数据运用，采用可视化呈现方式，动态、即时、直观地展现中国春节前后人口大迁徙的轨迹与特征，对于交通等社会资源配置具有重要的参考意义。

总之，大数据并不是简单的数学，通过分析整理可以形成有效的信息，进而提升为更具智慧的知识发现，帮助人们发现事物的规律，实施预测分析。目前决策者正在被大量的非结构化数据淹没，数字信息从各种各样的平台、传感器、工具那里源源不断地涌来，令传统数据管理者的组织能力、分析能力和储存信息的能力捉襟见肘。随着决策者寻求从爆炸性增长的未结构化的数据（大数据）中更好地理解用户、产品和流程，这就需要新的科技和数据管理解决方案。大数据应用因此得以在全球范围内引发传统行业全方位升级迭代的新浪潮，以其科学高效的特征，成为包括国家、各行各业转型升级的有力抓手。

---

① TechWeb：《QQ 空间解密红米 Note 火爆抢购背后：大数据 + 熟人关系》，2014 年 3 月 29 日，http：//www. techweb. com. cn/internet/2014 - 03 - 29/2022714. shtml。

第二节　大数据改变媒体生态

根据美国的统计资料，文化传媒产业数据是仅次于政府信息数据的第二大数据来源。随着大数据时代的到来，运用数据分析和数据挖掘实现媒介产品创新和服务质量提升，将成为媒介在信息时代的必然趋势。谁能够更为主动地拥抱大数据，谁能够更好地将对数据的敏感和专业的领域结合起来，谁就更有可能在产业转型期占据先机，成为市场竞争的胜利者。虽然中国传媒产业的转型升级更需要的是体制机制的革新和转变，但是数据不会说谎，它将帮助大家走上市场化的快车道。

一、大数据成为决定竞争成败的战略性工具

在大数据研究专家看来，在互联网时代，信息即数据，可以用数据流的方式直观地体现信息流动的态势，优化信息的传播和互动方式。因此，有效掌握信息流动的态势，从战略上统筹方方面面的数据，对媒介管理者而言至关重要。百度、阿里巴巴、腾讯均把大数据升级为集团级战略。三家的大数据业务各有侧重，分别与各自的战略优先级、技术基因和生态系统能力密切相关。从数据源看，百度是基于用户搜索行为的需求数据，阿里掌握着交易及信用数据，腾讯则掌握着社交关系数据。大数据能否发挥作用，取决于大数据能被挖掘出来的价值，难点则在于对于数据产品的想象力和挖掘技术。

2014 年春节前后推出的“百度迁徙”项目让业界印象深刻，对民生和新闻等领域均有所贡献。4 月 24 日，李彦宏宣布百度首次开放核心数据能力，计划通过大数据引擎的“开放云”、“数据工厂”、“百度大脑”

三大组件，为传统产业提供大数据存储、分析及处理的能力。“双十一”期间，阿里巴巴的实时网购数据大屏让人惊艳，来自世界各地的订单信息和物流信息一目了然。马云最新内部邮件将阿里战略阐述为“云端＋大数据”，在技术层面建有飞天计划、Apsara分布式计算系统，并建有数据委员会这样的架构。腾讯在各大产品线中都建有数据挖掘团队，善于通过数据挖掘来改进产品体验，从而在即时通讯、游戏等多领域获得行业前三地位。腾讯还专门成立接近150人的T4专家组。从腾讯T1（工程师）到T6（首席科学家）中，T4一般起到中流砥柱的作用，一旦遇到重大的产品难题，T4特别小组就会加入帮助解决问题。

中央电视台台长胡占凡曾明确提出，“要从战略高度，着手建立基于大数据技术的职能信息服务平台，挖掘大数据的价值，以大数据引导节目制作创新、版权购买和广告经营等”。2013年9月，中央电视台与华为公司合作成立央视数据中心，在大数据存储领域建立战略合作关系，为媒资领域提供领先的技术和应用模式。2014年，中央电视台在数据新闻、数据评价、数据应用等方面均开展了系列实践。在针对春晚、世界杯开展的大数据项目应用研究中，对覆盖全球的春晚、世界杯的传播效果、世界杯全媒体传播效果、广告曝光度、网友偏好进行深度分析。不仅成功实现“四全”覆盖（全程、全网、全样本、全方位），帮助节目第一时间掌握用户反馈，还将研究结果第一时间输送到电视节目和微博、网络新闻等新媒体平台中，为大数据直接反哺节目研发迈出关键的一步。

二、大数据改变媒体生态的几种模式

（一）洞察用户

传统媒体只有受众，没有用户。随着媒介融合的推进，用户越来越多的日常行为从线下转移到线上，产生了大量非结构化的数据。这让传统媒体在大数据领域有机会洞察用户，通过对这些沉淀数据进行深度分析和解读，挖掘其中蕴含的社会、经济和民生价值。传统媒体要改变观念，从封闭式系统转到开放型平台，从单一媒体向自媒体、社交媒体融合发展转变，从关注广告商变成关注用户的个性化服务。在大数据时代，媒体可充分利用大数据与关系链，用互联网思维、大数据理念把数据用好用活。

爱奇艺推出的基于大数据的“绿镜”视频智能筛选功能，可通过分析海量用户视频观看数据，自动判断用户喜好，自动剪辑生成受关注程度最高的“精华版”视频。对于电视台等影视制作机构而言，绿镜背后的数据有着更大的价值。这些数据能够全面展示每一秒的节目在网络用户中的受欢迎程度，并通过这些数据实现对节目的优化调整。

（二）购买和制作版权内容

腾讯视频通过数据挖掘，了解用户的需求，从而为媒资库进行精准的匹配和采购，购买市场上最好的内容，并投资拍摄自制剧。经大数据分析购买的《隋唐演义》在 2013 年一季度独家播出播放量过 6 亿次，《宝贝》热播剧播放量破 3 亿次，湖南卫视《陆贞传奇》的播放量达 4 亿次。

爱奇艺也会提前判断影视作品的流量，将数据分析作为影视作品采购的重要依据。爱奇艺流量来源超过六成贡献自百度，用户在百度的网页搜索如《爱情公寓》等热门关键字时，百度会记录这些关键词，并与爱奇艺实现数据互通，爱奇艺买剧时会根据用户的搜索热门影视关键字来进行筛选。

（三）提供个性化信息

《今日头条》利用大数据技术，分析社交网络用户的关注热点和个性化需求，将用户感兴趣的信息直接推送给用户，减少用户获取信息的时间成本。风行网全媒体大数据营销中心会根据用户在电视、电脑、移动端、IPTV、购物频道上留下的信息消费轨迹，向用户推送感兴趣的内容和商业资讯。

（四）制作大数据新闻

在大数据时代，传统媒体话语权重构要从描述或者模糊判断进入到大数据的精准判断。在2013年美国联邦政府关门危机中，《纽约时报》运用静态图表和大量数据展示了包括美国航空航天局、国家环境保护局、劳工部、内政部等诸多部门在内的雇员总数、“被休假”人数比例、休假雇员与坚守雇员的职能区别。《华盛顿邮报》则通过众包新闻的方式，运用谷歌地图呈现了全美2317个与政府关门相关的故事。用户既可以了解整体状况，也可以点击阅读自己感兴趣的某个地区中的个体。运用数据可视化技术，使新闻语言更为丰富多元且可交互，让用户拥有更多“发现”的乐趣。由英国广播公司（BBC）和毕马威会计师事务所联合制作的《预算计算器：2012年财政预算将如何影响你?》，通过一个简单的方式来解读政府财政预算对普通居民的生活影响。简便实用，用户只需在BBC提供的“计算器”界面上输入一些日常个人信息，就能自动算出新预算会让自己多付多少税、明年的生活会比今年变得更好还是更差。

（五）改进媒介营销

通过大数据挖掘，可以让媒体预测用户偏好，从而有利于媒体做好广告营销和推广活动。以谷歌的“电影票房预测模型”为例，它通过数据建立了与用户的关联，通过分析用户对电影相关内容的搜索量，能够提前一个月预测电影上映首周的票房收入，准确度高达94%。风行网则推出了“全媒体大数据营销”运营模式：在投放前，通过大数据中心为广告主提供详尽的前期调研，根据调研结果来为广告主筛选投放内容。投放过程中，随时调取相关投放数据，打通第三方监测平台，并根据投放数据随时调整投放策略与内容，确保投放效果。在投放后，为广告主提供详尽真实有效的监测报告，并将投放数据放入大数据中心归档，为广告主建立专属数据库，为下一轮投放做准备。Twitter 的广告精准靶向系统，通过跟踪广告播出的时间、播出的节目、观看节目的用户、评论等帮助广告商锁定潜在受众群，并允许广告商向这类用户推送促销信息。

三、对媒介大数据应用的策略建议

国内 BAT 互联网巨头，以及苹果、谷歌、亚马逊公司等，都在建立自己的大数据支撑下的平台系统，形成各自闭环经营的生态链。传统媒体要想赢得未来媒体市场的竞争，也应该拥有自己的强大新媒体平台、技术和服务，而大数据是其中至关重要的一环。媒介要实现上述路径与目标，一是需要从战略上予以重视，制定长期的战略规划；二是需要从战术上予以配合，制定系统的、分阶段实施的配套机制。

（一）转观念

与互联网公司积极拥抱大数据不同，传统媒体决策层虽然在国家领导人的大力倡导下有所触动，在战略上给予了一定的重视，但囿于知识结构的缺失和“谋定而后动”等传统观念的限制，仍存在畏难情绪，处于无从下手的窘境。从实际操作看，传统媒体应解决好两个关系。一是“大而全”与“小而美”的关系。传统媒体往往追求覆盖全面、可管可控的宏观架构，经常造成方案宏大却无从着手，或是产品遍地开花但果实寥寥，而成功的互联网应用包括大数据多从“小而美”的产品起步，以点带面。为了避免出现议而不决或是方案不接地气的问题，建议传统媒体可先在宏观架构的基础上设定小的优先目标，逐步深入。二是数据挖掘与数据安全的关系。数据的价值在于运用，但在一些传统媒体看来，数据也是机构的核心机密，不宜轻易公开。因此，应系统梳理数据的机密等级，尽最大可能在机构内部实现开放，变割据的“信息孤岛”为“数据驱动”，以推动业务转型升级。

（二）建平台

在大数据时代，亚马逊、阿里等大公司在积极推动开放云平台运用，但开放云平台未必能完全支持传统媒体完整、连续地存储并使用数据的需求，更遑论保证传统媒体数据的安全性。鉴于大数据的重要性，自建数据云平台或是收购相关业务显然有其现实逻辑。中央电视台着手建设大数据存储平台，未来可扩展为大数据应用、分析平台。浙江日报报业集团斥资32亿收购的边锋浩方网络平台，为其带来2000多万的活跃用户。通过这个平台，浙报集团利用大数据挖掘用户行为、习惯、偏好和需求，以弥补传统媒体读者数据不足的缺陷。

（三）促应用

在媒体中，大数据的应用将是多方面的，包括数据新闻、数据监测和评价、广告精确营销、购买内容版权等。众多媒体专家看好数据新闻的前景。“精确新闻学”的奠基人、美国北卡罗来纳大学教堂山分校荣休教授菲利普·迈耶如此强调推行数据新闻的时代意义，“现在是个信息过剩的时代，对信息进行处理很重要。我们需要做两步：一个是通过分析不断变动的数据以找到其中的意义和结构，另一个则是通过展示让用户了解哪些信息对他们具有重要性和相关性”。有“互联网之父”之称的蒂姆·伯纳斯·李则干脆宣称，“数据新闻就是未来”。大数据为准确评估媒体内容的影响力提供了坚实的基础，全媒体评价体系对于媒体机构加强内容的管理引导意义重大。大数据还使得广告的精准投放成为可能，社交媒体因大数据而受到广告主的青睐。

（四）抓管理

即便在互联网公司，大数据业务也是一项需要不断更新迭代的业务。鉴于它在数据相关性上存在独特价值，加强战略层面的统筹显然是必要的。因此，为加强大数据业务的管理，媒体应从战略高度着手，系统梳理组织建设、人才引进和培养、运营机制等，为真正挖掘大数据潜力提供保障。

媒体责任篇

民众为何喜欢两个舆论场？因为它虽然让政府尴尬，但也改变了政府。

公民网络参与是媒介变革与社会转型互动的意外成果，将与协商民主、共同体意识一道，成为中国社会转型升级的基因。

第八章　社会转型中的媒介责任

自美国思想家杰弗逊最早提出“第四权力”的思想以来，西方学界一般认为，媒介是第四权力，可以与其他社会权力相抗衡。而根据阿根廷学者马塞洛·科卢西的最新观点，媒介已经不只是“第四权力”，而是一种上升到领导地位的权力。他认为，一个权力集团的思维方式左右着舆论的走向，现代大众媒体在这个影响过程中发挥着至关重要的作用，广为接受的观点主要来自于媒介。在我们国家，媒介被提升到党和国家的舆论喉舌的高度。马克思主义新闻理论家们普遍认为，媒介能否扮演好“喉舌”身份，不仅关系到媒介自身的发展方向，而且关系到国家新闻事业乃至整个社会主义建设事业的兴衰成败、国家的前途命运。可见，无论是东方还是西方，都高度重视媒介的社会责任，以确保媒介不致因过度追求自由或商业化而导致言论权力失控或滑向低俗媚俗。

当前，我国正处于社会转型期和矛盾凸显期，既是各项改革高歌向前的机遇期，又是暗流汹涌的风险潜伏期，存在着各种不稳定的因素。体制的改革，环境的变化，社会上不可避免地出现了一批事业失意人、人生失败者。新闻媒体在面对此类情况时，理应格外注重社会责任，正确选择报道的角度，从积极角度进行引导，从而推动整个社会平稳度过转型期，而不是片面追求新闻效益，追求猎艳猎奇。

第一节　媒介的力量和社会责任

作为传播路径中最为重要环节的媒体，媒介的力量怎么形容都不为过。学者刘姝威一篇600多字的《金融内参》击垮了上市公司蓝田虚假的股市神话，而同样新华社记者的一篇不足千字的内参，则拉开了贵州毕节生态区脱贫致富的序幕，数百万毕节人因此受益。一条淫秽视频的传播曾引发一个命案，而心智尚未成熟的未成年人毁于不良信息传播则尤其让我们心痛。当传播已成为我们在这个社会里生存的一种基本资源、基本力量时，当社会转型期各种矛盾纷至沓来，我们必须懂得如何对待和善用这种力量。

一、媒介为什么要负责任

毕节曾经是中国最最贫穷的地区之一。联合国教科文组织曾下结论：毕节山高坡陡、沟壑纵横、生态恶化、人口膨胀，不适宜人类居住。1985年，新华社记者刘子富冒着政治风险写下了一篇著名的内参，用一名知识分子的良知与正义，掀开了毕节地区极度贫困的冰山一角："赫章县有一万二千多户农民断粮……安美珍大娘瘦得只剩枯干的骨架支撑着脑袋……全家终年不见食油，一年累计缺3个月的盐，4个人只有3个碗，已经断粮5天了。"① 因为这篇"内参"，才有了时任贵州省委书记的胡锦涛同志对海雀村的探访，才有了后来的"毕节试验区"，海雀也因之成为毕节试验区的"发祥地"。尽管历史不容想象，但如果

① 宋菁：《毕节：未结束的贫困与不可复制的试验》，《21世纪经济报道》2013年1月22日。

不是记者刘子富挨家挨户地揭开村民的饭甑子调研，毕节地区的贫困何以触动中央领导？如果不是那篇内参，毕节脱贫的路能否像今天这样顺畅？

与媒体助毕节脱贫的正能量不同，网络色情则是媒介的不可承受之痛。2003 年前后，网络色情传播日益猖獗，民间网络反黄第一人王吉鹏愤怒地写了《网站 CEO 的下一个称呼老鸨》、《站直喽，别趴下：十问张朝阳、丁磊、汪延》等文章，在网络论坛广泛流传，并引起主流社会的关注。王吉鹏愤怒的由头是，他一个朋友给他打电话，说从 13 岁的女儿手机里发现淫秽色情短信大约 10 多条，孩子说有两条是同学之间互相传递的，剩下的都是从网上下载的。当时还是渤海大学教师的王吉鹏认为，网络色情最大的危害就是它在对下一代犯罪。只要去北京市少管所看过那些在懵懂中犯下过失的孩子，我们就能触目惊心地感受到责任对于媒介的重要性。

然而，在社会转型期和行业爬坡期，由于制度衔接不尽完善，商业竞争过于激烈，道德失范、行为失范的现象难免比比皆是。在竞争趋于白热化的阶段，为吸引眼球保生存，自然会有人在底线上寻找生机。在中国互联网的发展过程中，这样的案例不胜枚举。譬如早期的木子美之于 blogcn 和 blogchina，竹影青瞳之于天涯社区，张钰之于优酷，色情电影之于快播等等。在西方也不例外，拉链门事件成全了德拉吉报道和 blog，帕里斯·希尔顿裸照成全了 digg. com。

除了色情一度泛滥外，网络自媒体不负责任的爆料、虚假报道等也让人不胜其扰。每逢口蹄疫等传染病暴发，皆有注明不同来源地的虚假信息在网上广泛流传，让人触目惊心。日本地震福岛事件发生后，关于核辐射的各式伪科学信息亦打着科学的旗号四处传播。而网站运营者听之任之的暧昧态度不免让人怀疑他们的社会责任感。更让人担心的是，宽松的网络舆论环境不仅过于迁就了人们自由表达的意愿，也不可避免地影响并拉低了传统媒体的底线。为了生存，一些传统媒体也开始以传言的名义，刊发一些未经核实的信息，甚至是直接转载所谓网络热门新闻。

为什么媒体需要社会责任？20 世纪 40 年代的美国也在思考这个问题。19 世纪末 20 世纪初，西方报业进入垄断阶段，新闻的发布权掌握在少数报业寡头手里，新闻自由的原则遭遇冷落。新闻的庸俗化和商业倾向日趋明显，色情和虚假广告消息泛滥，报业甚至可以被广告客户所左右甚至控制。新闻道德伦理由此开始萌芽。1904 年普利策在纽约的《北美评论》杂志上发表了《新闻学院》一文。这篇被称为西方新闻伦理学的奠基之作对报业的社会责任有这样的论述：只有高尚的理想、兢兢业业的正当行为、对所涉及的问题具备正确的知识以及真诚的道德责任感，才能使报刊不屈从于商业利益，不寻求自私的目的，不反对公众的福利。

到 20 世纪 40 年代前后，不仅战时赋予美国政府的巨大权力不断威胁着新闻自由，而且，越来越少的新闻业主在巨大利益的驱动下日益放弃新闻的公共责任。宪法《第一修正案》规定的自由，日益遭受极权主义政权和重商主义的双重威胁。重新解释宪法《第一修正案》成为一种普遍的公众意见。在 20 世纪经历了两次世界大战以及多次政治经济文化的危机后，学者们开始对自由主义主张的理性、道德等产生怀疑，缘于颠覆封建专制意识形态的自由主义新闻理论开始遭遇到一场触及意识深层的评判。

二、怎样才是负责任的媒体

在倡导依法治国的大背景下，媒介的社会责任的基础并未发生改变。当媒体蜂拥炒作各种艳照、谣言乃至淫秽视频时，其实我们无法面对我们的内心和孩子。媒介是一面镜子，直接照见我们的社会现实。越是纷乱的社会转型期，我们越需要媒介的引领。转型期的社会更需要一个有格调的媒体环境，而非被低层次的需求拉低文化层次。康德曾说："法律与道德的区别可见之于这样一个事实，即法律调整人们的外部关系，而道德则支配人们的内心生活和动机。"1947 年 3 月 27 日发布的《一个自由而负责的新闻界》报告则直接指明："如果我们想拥有进步与和平，那么我们就必须拥有这样一个新闻界。"

怎样才是负责任的媒体？1942 年，出于对美国宪法《第一修正案》规定的自由越来越少的担心，《时代》周刊创办人亨利·卢斯邀请芝加哥大学校长罗伯特·哈钦斯领导一群大学教授，以局外人和学者的身份探讨大众传播界越来越多的问题。1947 年春，由美国芝加哥大学校长哈钦斯为首的新闻自由委员会出版了一本名为《自由和负责的新闻业》的小册子，提出了关于社会责任论的一些基本理论。报告指出："报业享有新闻自由，应以担负'社会责任'为前提。报道新闻必须正确而有意义，否则政府对报业应予干涉。""外来的法律与舆论力量，固然可以防止新闻工作的不良发展，但是优良的工作表现，只能从那些运用传播媒介的人身上产生！"这个带有强势政府立场的报告，遭到美国媒体界的强烈反对，认为政府不应干涉媒体自由权。但是其中的部分观点却成为西方现代新闻自律的理论基础，很快取代了传统的自由主义而成为一个新兴的新理论。由此，揭开了新闻学上观念性变革的发端：传统的自由主义理论开始向社会责任论演进。

报告还有一个重大的贡献在于，它建议设立一个新的独立机构，负责经常评议并公布新闻媒介的工作成绩。在建议指导下，战后，许多国家成立了报业评议会，新闻自律从此走上了更为规范的行业之路，许多新闻奖和优秀新闻人士也因此脱颖而出，为公众所熟知。

“社会责任论”把对新闻自由的重新理解作为建立自己理论的起端，认为完全的自由和绝对的自由是没有的，自由是伴随着义务的。“社会责任论”认为，在自由的前提下，更应该关注的恰恰是责任。它认为，政府的干预只是消极防止新闻的不良发展倾向，但是真正好的媒体，必须基于新闻从业人员高度的责任感和职业道德修养。

1956 年，美国新闻学专家韦尔伯·施拉姆、弗雷德·赛伯特和奥多·彼德森三位学者在新闻自由委员会的社会责任论的基础上，发表了《报刊的四种理论》。《报刊的四种理论》大力倡导大众传播的社会责任，提出“自由是伴随着义务的；而享有特权地位的报刊，就对社会承担当代社会的公众通讯工具的某种主要职能”。

尽管后来者对“社会责任论”有许多争论，如美国传播批判学者赫伯特·阿特休尔认为社会责任论的几个前提不能成立：比如假定新闻媒介是一个独立力量；假定传播媒介可以独立发挥作用；假定大众传媒能够提供“非营利性公众服务”。而身处不同社会、不同意识形态下的新闻从业者，也对社会责任的理解各有不同。即使在同一社会形态下，社会责任论中的新闻从业者该负责的对象也没有明确的界定。所谓的社会责任到底是什么责任？向具体的谁负责？由谁负责？这些都是社会责任论没有清楚界定的问题。

一些学者还认为，社会责任论将克服现实矛盾的方案和建议寄托在人的道德良知和人的理性觉醒上，无异于缘木求鱼；反之，社会责任论向政府发出呼吁，要求其有限制地管束新闻媒介，这样做显得自相矛盾。

尽管如此，社会责任论是约束现阶段媒体不负责任的行为比较可行的理论。作为一种道德自律的规范，它为新闻界在依法从业与过度竞争间提供了一个必要的缓冲地带。

三、怎样依托新闻伦理实现道德自律

媒体在发展的过程中，吸收社会文化意识形态的影响，形成了相对系统的道德伦理观，并在行动上外化为遵循崇高的行为准则，以此来保证新闻的真实并捍卫社会的基本精神。

早期的媒介伦理思想，一方面呼吁新闻从业人员的文字要符合全体公民认可的社会伦理精神，另一方面又呼吁新闻从业人员要忠于社会公共利益而不屈从于商业利益。

无论是新闻职业道德规范的制定，还是新闻职业道德的确立，最终仍然决定于新闻从业人员自身的内在信念。内在信念的树立需要新闻从业人员以及学界专家的独立反思，新闻道德伦理在这种基础上不断发展。

反观众多的新闻伦理理论，始终贯穿着真实、准确这一恒久的信条。坚持新闻真实性原则也是中西方通行的职业道德理念。它是新闻从业人员道德理念的出发点和终点。

新闻伦理表明新闻报道行为的准则及其理论，与法制无关，属于自律范畴。为了使新闻报道能维持它的真实性原则并有效承担起社会赋予的“道义良心”的责任，需要建构一个卓有成效的伦理体系。

新闻伦理除了具有从属于政治道德的特性外，还具有社会层面的公共道德性。新闻道德伦理是对新闻报道活动的精神指针，具有思想层面上的约束意义。

首先，从大的意义上说，媒体的道德伦理是全社会的道德指向在新闻报道中的体现。新闻通过报道的方式对社会中各种现象做出自己的判断，它是社会伦理道德在新闻上的表达，是社会伦理道德的组成部分。

但基于新闻具有的影响力，新闻道德伦理在社会伦理道德中占有重要的地位。

其次，从传播新闻的角度看，新闻是由许多个体或是持同一价值取向的团体的名义进行采集并发布。新闻的道德伦理也体现于此过程中，新闻从业者个体的道德伦理观直接影响媒体道德伦理的构成。政府或是行业管理部门也对传统媒体的道德伦理的建构起重要的综合协调作用。

新闻道德还不同于新闻法规。新闻道德不以法律形式表现出某种刚性意义，更不依靠国家机器通过强制手段迫使记者遵从；而是记者在长期新闻报道实践中逐渐形成的，具有深刻的职业意识，外化于报道者的品格修养。其次，新闻道德是一种内在规范，其内容与法律虽然有重叠之处，但约束标准、约束对象却不相同。从实质上看，只有新闻工作者真心诚意地接受，并转化为个人的情感、意志和信念时，新闻道德才有可能发生作用，也就是说，新闻道德的执行，完全出于非强制性的自律，取决于新闻记者的职业良心。

媒体自律，基于媒体自身道德伦理的要求。媒体自一诞生起，就具备强大的社会影响力，影响着社会发展的方方面面。媒体的形式也随着技术发展不断扩充，从报纸、广播、电视到互联网等新兴媒体，媒体对社会产生影响的方式日益丰富，媒体的影响力也不断提高。与影响力相伴而生的，是基于媒体自身道德伦理要求的自律。

媒体自律作为缓冲政府与媒体间产生直接对峙的手段，在 19 世纪末被率先引入西方的新闻业，是媒体发展到一定阶段的必然产物。在 19 世纪中叶的报业时代，新闻被称为贵族、僧侣、平民以后的“第四阶级”。在美国则被看成是政府行政、立法、司法以外的“第四部门”。媒体在政治民主化、经济工业化和社会现代化方面，担任着极其重要的角色。但行业垄断和不良新闻的泛滥，也使得新闻业危机丛生。为了维护行业的利益，促进行业良性发展，新闻行业的有识之士开始主动提出自律措施。

1896年，《纽约时报》发行人奥克斯（Adophs）率先在其报眼上公开宣称，“本报所有新闻都是值得刊登的”，表明《纽约时报》新闻自律的态度，反对虚假新闻和黄色新闻。奥克斯的宣言为新闻自律的实践提供了鲜活的范例。之后，新闻人和学者各司其职，在各个领域为新闻自律的实践做了有益的探索。1904年，普利策（Pulitzer）在《北美评论》专论文章指出：“只有最崇高的理想，最严谨追求真理的热望，最正确的丰富知识，以及最忠诚的道德责任感，才能将新闻事业从商业利益的臣属，自私自利的追求，以及社会利益的敌对中拯救出来。”①

新闻界的从业者逐步达成共识，要真正维护新闻自由，保障个人与社会的公益，必须在新闻行业中制定严格的行业标准，并严于规范，以保证报业、个人与社会三者之间的利益平衡。1911年，美国密苏里大学新闻学院创办人威廉斯博士（Dr. Walier Williams）制订了《报人守则》。1923年，美国报纸编辑人协会制订了《报业信条》。1934年，美国记者公会通过《记者道德律》以及此后制订的《广播规范》和《电视规范》等。② 这些规范适应新闻自律的需要，提升了报业的自律水准，也因此缓和了新闻行业与社会和个人之间的矛盾。

在我们国家，承担新闻自律和新闻评价的单位是以中国记者协会为首的行业同盟。我国向来重视新闻行业组织，重视新闻自律。1937年成立的中国青年新闻记者协会是我国重视行业组织的发端，也是新闻自律的萌芽。1991年，中国记协颁布实施了《中国新闻工作者职业道德

---

① 周鸿书：《新闻伦理学纲要》，新华出版社，1995年。
② 周鸿书：《新闻伦理学纲要》，新华出版社，1995年。

准则》，这是我国新闻自律的正式开始。1999 年 12 月 15 日，经中国报协书记处会议讨论通过，《中国报业自律公约》公布实施。《中国报业自律公约》的公布实施，有利于报业之间开展公平、公正、规范有序的竞争，有利于报业的发展，它的公布实施是中国报业竞争走向真正成熟的一个重要标志。2002 年 3 月，中国互联网协会发布了《中国互联网行业自律公约》，对互联网的运行服务、网络资源、网络产品开发等领域的自律事项做出规定。

法律是媒体他律的最后一道屏障。一个健康的新闻界，并不需要太多法律的介入，法律应只是最后的救济手段。但正如道德与法律是社会不可或缺的两大平衡器一般，媒体也需要来自法律的约束和相关规范，也即他律。这些约束基本上来自政府、学界和民众。从具体形式上分，大概可分为：国际公约、国家制定的法律法规、政府颁布的法规和条令、具有法律效力的自律规则及民众根据上述规则用不同形式采取的他律行为等。

从种类上看来，媒体法律主要包括宪法、一般法、专门法、国际条约和国际惯例。宪法给予公民的言论、出版、新闻及表达自由等权利，构成媒体法主要涉及的内容，它们在现实生活中以新闻传播活动体现。媒体传播活动贯穿在社会的各个方面，几乎涉及一个国家一般法约束的所有领域。专业法指的是专门针对新闻传播业务制定的法律规范。主要包括两类：一种是针对传播活动的法律，以新闻、传播等命名的。如法国《新闻自由法》、俄罗斯《大众传播媒介法》等。一种是与传播活动的具体行业相关的法律，比如出版法、广播法、报刊法、电视法等。除了本国的上述法律之外，相关的国际条约和国际惯例也是各国媒介法的重要渊源。

政府颁布的条令法规也是媒体社会他律中的重要一环。相比法律，政府颁布的条令法规更具有针对性和操作性，是针对现实生活中的具体问题做的比较及时的约束。

在许多国家，自律规则多是行业内部的管理规范，不具法律效力。但在行业发展比较成熟的一些国家，国家赋予自律规则以准法律的效力。如在英国，新闻界的两个自律机构“报业投诉委员会”和“广播电视道德标准委员会”是英国议会通过立法程序设立的，能代行法律权力。在英国、意大利等国家，新闻记者组织的自律规则拥有准法律的地位。①

民众依法查纠是新闻他律最重要也是最广泛的来源。“民不告官不究”是法律界默认的法则。在英国，行业协会主要依靠核实民众的投诉来实施行业自律。在接到电话投诉后，行业组织会及时进行核实取证，视其程度采取诸如告知、诫勉以及诉诸法律等措施。

第二节　社会转型中的核心价值观重构

任何一个人活在世上，都会自觉不自觉地拥有自己的世界观和方法论，它决定着人们的思想和行为。由人类群居而成的各个文明社会，纷纷在社会实践中形成符合自己追求的核心价值观。每个社会转型期，都是社会价值观重构期。中国古代影响最为广泛的是儒家的“礼义廉耻，国之四维”，它是中国封建社会的核心价值体系。但随着近代西方的船舰攻陷国门，儒家价值观在资本主义契约伦理精神的冲击下一败涂地。新文化运动在此基础上应运而生。1919 年五四运动爆发前后，胡适、陈独秀、鲁迅、钱玄同、李大钊等一些受过西方教育（当时称为新式

① 魏永征、张咏华、林琳：《西方传媒的法制、管理和自律》，中国人民大学出版社，2003 年。

教育）的人发起“反传统、反孔教、反文言”的思想文化革新、文学革命运动，受到广大青年以及对社会现实失望的民众的拥趸。以新文化运动为起点的反传统运动改变了儒家文化在中国社会中的主导地位，引进了马克思主义等诸多外来理论和价值观，但过于决绝地否定儒家文化，也使得中华文脉一度中断，价值观混乱，信仰缺失。屹立世界文明几千年的中华价值体系竟一度在西方自由、民主、平等的“普世价值”前黯然失色，迫使我们不得不重提理论自信、道路自信，以及最根本的文化自信。

一、价值观重构在于时代要求

新文化运动开启了中华价值观重构的序幕，但随后多年的战乱以及新中国建立后政治运动频仍，都未能重新树立一个可堪接续儒家传统的新的价值体系。改革开放以来，正统价值观依旧旁落。进入 21 世纪，随着经济的发展，互联网科技的进步，地球变成了地球村，各式各样的信息触手可及，人们的思想也随之日趋活跃。新自由主义、新民粹思想、重商的消费主义以及一切唯西方是从的种种思潮在国内广泛传播，人们开始持续讨论我们的信仰缺失、价值沦陷问题。这些社会多元化思潮的传播和问题的提出，都对原有的马克思主义理论体系提出了挑战，人们日益意识到，中国需要一个更为开放、兼容、更符合中国实际的价值体系来支撑并引领自己前进。这也意味着，原有的马克思主义理论体系必须就这些现实问题提出解决方案，社会主义核心价值体系因此应运而生。

2006 年 10 月，中共中央十六届六中全会《决定》第一次提出建设社会主义核心价值体系的战略任务。2007 年底，中共中央“十七大”则首次将“建设社会主义核心价值体系”纳入报告。指出，社会主义核心价值体系的基本内容包括四个方面：一是马克思主义指导思想。二是中国特色社会主义共同理想。三是以爱国主义为核心的民族精神和以改革创新为核心的时代精神。四是以“八荣八耻”为主要内容的社会主义荣辱观。在民间，一些自发的读经、学习儒学经典的新儒学运动也在发酵。以佛教为代表的宗教文化也在复兴。无论庙堂还是民间，人们都开始着力重树我们的价值体系。

十八大以来，国家对社会主义核心价值体系的建设更为深入，对于传统文化的传承也更为具体。习近平总书记多次到访曲阜，倡导儒家文化，并一再强调，“抛弃传统、丢掉根本，就等于割断了自己的精神命脉。博大精深的中华优秀传统文化是我们在世界文化激荡中站稳脚跟的根基”。

社会主义核心价值体系的提出，无论对于全社会深化中国特色社会主义本质的认识，还是对于大力追逐中国梦，都具有十分重要的意义。它是社会主义上层建筑的重要组成部分，构成了社会主义制度的精神内核，它决定着社会主义未来的发展方向、模式和道路。没有它的引领，探索中国复兴之路、实现中国梦就会迷失方向。

一项先进的、符合中国当前实际的创新理论体系，必将大大推动社会发展。从社会的现实实践看，社会主义核心价值体系自 2006 年提出至今，已以其系统的理论架构、丰富的内涵、兼容社会各阶层的关切，系统回应了在中国当前发展阶段出现的一些问题，并在实践中不断丰富充实内涵，得到社会各阶层的积极参与。

在社会转型期这个变化特别剧烈、思想特别纷乱的发展阶段，尤其需要正确价值观的引领。媒体作为社会价值观的倡导和传播平台，应充分发挥其特有的媒体特质和引领作用，以形成合力，使这项创新理论成果早日焕发出应有的光辉。

二、重构价值观的几个要素

重构价值观，首先需要更加响亮的概念，以凝聚共识，继往开来。恰如习近平同志在2013年全国宣传思想工作会议上指出的，要加强话语体系建设，着力打造融通中外的新概念、新范畴、新表述，讲好中国故事，传播好中国声音，增强在国际上的话语权。中国梦就是这么一个融通中外的新概念，既与美国梦、英国梦乃至世界梦相互融通，又创新性地将国家、民族、个人梦想合而为一。实现中华民族伟大复兴，是近代以来中国人民最伟大的梦想，其基本内涵是实现国家富强、民族振兴、人民幸福。中国梦是13亿中国人民的共同梦想，不仅是历史的、现实的，也是未来的。中国人怎么想、怎么做，中国未来向何处去，都体现在中国人民追逐梦想、实现梦想的故事之中。

抓住社会转型期的机遇重构价值观，使之成为当下社会的普遍价值。我国学者陈寿灿研究认为，“每一时代的核心价值观的确立都奠基于社会转型时期，古希腊城邦美德精神发轫于由迈锡尼文明向城邦文化转型的进程中；中世纪的宗教精神则形成于宗教世界凌驾于世俗社会之上的社会进程中；近代以来的资本主义契约伦理精神则完全发轫于新兴阶级对西方传统精神的批判与反思”①。转型期社会面临各方面的转轨挑战，人们需要新的价值引领。尽管重构价值观非一朝一夕之功，需要全社会上下付出坚持不懈的努力，但作为信息传递的枢纽和社会讨论的公共平台，媒介应充分发挥自身优势，引导社会精英和平民百姓共同构建更具包容性的社会价值体系。

---

① 陈寿灿：《西方社会的价值观演进对于“我们的价值观”的启示》，《浙江社会科学》2012年第5期。

重构价值观，不能回避中华文明，相反，应更多借重传统文化。中华民族拥有五千多年辉煌灿烂的发展历史，在漫长的历史发展长河中，正是这种源远流长、历久弥坚的中华文化，才使中华民族能饱经沧桑而不倒，历经磨难而不亡。在中华民族五千多年的悠久历程中，中华文化汇聚百家之长，形成了儒、道、法、墨等诸子百家思想体系，形成中华民族特有的信仰追求、价值取向、文明准则。中华文化以其海纳百川、有容乃大的气魄，自强不息、刚健有为的精神，以及醇厚中和、强不执弱的道德风尚，构成了中华民族最深厚的软实力，成为中华民族屹立于世界民族之林的坚强基础。

重构价值观，应充分融入社会生活与制度建设。我国古代的儒家文化，不仅与人们的日常生活方式紧密相关，且多数核心价值能进入到当时的社会制度层面。儒家价值观不仅通过公共活动、宗教仪式与社会生活渗透在社会生活的方方面面，也塑造人们的生活方式与人格特征。西方社会的核心价值也大抵如此。如“城邦美德在城邦制度中的确证，宗教精神在教义中的体现，契约精神则通过立法等制度建构而得到制度的保障”。可见，任何社会价值观都是借助建构各种制度和伦理规范来整合个体行为的。所以，我们应逐层梳理价值观的外化形式，使之真正进入到社会生活和机制建构中，成为名副其实的社会价值导引风向标和标准体系。

重构价值观，还应注重构建融通中外的话语体系，吸收消化优秀的外来价值体系。我们要在重点梳理我国独特的文化传统、独特的历史命运、独特的基本国情的基础上，坚持古为今用、洋为中用，去粗取精、去伪存真，构建既有中国特色、中国气派，又能与国际社会开展有效对话的话语体系，使得中华价值得以与世界价值展开畅通无碍的交流。

在世界经济一体化和信息传播全球化的大背景下，中国要真正实现

“走出去”战略，讲好中国故事，传播好中国声音，重构一个融通中外的价值观既是最重要的出发点，也是必将到达的终点。面向世界重构价值观，吸取世界文明的能量，则也必将成就一个更加兼容并蓄、更加强大的价值观。

第九章　两个舆论场与媒介变革

近年来，随着新媒体用户激增以及网络草根影响力的扩大，网络公共空间的重要性日益凸显，但这种新的媒介形态所附带的谣言、过度炒作、语言暴力、商业操控、无政府主义等负面特征也给社会转型期的媒介管理构成了巨大的挑战。如何应对伴随媒介发展和变革而来的“两个舆论场”问题，已成为意识形态战线亟须面对的现实挑战。“两个舆论场”问题中所包含的意识形态对立、社会族群分裂、共同体意识缺乏等，都是当前亟须面对的理论和现实议题。究其根本，“两个舆论场”的实质其实是传统舆论管控体系的失控，政府再也无法完全掌控信息传播的源头和传播渠道。“两个舆论场”问题的出现，给现有的政府执政体系带来了前所未有的挑战，迫使政府从根本上改变应对舆论危机的模式。由政府主导的网络舆情研判和网络评论员等业务的快速增长也正因此而起。

第一节　两个舆论场的形成机理

进入互联网时代以来，由于传统媒体与新媒体信息传播的差异，在一段时间里造成“两个舆论场”并立的现象，有时甚至出现某种程度的对立，传统媒体严格奉行马克思主义意识形态，新媒体则在总体上倾向于新自由主义的同时，也给新左派、民族主义等思想提供传播空间。“两个舆论场”其实并非互联网时代的独有产物。在党报和都市报时代，由于传统媒体奉行“党报负责导向，都市报负责市场”的管理思路，当时这种现象就已经有所萌芽，只是由于报业的地域区隔等原因，影响力相对有限。互联网则突破传统的行政划分，一举冲破地域新闻与国家新闻乃至国际新闻的界限，使得互联网的触角和影响力达到前所未有的高度，也使得互联网舆论的力量动辄在瞬间爆发出第一媒体的能量。

一、“两个舆论场”缘起

（一）新媒体崛起改变舆论格局

自互联网诞生以来，新媒体以海量、互动、个性化的信息服务且可随时随地随身发声的特点，迅速赢得用户的青睐，跃居到达率最快的媒体。在突发事件发生时，它亦凭借无所不在的自媒体当仁不让地成为传播内容最为详尽、传播速度最快、到达率最高的媒体。“人人皆可发声”的自媒体的出现，从根本上改变了以往以“把关”作为主要标志的舆论格局。人人皆可发声，意味着“把关”成为个人的责任，而不再限于媒体机构的特定职能。“众声喧哗”也因此成为互联网舆论场的特征，与传统舆论场形成鲜明的对比。

（二）用户及信息消费习惯迁移

媒体的影响力在于其对受众的思想和行为所起的作用。随着信息科技和新媒体平台的高速发展，新媒体用户得以迅速增长。据中国互联网信息中心统计，截至2014年6月，我国网民达6.32亿，手机上网人数已超5.26亿，国内主流社交软件微信客户端的注册用户已超10亿。与以往媒体单向传播可管可控不同，秉承双向互动交流的新媒体舆论场汇聚了网民的观点见解，使得互联网舆论场呈现出前所未有的多元化，并以信息交互中的裂变传播爆发出超乎寻常的能量。用户的信息消费习惯也自然而然从以往的传统媒体迁移至新媒体，频繁使用新媒体。在以手机为代表的新媒体上观看信息、评论信息，发布微博、微信，已经成为新一代网民的生活习惯。

（三）草根表达挑战主流话语体系

值得注意的是，高速发展期和社会转型期对于“两个舆论场”形成起到不可回避的推波助澜的作用。一方面是自媒体蓬勃发展带来的个体话语权的解放。一方面是高速发展期和社会转型期带来的社会利益格局的重新分配。牵扯其中的则是我国日益不能满足群众需求的政治经济体制格局。自上而下推动的改革以“建设性讨论”、“不争论”为重要标签，主流舆论场代表这部分立场。由互联网自下而上发出的群众呼声则要求不折不扣保障民众权益，鞭挞社会不公现象。客观而言，这两种根本立场本质上是一致的，是可以统一的。然而，由于相关部门过度强调维稳，行政效率难尽人意，及信息公开不及时以及懒政、惰政甚至腐败等原因，由主流舆论场发出的声音往往回应不了互联网草根的质询，导致出现“两个舆论场”各行其是。

二、“两大舆论场”的破解之道

之所以形成“两个舆论场”，其实亦是发展和改革过程中出现的阶段性现象。随着媒体改革的深入，“两大舆论场”现象将自然消解，而起点则是高层的重视。2013 年 8 月 19 日，习近平总书记在全国宣传思想工作会议上做出重要讲话，从理念、手段、基层工作等方面对创新宣传思想工作提出了明确要求，要求“加强对宣传思想领域重大问题的分析研判”，要根据形势发展需要把网上舆论工作作为宣传思想工作的重中之重来抓。2014 年 8 月 18 日，时隔一年，习近平总书记再度强调指出，要推动传统媒体和新兴媒体融合发展，遵循新闻传播规律和新兴媒体发展规律，强化互联网思维，坚持传统媒体和新兴媒体优势互补、一体发展。

传统媒体与新兴媒体一体发展，“两个舆论场”自然化解。之后的课题，则将演化为如何在一个统一的舆论场中形成主流价值的强势地位。以加快建设主流新兴媒体的战略部署来破解“两个舆论场”难题，是建立在对网络发展现状清晰的认识和理解之上，是对科技发展趋势深刻的洞察和把握，具有很强的科学性、指导性。把网上舆论工作作为宣传思想工作的重中之重来抓，标志着中国新闻事业已正式迈上网络快车道。新媒体将以它特有的包罗万象的舆论场，不仅促进现有舆论格局的转型升级，更将成为治国理政的重要工具，帮助中国顺利度过社会转型期。

化解“两个舆论场”现象，我们可通过增强创新意识、加强创新举措、形成创新机制，探索社会信息化条件下做好舆论引导工作的新途径、新办法。

（一）创新工作理念，主流媒体要发挥更大作用，主动引领舆论强势

1. 设置更高层次议程，占领舆论高地。传统媒体通过议程设置使得全社会围绕特定议程进行沟通、协调，以达到思想统一，起到良好的舆论导向作用。新媒体舆情则往往以不期而至的矛盾爆发作为开端，矛头直指某一久被诟病的社会不公现象，通过微博、博客、论坛等公共舆论空间瞬间引燃，成为全社会热议的焦点，使得舆情承受方猝不及防，应对乏力，“谈网色变”由此产生。面对这种局面，传统媒体应转变观

念，发挥自身专业积累，提出更高层次的议程设置，涵盖既有互联网舆情，以继续引领和主导议程，切实占领舆论高地。

2. 吸纳网络领袖意见，纳入主流话语体系。传统媒体囿于维护社会稳定等思维限制，习惯于官方语言，在直接披露社会矛盾上相对保留，语态相对陈旧。网络意见领袖则比较活跃且语态亲民，所以其网络影响力强于传统媒体的不平衡态势客观存在。主流媒体要发挥更大作用，应将网络意见领袖请回主流媒体，在吸纳其意见的同时对其实施正面引导，将其纳入主流话语体系。

（二）创新工作举措，行政管理、行业管理和社会管理要形成合力，加强对网络舆论场的管理和疏导

1. 创新社会管理机制，疏导网络民意。作为当今社会最为活跃的公共舆论场，网络舆论场所呈现的舆情是影响社会和谐稳定突出问题最新鲜、最丰富的信息源，借助新媒体改进公共治理，是当前成本最小、风险最低的政治体制改革举措。理应也必须及早将网络舆论场纳入实体社会的有序管理，将其和实体社会管理相结合，与政府相关部门直接衔接，建设各类顺畅的矛盾化解机制，以有效疏导民意，使网络民意切实成为改进民生和提高政府执政能力的催化剂，成为实现中国梦最为重要的舆论阵地。

2. 创新行业管理，确保舆论平衡。作为社会转型期的矛盾展示窗口，网络舆论场有时候会集中呈现一些社会负面信息，对舆论走向造成负面影响。网络精英和网民的选择性关注特性也容易引发舆论失衡。因此，应通过创新行业管理方式，敦促网络舆论场运营单位提高责任意识，为社会公众提供平衡的、开放的舆论环境，确保任何时候舆情都不呈“一边倒”的非正常状态。

3. 创新行政管理方法，引导网络自净。政府行政部门应创新管理

方法，倡导行业加强管理和培训，鼓励行业展开自律和他律，维护良好的网络舆论生态。充分尊重网民自由发表言论的权利以及网络舆论场的管理权，只在网民发表不法言论或网络舆论场运营单位疏于管理时才以行政或法律的方式加以正式干预。

（三）创新发展模式，从国家战略高度整合资源，做大做强主流媒体新媒体

之所以出现“两大舆论场”，跟主流媒体新媒体实力不强直接相关。主流媒体新媒体作为党和政府进行网络新闻传播的主力军，多年来自觉接受党的教育和领导，是马克思主义意识形态坚实可靠的新媒体阵地，但由于体制机制等多方面的束缚，其总体实力较商业网站存在较大的差距。在宏观上，应从国家战略高度对于主流媒体的新媒体建设进行总体顶层设计，通过政策倾斜、技术投入、资源整合、人才激励、资本运作等系统创新，做大做强主流媒体新媒体，全力打造富有中国特色的主流网络舆论场，对商业网站舆论场的影响力构成有效制衡。在微观上，可将一些传统公益宣传项目转交主流媒体新媒体完成，一方面实施传统宣传战略转型，一方面加大资源倾斜力度，并鼓励其在主业基础上进行上下游产业链延伸拓展，如终端产品、演艺经纪乃至主题文化产业园区等，加快培育主流媒体新媒体。

总而言之，对于一段时期以来出现的“两个舆论场”问题，相关管理部门应本着“疏堵结合，以疏为主”的态度，以创新举措来化解现实难题，以扬长避短，趋利避害，切实打通“两个舆论场”，使之成为“巩固马克思主义在意识形态领域的指导地位”、“巩固全党全国人民团结奋斗的共同思想基础”的重要支撑。

第二节　“众声喧哗”下的网络公共空间管理

自中国在20世纪90年代接入国际互联网以来，网络公共空间开始作为中国网民在线应用的组成部分发展至今，成为汇集草根民意的重要舆论场。在影响力上，网络公共空间已与传统新闻机构发布的新闻信息形成鼎足之势，在一些热点事件上甚至超过前者。从发展轨迹看，中国的网络公共空间包括论坛、新闻跟帖、博客、贴吧、社区、空间、播客、社交网站、微博、轻博客、微信等多种形式。目前，这些形式基本并存，但最具影响力的还是近年来迅速崛起的微博、微信。鉴于微信更多服务于私人空间，公共影响力不明显，因此，本节将重点剖析微博的发展脉络，以把握网络公共空间的特点和发展规律，进而探寻如何以创新思维将网络公共空间纳入有序管理。

一、微博的爆发式发展对政府监管构成重大挑战

（一）微博在近年来得以实现爆发式增长

尽管微博作为一种新的媒体形态已经存在八九年了，但在中国形成规模效应还是自2009年8月新浪发力强推此项业务开始的。如今，微博已作为门户网站的标配，成为各家必争的核心应用。截止到2012年6月30日，新浪微博注册用户已达到3.68亿，平均每日活跃用户达到3650万，新浪微博用户的使用时长也保持了高水平，大约为平均每日使用一小时。据DCCI发布的2012中国互联网网民网络使用行为调查，新浪微博用户占总网民用户的比例为87.67%，渗透率之高可见一斑。

（二）微博在短时间内实现爆发式增长，在于自身的特性与门户网站强大影响力的有效结合

首先，它是一个低门槛易操作的大众化传受平台。作为一种基于Web2.0的新兴媒介形态，微博不要求大的篇幅，一般不超过140个字符。所以，从语言上，它已经从博客的精英话语形态转向大众话语形态，不仅便于一般用户参与，拉近了用户与明星、精英的距离，使他们能直接与自己喜欢的明星、精英进行一对一的沟通，还更易于使用户成为一个多产的信息发布者。在参与上，用户可以通过互联网、MSN、客户端、手机等多终端实现随时随地发布和接收微博。这些特性帮助微博在参与人数以及渗透程度上实现较大突破。其次，它的优势在于碎片化即时传播。微博上的信息多是不成系统的碎片化信息，或是对某个事件的简要表述，或是只言片语的情绪表达，或是一张随手拍摄的图片，它的表达呈现出更多的观点特征。这种颠覆传统语言系统、无须用户进行字斟句酌的短小形态，有助于用户随时随地参与即时传播。正是这点极大地改变了突发事件的传播生态，使得微博成为最为重要的新闻源头之一。再次，社交化病毒式传播也是微博极其重要的一个特性。由于微博是基于熟人社交网络的传播，所以它的传播到达率是一般传媒所无法比拟的，也因此成就了微博围观的力量。而名人精英对于普通微博信息所起到的点石成金般的推波助澜效应，更使得微博的传播力达到一般传媒所无法企及的境界。这也是微博在短时间内得以形成强大影响力的关键所在。此外，熟谙传播技巧的门户对它的强势推动也很重要。新浪巧妙地运用自己所拥有的名人资源和传播技巧，迅速撬动了微博这个大蛋糕，使之成为门户网站争相追逐的新兴业务。

（三）名人精英言论权力过大以及网友选择性关注的特征使得微博舆论环境存在隐忧

2011 年，由武汉大学完成的一份《微博意见活跃群体分析报告》显示，虽然微博给予了大众说话的权利，但公共事件中的话语权力依旧掌握在少数精英手中。一般大众要么处于自说自话的状态中，要么被意见活跃分子潜移默化地影响。还有就是在微博中，大家会倾向于关注与自己意见相近的用户，而忽视那些与自己兴趣、观点和思维习惯不一样的用户，形成选择性关注。新浪等微博平台对于同类型用户的自动聚合，则又形成了“协同过滤”，这样的结果可能导致包括意见领袖在内的用户群的意见被集体绑架，出现群体极化的现象，偏离对事件的正确认识。

（四）谣言、出位炒作、语言暴力、商业操控、无政府主义等负面特征随之而来，给政府监管构成重大挑战

首先，这种效应体现在，谣言即时传播无限裂变，真实信息反而成为被孤立的少数派。我们知道，微博的传播方式既不是传统媒体的线性传播（One To One），也不是网络媒体的网络传播（One To N），而是一种呈几何级传播的裂变传播（One To N To N），其传播速度和传播广度远远高于之前的任何一种媒介产品。这也使得对于微博的信息把关变得前所未有的困难，微博一度成为滋生谣言的温床。复杂的传播链和难于把关的特性也决定了此时的网络舆论呈现出极度让人不安的无序化，对政府监管构成挑战。在中国对利比亚撤侨事件中，微博上就曾出现类似谣言，诸如工人一时没有撤出的未经证实的信息，经过用户几万次的自动转发，传播效果得以级数裂变，以致最终民众反而难以相信真实信息。其次，吸引眼球博出位，谎言反而胜真相。网络素以出位炒作博眼球著称，微博也不例外。这类非常规的信息往往给网民造成很强烈的先

入为主的印象，使他们不易再接受与之相反的信息。在杭州 事件中，最后杭州公安发布的真实信息，反而在网络上引起一阵唏嘘声。当网友们习惯了围观若小安出位的微博生活秀后，已经宁愿相信若小安是个失足妇女，也不愿接受“她”是个 80 后男性杂志主编的恶作剧。再次，发声多负责少，网络社区维权难。在网络社区中，围观的用户往往出口伤人，甚至是恶意诽谤，给新闻当事人造成很大的困扰。然而，由于网络的虚拟特征导致取证难以及法律界定尚未完全对位等原因，除了少数当事人采取法律手段维权获得成功，如金山诉周鸿祎微博诽谤胜诉案，多数人很难维护自己的权利。还有就是无孔不入的网络推手对于微博的商业操控以及因微博过多暴露社会阴暗面而引发的无政府主义甚至是反政府倾向，这些都对维护正常的社会舆论秩序构成了挑战。

总之，由于微博发展过快，且其发展形态处于不断演变中，导致政府监管未能及时跟上，使得微博无序化传播的负面特征未能得到有效纠正。这种监管缺位的最大弊病是，由于反应不及时以及传播能力普遍偏弱，以往强势的政府在某种程度上正成为微博语境下的弱势群体，这种始料未及的结果反过来也使得微博成为媒体形态的弱势群体。正因为得不到政府的信任，新浪微博在长达 3 年的时间里都是未获运营许可的测试版。也就是说，微博发展中出现的无序化特征不仅侵犯了一些人和机构的权益，挑战了政府的权威，同时也限制了微博自身的发展。

二、网络公共空间管理和引导面临的新形势

随着网络信息科技的迅猛发展，网络公共空间的形态越发多样化，传播广度和深度也日渐加深。虽然微博只是网络公共空间的一部分，但其所反映出来的问题是网络公共空间面临的共同问题，只是微博呈现出来的矛盾体现得更为集中、更为激烈，社会影响更大。分析可知，网络

公共空间之所以如此兴盛，特别是微博的井喷，一是与当今世界和中国经济、社会、文化、科学技术特别是信息技术的大发展直接相关；二是与民众的维权意识极大增强有关，民众要求“发声”，要求表达自己的意愿，特别是对于无法了解到真相的问题或认为不公平、不公正、不公开的问题希望表达自己的观点，而微博的各项特点非常适合民众的要求，一拍即合；三是当今社会所面临的问题错综复杂，人们（包括政府）在处理问题时难免会存在一些不尽人意的事情，经网络放大了。因此，自微博这种新媒体形态投入使用以来，当前网络公共空间管理和引导的形势更加严峻了，面对的问题更加复杂。

（一）网络公共空间舆论裂变

从BBS、新闻跟帖、博客、播客、贴吧发展到如今的微博、轻博客，网络公共空间舆论的裂变态势更加明显。从当初BBS的One To N的传播模式到如今微博的One To N To N，名人、媒体、公共机构及网民等不同层次的传播主体同步发布信息，网络公共空间的信息传播模型更为复杂，传播的范围更广，传受的速度更为快捷，传播的影响力更为显著，网民的思维方式也更为跳跃。相对应，管理和引导的难度也大大增加了，封闭式的管理和就事论事式的引导已经很难适应网络公共空间管理的新形势了。

（二）政府信任危机投射网络空间

由于中国经济高速发展，社会转型正在加速，各种社会矛盾更为频繁地爆发，网络公共空间正好充当了这些民意表达的窗口。因此，网络公共空间所承载的不仅仅是传播，它已经成为发布社会矛盾的公器、疏解社会矛盾的缓冲器以及维系民众与政府关系的稳定器。目前在这个公共空间里，由于“民多官少”，且官方发布的语态通常不适应网络传播，所以舆论上客观存在“民强官弱”的不平衡态势。

（三）官方新闻网站网络社区影响力偏弱

长久以来，官方新闻网站在传递党和政府的声音、促进网络舆论平衡传播上起到至关重要的作用。人民网、新华网、CNTV 等官方新闻网站网络社区的互动产品也发展得比较完备，且均办出一定的特色，比如人民网的强国论坛、新华网的发展论坛、CNTV 的博客。但由于新闻网站的总体流量较商业网站仍有一定差距，尤其是在微博时代，以新浪为首的商业网站采取的重金投入、强势资源注入、注重技术开发等超常规做法，再度拉大了商业网站网络公共空间与官方新闻网站之间的距离。新浪微博甚至以其第一媒体信息发布平台的强势地位，整合了包括腾讯新闻在内的多数新闻机构的信息。这些因素不仅削弱了官方新闻网站网络公共空间引导和平衡社会舆论的功能，更可能严重威胁到官方新闻网站在我国网络新闻传播格局中的战略地位。

（四）民意要求采取更为宽松的管制架构

微博的非常规增长使得它在发展初期获得较为宽松的管制环境，规避了一些常态监管。然而，随着微博注册用户人数的增多，用户们却适应了这种环境，不愿接受本应接受的法定管理。在这种背景下，但凡监管部门采取一些例行的管理措施，就会引发较大的反弹声浪，这也迫使政府必须采取更为符合民意的措施来进行管理。但是，真正的挑战在于，很多时候民意往往超乎政府的能力之外。

总体而言，网络公共空间管理和引导当前面临的新形势主要体现为发展中的问题，完全可以在发展中得以解决。目前其形势之所以显得格外严峻，还在于网络公共空间的发展水平超出了监管部门的管理能力，也即马克思所说的，生产关系不能适应生产力的发展。当然，这样的结果并不意味着监管部门疏于职责，主要还是因为人们在短期内很难对微博这样的新事物进行准确界定并制定合适的制度加以管理，所以，其管理在一定程度上必然会出现稍微滞后的现象。

三、网络公共空间管理和引导应采取的新思路和新举措

综观微博乃至网络公共空间对于政府监管构成的挑战，其实主要还在于谣言、炒作、盲目跟随、情绪化表达、语言暴力、商业操控乃至无政府主义等负面因素。这些负面因素的核心，呈现为突出的无序化特征。这个无序一方面表现为网民表达传播上的无序，一方面则体现为管理上的无序，如缺乏系统有效的配套管理措施。

对于如何管理互联网以及动员人民参与社会的有序管理，党中央曾在十六届六中全会通过的中共中央关于和谐社会建设文件明确提出，要“通过互联网，拓宽社情民意表达渠道，搭建快速广泛的沟通平台”，并在十七大报告指出，要“从各个层次、各个领域扩大公民有序政治参与，最广泛地动员和组织人民依法管理国家和社会事务、管理经济和文化事业”。作为当今社会最为活跃的公共舆论场，网络公共空间所呈现的舆情是影响社会和谐稳定突出问题最新鲜、最丰富的信息源，借助互联网改进公共治理，也是当前成本最小、风险最低的政治体制改革举措。因此，理应也必须及早将网络公共空间纳入实体社会的有序管理，使之成为建设社会主义和谐社会的最为重要的舆论阵地。

基于上述判断，笔者认为，要做好网络公共空间管理和引导，应着眼于如何抛开现有管理格局的桎梏，从全局的高度来审视网络公共空间对于加强社会管理的特殊作用，从而将无序的网络舆论纳入有序的管理。

（一）加速转变观念，提升政府执政及危机公关能力

网络公共空间所呈现的矛盾尤其是重大社会矛盾往往与政府的不当执政有关。网络公共空间中的一些舆情事件热度持续走高，也与政府应对不力有关。但有关方面在应对此类事件时，往往将网络视为添乱，不愿反思自身工作的不足。要做好网络公共空间的管理和引导，当务之急，在于加速转变观念，通过着力提高政府的执政能力，确保政府在执政时稳妥公平，不激发无谓的社会矛盾。同时，政府还须在应对危机时保持真诚的交流态度和较高的专业素养。因为出现问题并不可怕，可怕的是不敢面对问题。而提高政府危机公关能力的关键，一在真诚，二在快速应对。所以，有必要针对提高政府危机公关能力展开相关培训，提升政府应对网络舆情的快速反应能力，并鼓励相关机构和官员开设微博、博客、播客等社区账户，通过与网民、网络意见领袖进行平等交流等方式，积极参与到网络公共空间中去，扩大自身在虚拟空间中的影响力。

（二）创新社会管理机制，疏导网络民意

网络公共空间展示的无序化的网络舆论实际上只是现实社会的折射，只是标不是本。要切实管好网络公共空间，应立足于“以疏为主、疏堵结合”的管理策略，创新理念，将网络公共空间和实体社会管理相结合，与政府相关部门直接衔接，建设各类顺畅的矛盾化解机制，以有效疏导民意，使网络民意切实成为改进民生和提高政府执政能力的催化剂。公安部构建的具有鲜明公安工作特色的微博群，就基本确立了民众诉求受理反馈制度。中央和地方一些政府也纷纷建立了有效的舆情反馈处理机制。相关部门应在此基础上，进一步总结经验，结合信息技术成果，建设一套社会覆盖面更广、处理民意更为透明高效、奖惩得当的

网络民意管理机制，从而将网络公共空间纳入实体社会的有序管理。

（三）创新网站投入机制，加大官方网络公共空间建设力度

官方新闻网站作为多年来自觉接受党的教育和领导的媒体单位，对于传播有利于社会稳定的主流价值观的把握能力较商业网站更强。作为党和政府进行网络新闻传播的主力军，官方新闻网站理应在网络公共空间引导上起到更大的作用。因此，相关主管部门应充分学习商业网站开拓创新的经验，通过体制机制创新，在建好新闻网站的同时，尽最大努力加大新闻网站网络公共空间的建设力度。新闻网站也应自觉地从服务网民、反映民生问题出发，提升网络公共空间的整体活力，进而提升自己的影响力。如中国网络电视台积极打造微博平台，开设《网络新闻联播》新节目形态，通过集合本网记者第一时间报道、联合各路媒体、整合名人、网友原创评论等创新形式，全力打造主流微博舆论场。

（四）从重点事件切入进行舆情调控，确保舆论平衡

作为社会转型期的矛盾展示窗口，网络公共空间所呈现的信息不可能完全和谐，甚至可能集中呈现一些社会负面信息，对社会舆论走向造成一定的负面影响，进而影响政府形象。而网络精英和网民的选择性关注特性也可能引发舆论失衡。此时，无论是网络公共空间抑或是政府监管部门，都有责任为社会公众提供一个平衡的、开放的舆论环境，确保任何时候舆情都不呈“一边倒”的非正常状态。因此，网络公共空间在处理热点舆情时，对于个别有悖事实真相、煽风点火的信息，应保持足够的警惕，不应推波助澜，放大负面效应。政府监管部门则应充分尊重网民自由发表言论的权利以及网络公共空间的管理权，只在网民发表不法言论或网络公共空间疏于管理时才以行政或法律的方式加以正式干预。

（五）网络打假，保证信息真实

发挥网络自净功能，公开事实真相，让谣言不攻自破，应成为网络公共空间管理和引导的主流。网络公共空间可以从自律和他律着手，创新管理方法，一方面引导网民遵守互动规则，不造谣不信谣不传谣，一方面发动网民并借助社会他律机构的力量，对网络公共空间中的不恰当行为进行监督查处，并适时在媒体上公开曝光，从而克服网络谣言、语言暴力等负面因素，确保网民表达的真实性，维护网络良好的生态环境。

总而言之，对于当前网络公共空间中暂时存在的一些无序现象，我们务必将视野放宽，将步调加快，将思想统一到中央的战略部署上，从全局高度理性看待，冷静处理，发挥其创新特质，扬长避短，以创造性的建设来化解其在发展中出现的问题，使网络公共空间成为建设社会主义和谐社会重要的力量源泉。

第十章　社会转型、科技创新与软实力

社会转型并非朝夕之功，须得仰仗人们思想境界的提升、科技文明的进步以及政治经济体制改革的配合，等等。其中，科技创新是不可或缺的硬实力要件，软实力则既是促进社会转型的助推器，亦是衡量社会转型是否成功的标尺，而这些，又或多或少都与媒介变革有关。

因此，推动社会转型，尤其是农业社会向工业社会乃至信息社会转变的过程中，应格外关注促进社会转型的客观因素，准确理解并应用好这些要素，特别是科技创新和软实力塑造这两个尤为重要的要素。同时，将媒介作为软实力塑造的重要组成部分，既为科技创新创造良好的人文环境，也为社会转型提供不可或缺的平台支撑。

第一节　社会转型、科技创新与软实力

科技创新与提升软实力是一对相辅相成、互相促进的关系，二者对社会转型起着重要的推动作用。众所周知，社会转型往往发生在新旧社会形态“纵身一跃”的过程中，其实也就是逐步调整生产关系使之与生产力发展相适应。而科技创新与软实力则基本与生产力、生产关系相对应。因此，处理好科技创新与软实力的关系显然对社会转型意义重大。

促进科技创新并提升文化软实力，应从事关全局的自主创新重点领域和自主创新遇到的总体问题入手，研究科技创新发展中出现的各种问题，在有所侧重的基础上出台各类针对性强的措施，帮助科技创新主体克服问题，以提升我国的科技创新能力及软实力水平。

一、科技创新与软实力的关系

我国政府高度重视科技创新。历届领导人多次围绕科技创新主题深入调研，发表了各种重要论述。2006 年 1 月 26 日，中共中央、国务院发布《关于实施科技规划纲要增强自主创新能力的决定》，决定组织实施《国家中长期科学和技术发展规划纲要（2006—2020 年）》，增强自主创新能力，努力建设创新型国家。决定提出，建设创新型国家的核心就是把增强自主创新能力作为发展科学技术的战略基点，要把提高自主创新能力作为调整经济结构、转变增长方式、提高国家竞争力的中心环节。决定还提出了保障创新的改革体制机制及出台系列配套政策的指导意见。显然，党中央、国务院做出的建设创新型国家的决策，已经成为事关社会主义现代化建设全局的重大战略决策。

这样的决策部署，与我国的基本国情和发展阶段是密切相关的。目前世界各国都在依靠自身的特定条件来寻求发展，一些国家主要依靠自身丰富的自然资源，如中东的产油国家，一些国家主要依附于发达国家的资本、市场和技术，如一些拉美国家，还有一些国家把科技创新作为基本战略，比如美国、日本等国。那么，对于我们这样一个仍处于粗放式发展方式的人口大国来说，显然只有走科技创新的路。

“软实力”（soft power）则是 20 世纪 80 年代由哈佛大学教授约瑟夫·奈首创的概念。他认为，“软实力”是一种通过吸引力而非威逼或利诱达到目的的能力。他特别指出，“在信息时代，软实力正变得比以往更为突出”，从而将“软实力”提升至与传统的“硬实力”同等甚至比其更为重要的位置。“软实力”概念一经提出，便在世界范围内得到积极响应。中国也很重视“软实力”这个概念，2007年10月，中共十七大报告明确提出要“提高国家文化软实力”，将发展“软实力”作为重要的国家战略任务。

从更为宽泛的概念来理解，自主创新能力自然是种软实力，它主要通过自然或社会科学家们的发明创造来为人类社会提供发展动力。它的起点来自于科学家们改进现有科技条件的意识。自主创新能力强了，软实力必然随之提升；与此相对应的，软实力强了，也必然为自主创新提供更加广阔的发展空间。增强自主创新能力与提升软实力之间的关系是相辅相成的。

二、我国科技创新遇到的主要问题

从2006年实施建设创新型国家战略以来，我国已经在自主创新上取得了显著的成效，涌现了一批科技型企业和在国际上具有竞争力的高科技技术，中国的科技创新能力得到长足发展。但毋庸讳言，无论是创新结构还是创新范围上，我国社会的总体创新能力还不强，与之相配套的软实力氛围也是不够的。

（一）几个可能影响未来大局的问题

比如，当iPhone、iPad在全球范围内引领智能手机和平板电脑革命时，我们的国产智能手机和平板电脑只能选择跟随或是降价消除库存；当京东商城挤垮了中关村太平洋电脑城时，京东CEO刘强东说，不是京东们革了太平洋数码城的命，而是它们偷梁换柱、以次充好的低层次运营方式毁了自己。当外国风险投资孵化出一批批中国IT企业家时，人们在感慨，如今我们有大把的钱，也有大把的人才，还有本土作战的优势，可为什么我们没办法自己来培养这些企业家？

看似浅显的几个现象，其实揭示了我国科技创新与国家软实力不足的深层问题。

第一，从 iPhone、iPad 和国产智能手机、Pad 的差距可知，我们的工业设计者缺乏足够的想象力，他们未能如乔布斯般敏锐地把握用户的需求并引领需求。这部分可能缘于他们现阶段的跟随和模仿惯性，也可能源于缺乏发现和培养天才的土壤。难以想象，以乔布斯桀骜不驯的个性，能在中国追求中庸的社会氛围中获得较好的发展环境。另外，创新者也不太可能在不太尊重知识产权的山寨世界里获得较好的生存空间。所以，更多时候，企业家和设计师们更愿意采取跟随热门产品的策略来获取免费午餐。当然，他们也清醒地知道这样的午餐是有毒的。

第二，从京东商城抢走了传统电子卖场的蛋糕，以及我们在新闻上看到的传统电子卖场无理侵占电器商家的利润时，我们发现，坑蒙拐骗、店大欺客等落后的商业文化正腐蚀着这个庞大的市场。而新的电子商务网站则在以崭新的、更为透明的先进商业文化来抢夺更多市场份额。这个先进包括更为先进的技术、更为透明的管理、更为优惠的价格、更为贴心的服务，等等。

第三，从外国风险投资培育了一批中国新一代互联网企业家，我们应该反思我们利用先进科技培育新兴市场为民众创造福祉的能力。在这个领域，尽管这些企业家也属于本土企业家，他们都是在中国这个市场上成长起来的，但最先从中获利的，显然还是外国投资者。重要的是，为什么他们可以，我们却做不到？尤其是在如此重要的与意识形态直接相关的文化领域？

很明显，我国仍缺乏创新土壤。当一个国家的产业还是以房地产、低端制造业为主时，留给创新产业的空间必然不够。当资金可以较低的门槛获得较大收益时，必然没有动力去创新。最要命的则还是国内猖獗的盗版现象。当创新没有办法得到有效的正面激励的话，它也就没有发展空间。毫无疑问，只要版权保护问题一天不解决，科技创新就无从谈起。

还有，我国的商业文化层次还相对较低。商家还多处于模仿、盗版、欺诈、黑箱博弈等低层次竞争阶段，它们还无暇考虑更为先进的商业模式。因此，要从这些商家中培养出迪士尼、苹果这样的大牌文化创意企业，显然还有很长的一段路要走，还有好多东西要学。比如它们的境界、视野、运营企业的能力、驾驭资本的水平、与国际同行打交道的能力，等等。

而大环境，似乎也配合得不够。目前，国家已经出台了包括科技创新、提升国家文化软实力等多个国家战略，但由于科技创新的范围太广，涉及的问题较多，情况比较复杂，所以，还需要对具体情况进行更为细致的研究及分析，并在研究基础上寻求解决配套的体制机制的可能性。拿互联网企业来说，目前中国的互联网企业多依靠风险资本以疯狂烧钱的模式来赢取未来的发展空间，但属于国资的一些新闻网站却主要依靠少量的事业经费来维持，一些已转企改制的此类网站则必须逆市场潮流以自负盈亏的模式运营，结果是，国有的互联网站只能将发展空间拱手让人。严重的是，它们一旦无法获得发展先机，日后则必须以百倍千倍的代价来重新赢取市场份额。因此，尽管国家层面很重视，也采取了很多措施，但从实际运行情况看，一些单位企业却没办法得到应有的支持。也就是说，它们未能如竞争对手一样得到在市场上拼搏所应得到的支持，甚至，有时还得背负沉重的历史包袱。

之所以提到上述几个问题，主要基于几个方面的考虑。首先，iPhone、iPad 代表移动互联网的未来，它们的领先，代表我们国家可能在这个可以随时随地潜移默化地影响用户的阵地上丧失话语权。京东商城所代表的电子商务模式也代表商务活动的未来，它将会直接主导传统产业链的变革，培养新一代商人和消费者，形成强大的商业话语权；新兴互联网企业如 Facebook、Twitter 等在中东北非国际政治格局变局中起到的作用，则举世皆知。因此，重视这些领域的创新就显得格外重要。

而这些问题的存在，归根结底还在于国家软实力的不足，在于我国没能为企业和科技创新提供具针对性的软制度支持，不像国外的风险资本家们能为创新企业提供从启动资金、项目推进、企业管理、上市等全方位的服务。因为，自主创新不是一件简单的事，它需要扎扎实实的系列配套制度、资金、人才及社会大环境的配合，需要把全社会都动员起来。

（二）科技创新能力不足的总体问题分析

总体上看，目前我国科技创新能力不足主要存在以下几方面问题：

1. 多数行业处于行业链低端，没有创新能力。众所周知，我国有相当多的企业发展于劳动力密集型的代工模式，处于行业链低端。它们没有核心竞争力，利润微薄，缺乏人才储备，因此不具备创新能力。

2. 企业对科技创新能力重视不够，投入不足。不少发展于行业链低端的企业即便脱离了资本积累的初级阶段，由于其知识结构及学习能力的缺陷，也没办法超越其原有的思维方式，不重视自主创新，不愿意增加对自主创新的投入。

3. 版权保护环境差，创新易遭逆淘汰。科技创新需要严格的版权保护环境。不然，投入大量资金人力研发出来的产品，一旦投入市场就会遭遇剽窃，小偷还能获得比创新者更强的成本优势，从而将创新者淘汰出局。所以，版权得不到保障，创新就无从谈起。

4. 激励机制不到位，创新人才易外流。人才是自主创新的主体，只有人才才能为企业社会带来优秀的创新成果，优秀的人才往往可以成为企业的核心竞争力。但是，在我国的商品流通环境中，人才的价值远低于物的价值。尤其在国有体制内，这样的现象尤其严重。相反，在一些市场机制配置比较到位的企业中，优秀人才往往享受高薪、股权期权、科研经费、高福利等多方面的机制激励。因此，优秀创新人才容易流失是我国提升科技创新能力最大的瓶颈所在。

5. 部分创新科技园区有名无实。在增强国家科技创新能力的大战略下，一些地方政府纷纷出台了优惠政策和财税措施，建立创新科技园区。但从实际运行情况看，这些科技园区往往有名无实，未能真正成为拉动当地科技发展的龙头。

三、对于提升科技创新能力和国家软实力的建议

针对上述提到的重点领域以及科技创新中出现的总体问题，笔者建议，国家应进一步总结经验，出台一些针对性更强的政策，推动我国的科技创新战略向前推进。

在宏观层面上，应加大对相关产业的研究力度，充分掌握国外大型创新企业发展壮大的全面信息，尤其是支撑它们发展的系列配套制度、资金、人才、运营等总体情况，为我国提升这方面的软实力提供必要的智库支持。同时还应细致调研我国目前提升自主创新能力过程中出现的制度瓶颈和其他问题，帮助自主创新主体扫除外部发展障碍。

在智库研究上，可在现有国家总体规划的基础上，适当引入市场和竞争机制，既培养有实力的第三方咨询机构，也培养经得起市场考验的专家学者。

在与国家意识形态以及未来发展大局密切相关的创新产业上，国家要有所侧重，加大倾斜力度。要出台有针对性的政策，认真区分公共事

业与产业的性质。以专款专用的形式，为承担无利可图的弘扬主流价值观等公共事业的本土企业提供财政支持。在产业上，则要充分引入市场竞争机制，鼓励企业充分竞争，从市场中获取发展能量。

应创新产业的发展机制，学习国际企业资本先行的经验，成立各种投资基金，为有投资潜力的创新项目提供资助，借助其资本的力量及丰富的市场运营经验，帮助本土企业加速成长，以逐步缩短与国际企业的距离。

在企业的运营体制机制上，应鼓励本土企业采取与竞争环境相适应的配套激励机制，采用股权激励、绩效奖励等市场化机制，最大限度激发优秀人才的发展潜力，加大自主创新力度，从而取得尽可能平衡的竞争优势。

对于为数众多的国资背景的传统文化企业以及正在转企改制的文化事业单位，国家应尽快引进公司法人和职业经理人制度。在国有控股的情况下，吸纳社会资金进入，充分借助文化市场和金融市场的力量做大做强。

此外，创意产业的发展，必须立足于严格的版权保护的基础。因为没有版权保护的话，必然是当一家企业花巨资研发了一种产品，却谁都可以轻易将其盗为己有，这样，创新企业自然无法生存，也就必然导致出现逆淘汰的现象。因此，创意产业的特殊性，决定了保护版权是创意产业发展的基础，要发展创意产业，就必须不遗余力地保护版权。不仅国家要出台各种措施保护版权，还需要在全社会范围培育尊重版权、尊重创新的文化精神。

只有切实采取这些有针对性的措施，才能根治我国目前存在的事业企业不分、奖惩机制不到位、资金匮乏、人才外流、创意贫乏、盗版猖獗等阻碍发展的顽症，给科技创新创造一个较好的社会环境。也只有充分调动了国家战略、体制机制、资金、人才、社会等方方面面的力量，自主创新的种子才能得以成长并开花结果，国家软实力才能得到较大提升，我国建设创新型国家的宏伟蓝图才能最终实现。

第二节　转型切口：提升网络文化软实力

提高“软实力”对当前的中国而言，有着重要的现实意义。目前，中国的硬实力明显上升，但国际形象并没有得到同步提升。国际政治专家分析，当一个国家处于崛起阶段，由于价值观和意识形态差异引发的认识隔阂，容易引起邻国的恐慌，并可能导致其他国家联合起来遏制这个国家的崛起。但如果这个崛起的国家同时拥有“软实力”，它就能让自己具有吸引力，消除隔阂、恐惧乃至试图遏制其崛起的可能性。

在全球化背景下的信息时代，媒介对于创造、传播和提升“软实力”起着至关重要的作用，尤其是网络媒体。作为一个自然覆盖全球、具备重大影响力和广阔发展前景的传播载体，网络媒体成为展示该国“软实力”的重要窗口，网络媒体所传载的文化也成为“软实力”的重要载体。如果一个国家的“软实力”足够强大，那么它的网络文化将具有超强的扩张性和传导性，超越时空，对人类的生活方式和行为准则产生巨大的影响。反之，则不仅可能萎缩、弱化，还会产生文化交流鸿沟，引发争端。因此，有必要对中国网络文化“软实力”现状进行系统梳理，并提出提升策略。

一、中国网络文化“软实力”现状

1. 建设与批判的双重性

中国政府历来重视互联网的发展和管理，多次以党和国家的名义提出战略性的全局指导意见。中共十六大明确指出：“互联网站要成为传播先进文化的重要阵地。”2007 年 1 月 23 日，中共中央政治局就世界网络技术发展和中国网络文化建设与管理问题进行集体学习。胡锦涛在主持学习时发表讲话，就加强网络文化建设和管理提出五项要求。互联网业界也多次展开形式多样的网络文明建设及整治低俗之风等活动，在全社会范围内形成较大的声势，推出《网络名家讲坛》等一些好的文化产品。

然而，与政府的努力相对应的是，同期，由于网络社会的透明化特征，社会转型期暴露出来的矛盾冲突也多在网络虚拟空间体现，不断形成网络舆论热点，吸引网民的关注。这些热点多与不满政府行政有关，经常带有与政府相对立的情绪，对传统中比较封闭的政府执政方式提出了挑战。这些发生在地方上的社会矛盾冲突，往往由于通过网络曝光、媒体跟进，最终得到中央的直接干预而顺利解决。因此，这些网络舆论热点也起到了很重要的议程设置的功能，直接影响了社会舆论的走向。

但是，这些旨在揭示社会矛盾的网络舆论热点，也在很大程度上挑战了地方政府的权威，形成了网民对地方政府执政不力的惯性思维，累积了对地方政府的不满，从而构成互联网发展过程中建设与批判的双重性。

2. 与主流价值观相悖离的草根性

以计算机科技背景出现的互联网，一开始以单纯的技术和商务应用作为追求目标，与主流政治保持着相当的距离。纯技术和商务应用定位使得中国互联网借助国家信息化的东风，在短短十几年间得以超常规发展，在商业收入和受众覆盖规模上取得巨大成功。但同时，互联网在文化上明显居于边缘位置，没能实现大的突破，表现出突出的草根性，形成了“网络语言”、“火星文”等有别于传统语境的独特表达方式。

从早期的BBS到如今的视频、网络“潮”文化时代，互联网经历了BBS观点大PK、集体维权、视频恶搞、人肉搜索、网络流行语等不同阶段。这些阶段普遍表现出反权威、批判现实、解构现实、嘲讽戏谑的草根受众特征，与主流价值观相差甚远，甚至完全背离。

早期的互联网草根文化如BBS观点PK，多呈现出“网来网去”的特点，只在网上产生热点，并不直接影响现实生活。后来，随着网民对孙志刚、刘涌等司法案件的关注所产生的巨大影响，网络维权意识逐渐兴起，直至发展到人肉搜索，互联网虚拟社会与现实的界限日益模糊。

2009年上半年，一连串的网络热点飞速地成为网络流行语“草泥马”、“脱吧，到你了”、“70码”/“欺实马”、“江山如此多娇”、“GFW”、“绿坝娘”，并被设计成不同的主题T恤，受到网络“潮人”的追捧。网络上的设计师用无厘头的创意，将政见与愤慨进行“图像化处理”，将对互联网管理、官员逃避监督、司法不公等现实问题的讥讽隐含在画面里。这意味着，现阶段的草根文化开始与现实的时尚生活潮流接轨。它不仅时髦、好玩，而且可以用来消费，为纯粹的文化现象增添了经济属性。

3. 非主流文化成为互联网文化的主流

目前，在中国互联网上传播的文化包括传统媒体的内容和网友自己上传的内容（包括网友原创及境内外媒体产品）。在这些内容里，往往是反叛、批判、新潮等与主流意识形态相差甚远的内容受到更多网民关注，成为中国互联网文化传播的主流。相反，《新闻联播》之类的权威播报却在网络传播中遭到冷遇，甚至成为被调侃、恶搞的对象。

境外的一些热播剧和电视栏目也以其更为新鲜的创意和形式而得到网友的追捧。当这些文化产品以非官方的渠道进入中国互联网后，使得境内同类产品黯然失色。而隐含其中的西方意识形态也因为其文化产品的成功传播，在一定程度上成为当前中国互联网主流文化的一部分。

显然，目前我国互联网的这种文化传播格局与它的国家地位是不相称的，其附着的“软实力”是很弱的。这样的文化“软实力”非但不能满足本国网民的正向需求，更不足以维护国家文化安全、在国际上起到维护国家形象作用。由此可见，提升我国网络文化软实力可谓任重道远。

二、现状分析

1. 源自西方的自由主义色彩浓厚

世界互联网起源于美国，繁荣于20世纪90年代美国的创业文化。20世纪90年代起，由克林顿政府推行以信息产业为主体的“新经济战略”一举奠定了美国在全球互联网产业的强势地位，其互联网行业的发展远远超过世界其他国家和地区。由于其“新经济战略”的成功，带动了全球互联网行业的发展。包括中国在内的许多世界知名互联网企业，都是在美国纳斯达克创业板上市并获得成功的。

但是，美国在向中国输出互联网创新经济发展模式和产品的同时，也输出了强烈的西方自由主义意识形态，而这些都直接投射到了中国互联网受众身上。

自由主义色彩过浓的后果就是，当网民在面对网络上呈现的社会矛盾时，不能清晰地看到现阶段中国的真实国情，而直接套用西方的标准和价值观来分析评判。这些脱离社会实际的评价，尽管直面了社会问题，但随之也带来激烈的观点交锋，更容易激化社会矛盾，冲击现有的社会秩序。而这，并不符合我国“构建和谐社会”的主流政治主张。

2. 重主流价值观的传播平台偏弱

价值观是一个国家文化“软实力”的核心部分，传播主流价值观也是一个国家媒体的首要战略任务之一。因此，承载主流价值观的媒体传播平台的强弱，决定着这个国家文化“软实力”的强弱。

20世纪90年代至今，中国互联网沉浸在一波波的创业潮中，讲述一个个时势造英雄的故事。在这些故事里，唱主角的是外资背景的、持泛文化价值观的商业网站。迫于生存压力，较之带有官方文化背景的新闻网站，由风险投资主导的商业网站反而表现出更为旺盛的生命力。比如早期的新浪、搜狐、网易等门户网站，在资本市场的支持下，经受住了网络泡沫的考验，占领了国内大部分的互联网市场份额。如今的土豆、优酷、酷6等视频分享网站，也在视频市场上呈鼎足而立之势。相反，由于受资金、技术、管理体制等条件限制，承载主流价值观传播使命的新闻网站则相对比较沉默，活力不足。

商业网站强而新闻网站弱的传播格局，直接导致形成互联网主流价值观的传播能力偏弱的态势。

3. 能吸引并感染网民的文化产品少

在商业网站发展初期，受限于政策限制和成本压力，商业网站采取整合传统媒体新闻资源的方式，吸引了大量人气。在邮箱、通讯工具、游戏等应用产品上，商业网站的跨业运营也取得了巨大成功。同时，由于互联网的原创内容回报率不明显，商业模式不成熟，因此，互联网业界并不重视内容生产，均采取直接营销传统媒体内容产品的运营策略。

基于这种原因，与传统媒体相比，商业网站的原创能力偏弱。偶尔制作出来的内容因为缺乏传播的集中度，不仅难有影响力，更还远远谈不上具备“软实力”。在互联网上传播的传统媒体内容，并不是为网络受众量身定制的，至多只能解决人们了解信息的基本需求，不能完全满足网民的需求。

重平台运营不重内容建设的结果是，真正适合互联网传播的、能吸引并感染网民的文化产品相当匮乏，因此，它的传播力也很有限。

4. 与本民族文化融合程度不够

优秀的文化产品多有着深厚的文化和生活积淀。如前所述，互联网是个“舶来品”，并不是在中华文化中孕育出来的，天生不太具备本民族文化特征，在形态和内容上多体现外来文化的色彩。另外，由于互联网过于追求流量以及资本追逐利益的本性，导致其形成急功近利的行为特征，表现出过分迎合网友猎奇、搞怪、窥私、喜好色情低俗等倾向的特点。由于缺乏具核心竞争力的原创内容，现阶段的互联网还经常采用低俗炒作、侵犯隐私，甚至是危害国家文化安全、泄露国家机密等方式来吸引眼球，并不注重文化基础建设，不注重通过加强与本民族文化的融合来提高受众黏性。

因此，目前在中国互联网上传播的传统文化未能继承并发扬本民族文化中的精髓，也谈不上吸引力和感染力。

三、改进策略

1. 扩大主流价值观在互联网的影响

我国学者李希光教授曾用南希·斯诺的“软实力”三维标准来衡量中国的软实力，指出中国在软实力建设上有两大障碍需要克服：一个是由西方制造的“普世价值”对中国的单向输出的所谓“对话”，另一个是中国在重大问题的议程设置和新闻报道框架上完全丧失了话语权。如上述分析，在互联网文化传播上，存在着同样的问题。要提升网络文化“软实力”，必须从多角度扩大主流价值观在互联网的影响，从而淡化西方自由主义对我国网民的消极影响。

笔者认为，国家应从宏观和微观两方面来着手改善主流价值观的影响。宏观上，国家应梳理并创新价值体系，提炼出与当前发展阶段相适应的、符合社会主义核心价值观和网络语境的“普世价值”，以应对西方的所谓“民主”、“平等”、“自由”。一旦确立了适合现阶段传播的价值观，西方自由主义思潮的影响自然也就被削弱了。

微观上，在应对网络舆论热点时，相关部门应紧密配合，提供更具智慧的解决方法和传播方式，主导媒体报道议程，而不是现在的被动方式。比如陕西省政府在应对“华南虎”真伪争议时表现出来的犹豫不决，湖北省地方公安部门在应对“阿娇”案件时的模棱两可。这些被动的方式反而激起了网民的强烈反感，也使得网络负面舆论累积至更高的层级，更具一触即发的爆发力。总而言之，也就是通过改进网络文化传播的方式方法，来扩大主流价值观的影响。

2. 扶持重主流价值观的传播平台

媒体是传播“软实力”的主要载体，媒体的立场决定着媒体的传播角度，媒体的实力则决定着它的影响力。在中国现有的互联网传播格局中，商业网站实力较强，但它的价值观比较多元。为了迎合现阶段网民的“去中心化”的心理特征，它经常性地体现出自由主义的倾向。注重主流价值观、自觉承担社会责任的新闻网站则实力不强，这导致了在主流价值观与自由主义思潮产生争议的时候，代表主流价值观的舆论往往趋于下风，居于被动。

因此，要提升网络文化软实力，扶持重视主流价值的新闻网站，使之成为中国互联网阵营中的翘楚，也是非常有必要的。国家应采取政策倾斜、体制改革、加大资金投入、资源注入、行业兼并重组等方式方法，全方位扶持与自己价值观一致的网络媒体。

3. 提高互联网文化产品的感染力

“软实力”概念的提出者约瑟夫·奈教授说：“软实力是通过吸引和劝服，而非强迫或者收买，来达到自己目的的能力。它源于一个国家的文化、政治理念和政策的吸引力。”这意味着，“软实力”是一种旨在“说服”的实力，它的目的在于同化人心。对于互联网而言，从提高互联网文化产品的感染力入手，改善目前的互联网传播话语体系，会是比较有效的方式。

个人认为，作为一个集聚全球年轻人的平台，时尚并高效率地传达信息应是提高互联网文化产品感染力的根本点。这也是强大的美国流行文化体系所能给予我们的启示。

4. 加大传统文化与网络的融合

中国的传统文化在世界上有着很强的认同感。比如迪士尼公司重新讲述中国“花木兰”的故事，视频网站 Hulu 以中国的“葫芦”来命名等，都说明中国的传统文化具有强大的生命力和魅力。而这些绵延五千年的传统文化，不仅是中国“软实力”的根源所在，也是中国提升网络文化“软实力”所取之不尽、用之不竭的宝库。

加大传统文化与网络的融合，不仅可以为传统文化加上时尚元素，进一步扩大传统文化的传播广度和深度，也有助于丰富网络文化的内容，提升网络文化的层次。

第十一章　民主大潮流与共同体意识

信息化浪潮之所以伟大，并非在于技术本身。它之所以伟大，在于它如何借助信息化的能量来启发民智、推动创新、服务社会、提高效率，进而改变世界的方方面面，推动社会向前发展。转型期的新媒体平台以其独有的互动特性承担起特殊的时代使命，为纾解民意起到不可替代的作用。

在这个依然处于“文明的冲突与秩序重建”的世界里，随着国际争端的不断加剧和社会阶层的日渐分化，“共同体”这个概念被更频繁地使用，人们希望通过更多沟通和交流来强化共识，尽可能搁置各种纷繁复杂的分歧和矛盾。正如美国外交家基辛格曾说，“对‘二战’后重建世界秩序的这代人来说，其最伟大的成就之一就是提出了大西洋共同体的概念”。而这也正是信息化浪潮赋予这个世界的核心价值。信息科技已通过无所不在的互联网络将世界融为一体，信息在世界范围内自由流通，人们可以随时随地与任何人展开平等交流。随着互联网对政治、社会、民众生活方式的全面渗透，它已自然而然地推动了世界民主发展潮流，深刻改变了全球政治生态和民众行为模式。

对于正在进行全面深化改革实践的中国，面对汹涌而来的信息化浪潮和由此萌发的网络民主潮流，我们既不能过度恐慌担心“引狼入室”，也不能漠视时代进步无所作为。相反，我们应积极利用这个人类发展史上难得一见的历史机遇，赋予其更高层级的转型基因，也即公民网络参与、协商民主以及共同体意识，使之成为引领下一阶段社会转型的星星之火。我们尤其要重视将网络舆情作为了解社情民意的抓手，依托全媒体平台鼓励公民参与社会治理，为媒介变革和社会进步注入科技和人文力量，增进人民福祉。

第一节　意料之外的网络民主浪潮

网络民主作为中国媒介变革与社会转型不经意间衍生的产物，是信息化浪潮赋予这个时代的重要财富，正以其特有的方式改变着中国社会意识形态和公民参与方式。自20世纪后半叶起，世界各国纷纷开始关注：信息科技的发展究竟会给民主政治带来什么影响？1982年，美国未来学家约翰·奈斯比特在《大趋势》一书中预言“在立即可分享信息的时代，代议民主制已过时，参与式民主变得重要”。1995年，美国学者马克·斯劳卡（Mark Slouka）提出“网络民主”概念。他认为，“网络民主”可以理解为以网络为媒介的民主，即借助网络信息技术工具而实现的民主的新渠道、新形式。

与网络民主相近的概念先后还有“电子民主”、“电信民主”、“远程民主”、“数字民主”等诸多概念。在笔者看来，“网络民主”指的是一种随着互联网信息技术发展而兴起的一种新型政治参与手段，主要指人们通过互联网反映政治诉求，并通过特定的渠道或机制参与决策、履行监督等，补充和完善现行的民主形式。现阶段我国网络民主主要呈现为政府有意识的引导和网络民意的无意识演化两个层面。

一、网络民主实践在全球范围内蓬勃发展

互联网以其虚拟性、零时空、交互性和低门槛在广大民众和公共权力之间构造了“公共民主空间”，印证了哈贝马斯的“公共领域”民主理论。[①] 新的科技发展，为优化公共治理模式提供了难得的契机。

随着网络在经济、社会、文化传播等领域得到广泛应用，西方政治家们也开始身体力行践行网络民主。1993 年 6 月，美国总统克林顿与副总统戈尔率先在互联网公布了电子邮箱地址；1994 年初，国会参众两院议员也相继公布了电子邮箱，选民可以通过电子邮件，表达自己的意见、提出建议、查阅文件，进行咨询，对政府部门提出批评和投诉，并很快会得到答复。

奥巴马被誉为美国历史上第一位“网络总统”，他的竞选团队成功地利用网络将竞选宣传和募集资金完美地结合，他的竞选经历也成为网络参与代议式民主选举的经典案例。

“推特”风靡全球后，伊朗、丹麦、加拿大、西班牙、瑞典、以色列等国政要或政府也拥有了“推特”账号。2010 年 7 月 28 日，英国政府向各政府机构发文，要求公务员上“推特”，推介政府。著名视频网站 YouTube 也是政要们争取舆论的重要空间。美国总统奥巴马、日本前首相福田康夫、英国女王甚至朝鲜等国的政要都是其用户。

1998 年，中国第一个严格意义上的政府网站——青岛政务信息公众网开通。1999 年元旦，中国政府启动上网工程，其工程主站点 www. gov. cn 开通试运行。2000 年 5 月，国务院办公厅提出用三到五年时间建设“三网一库”，标志着互联网进入到政府部门的日常工作中。

---

① 汪晖、陈燕谷：《文化与公共性》，三联书店，1998 年，第 125—126 页。

除了政府信息公开外，官员网络述职、网络听证会逐渐成为常态，包括党和国家领导人在内的党政领导和两会代表也纷纷触网听取民意，收集民情，满足公民的知情权和参与权。

新兴媒体也从建立交互平台、舆论监督、引导舆情几个方面入手参与网络民主进程。新兴媒体先后开设了论坛、聊天室、BBS、博客、播客、微博、微信等互动交流平台，为民众提供实时高效的表达、监督空间。早期影响力较大的平台有门户网站新闻跟帖、天涯社区、凯迪社区、人民网“强国论坛”、新华网“发展论坛”等时政社区论坛，如今民意表达重心基本落在微博和微信平台上。

新兴媒体还建立了相应的网络舆情分析和引导机制，为有关党政机构提供决策参考和信息服务。以人民网为代表的新兴媒体通过舆情观察室、监测平台等监控系统对社会热点问题和重点领域集中的网站信息进行24小时监控，定期发布舆情报告，并及时送到国家领导人的案头。中央新闻网站联合商业网站从2003年两会始利用互联网的互动功能，开设“我有问题问总理”栏目，为网民与总理搭起沟通的桥梁。2006年人民网开办《地方领导留言板》。截至2014年12月，该栏目日均接收留言1500多条，累计有54位省委书记省长、1800多位市县领导对该栏目网友留言做出公开回复。19个省市区以“红头文件”形式，建立起回复办理人民网《地方领导留言板》固定工作机制。

参与网络民主最为踊跃的还属我国网民。1999年，北约轰炸我国驻南斯拉夫大使馆事件，是我国网民对于重大公共事件高度关注的第一个引爆点。2003年“孙志刚案”，来自草根汹涌的网络舆论推动和中央高层的直接关注下，促使《城市流浪乞讨人员收容遣送办法》告别历史舞台，直接推动了我国相关制度政策的变革，第一次展现了网络舆论影响政府决策的重要力量。由意见领袖和草根网民一起织就的铺天盖地的网络舆论，表达了对于改进医疗、教育、住房、官员腐败、司法不公、违法侵权等社会焦点问题的民主诉求，挟舆论之势大力度推动社会转型。此后，从中央部委到地方政府普遍建立舆情快速应急机制，标志着网民参与社会治理机制正式确立。

二、我国网络舆论的四个特点

尽管从客观上看，我国网络公共空间的一些舆论态势已具备民主的基本要件，但并未真正纳入我国民主政治的正式框架。因此，我们且称之为网络舆论。盘点我国网络舆论，可以发现四个鲜明的特点。

（一）覆盖面广，动员能力强

随着网络技术发展和网络功能不断增多，网民数量急剧上升。1997年以后，我国用户保持每半年翻一番的增长速度，2008年中国网络用户数达2.1亿，首度超过美国位居世界第一。网民渐渐趋于广覆盖，构成事实上的“大众”。社会普遍关注的网络热点，动辄点击量过亿，跟帖量成千上万。

虽然网民还不能够代表最广大人民群众的心声，但网络舆论拥有强大的力量已经成为现实，由网民组成的特殊政治群体正在成为日趋覆盖全社会的规模化力量。中国网民对参与网络互动有着发自内心的激情，他们年轻、文化层次相对较高，维权意识较强，对待民生问题尤为敏感、尖锐，在表达民主诉求时更有感染力、鼓动性，也容易在局部范围内或特定条件下导致不稳定因素增加。

我国网络所具有的强大社会动员力量，在全世界范围都是罕见的。2004年全国人大代表周洪宇通过人民网“强国论坛”向网民征集提案，吸引广大网民踊跃参与。周洪宇建立的“洪宇在线”，访问量高达1350万人次。2008年5月21日汶川地震，平均每天超过5000万网友在腾讯网浏览专题，留言700多万条，“灾难让我们更坚强!”2008年胡锦涛总书记在人民网在线访谈，当时海量访问造成论坛系统一度瘫痪。2009年温家宝总理到中国政府网、新华网访谈直播间与海内外网民在线交流，数以亿计的网民登录论坛。相比之下，2008年美国奥巴马总统向200万网民支持者发放问卷，希望对医疗保险改革支持并提出建议，但只有50万回应。

（二）情绪化倾向突出

纵观网络舆情事件，“俯卧撑”、“藏猫猫”、“喝水死”等司法事件、富二代、官二代等网络事件一触即发，网络围观蜂拥即至，不仅反映出当下社会的深层矛盾和问题，也揭示了网络民主的情绪化倾向。《人民日报》与《人民网》的一项调查显示，87.9%的网民非常关注网络监督；当遇到社会不良现象时，99.3%的网民选择网络曝光。随着“上访不如上网”观念的流行，网络不仅是传统上访、信访的补充，还包含民意诉求不畅和排解积怨、宣泄不满的意义。随着网民日益增多，网络舆情事件爆发日益频繁，未来仍有可能呈爆炸式增长趋势，虚拟社会的情绪化骚乱已逐步蔓延到现实社会。

（三）呈聚变效应和快速连锁效应

我国网络舆情事件还具有鲜明的“聚变性”，既与网络快速、无序、无审批特性有关，也与我国网民的年轻特质有关。2009年湖北石首骚乱事件，事发前并没有任何征兆，由于网络传播石首永隆大酒店抢尸事件，成为全体网民关注的热点，瞬间在现场集聚了2万多人。据报道，为应对群发事件，政府派来3万多警察，最终引发了群体抗暴冲突事件。随着案件调查的深入，热度立即下降，整个事件又迅速悄无声息地离开网民的视野。网络舆情呈现出突然爆发和突然消散及事态多变性特征。相比之下，传统媒体从未产生过这样的聚变效应。

与“聚变效应”相反的另一特征是“连锁效应”。河北大学酒醉交通肇事案，从肇事学生喊出“我爸是李刚”，到网民查出政府官员李刚，“官二代”蛮横无理、骄横跋扈的形象瞬间上升为网络热点。再到因校方实施“禁口令”引发网民不满，扒出河北大学校长论文抄袭事件。网络民主从保护大学生权益开始，以排山倒海之势推出系列问题。这种快速连锁效应也让人猝不及防。

（四）群体极化特征明显

“网络舆情”形成的主体包括三个方面：一是官方引导力量；二是民间意见领袖；三是广大普通网民。热点舆情发展的基本规律是，网民群起围观——官方引导声音缺失——民间意见领袖起引领作用——网络流行语出现及更多的网民围观——应对式的官方信息——更多网民拍砖——高层介入——党政信息——事件落幕。在网络事件发展过程中，“网民群起围观”形成了舆情热点，这时，是政府处理网络民主的黄金时间。当网络舆情不被重视或不善于应对网络事件时，即官方失声或应对失误，整个网络舆论在部分具有“仇富”和“仇官”心理的网民的引领下，往往使整个网络舆论和网民集体性走向偏激，很容易形成极端的网络对抗事件。

“李刚”事件即有群体极化的后果，从撞车事件引发出“官二代”问题。“邓玉娇事件”体现了“群内同质、群际异质”，无论是在各大网站的新闻跟帖，还是论坛上，几乎没有要求巴东乃至湖北公安政法机关查清事实真相、酌情公正判决的言论。这种观点的群体极化一方面能够产生直接、快速的群体“呼声”效应，尽快地朝着人们满意的方向解决问题；另一方面就社会而言，通过“极化”使一类思想占据唯一的位置，不利于事实本身客观、公正发展。“邓玉娇事件”的群体极化效应引发网络舆论风暴。而“俯卧撑”事件群体极化则导致发生社会恶性事件，发生公安机关被抢烧的严重后果。

总体而言，我国网络舆论呈现出来极强的社会动员能力以及情绪化、聚变性、连锁效应、群体极化等特征。面对贫富冲突、劳资矛盾、拆迁、农民土地、医疗教育等民生和现实问题，特别是政府职能缺位和司法不公，网民从来没有吝惜过自己的激情，奉行“关注就是力量、围观改变中国”理念，迅速形成具有独特舆论能量的网络“新意见阶层”，并正在形成一个有现实影响力的虚拟“压力集团”，迫使基层公权力经常处在从未有过的紧张和惕厉之中。

究竟是“现实引爆了网络，还是网络引爆了社会”已不重要，重要的是如何引导网络舆情助推社会转型。当前，我国正值经济转型、社会转型、消费转型战略发展期，各利益集团之间矛盾将进一步凸显，要用好网络这把“双刃剑”，应格外关注网络舆情事件的衍生和转化趋势。

三、推进我国网络民主实践面临的问题

中央编译局副局长俞可平曾专门指出，“民主是个好东西”，既表达了一个普遍的真理，却又道出民主在我国的尴尬地位，在国内外引起诸多关注。我国的网络民主实践，尽管尚未正式纳入国家民主治理框架，但已经以其澎湃的热情大幅度推动了社会转型进程，成为一支不可替代的舆论力量。因此，及早梳理过程中发现的问题，将有助于进一步发挥网络民主的作用。

（一）部分党政干部对网络民主发展态势认识不清

在网络民主实践中可以发现，部分党政干部仍存在恐网、惧网心理，其根源则是对网络民主发展态势认识不清。由于传统的工作模式和

惯性使然，他们对网络技术新发展不敏感、不熟悉，对网络特性认识不足，没有清醒地认识到网络民主就在身边，已经改变现实空间。没有认识到信息时代正在使以往不公开的政务昭然天下，网络民主对每一个党员干部而言已经没有例外原则。南丹矿难、华南虎、“俯卧撑”、“李刚”等事件充分说明了这一点，而且未来将涉足更深更广。

由于对网络发展趋势认识不足，对网络民主的积极作用也不理解，导致这些党政干部长期远离网络、拒绝网络，依然固守封闭保守的行政模式。这是目前阻碍我国网络民主健康发展最重要的原因。

（二）政府部门对网络民主政治风险估计不足

分析发现，网络民主不仅对依法执政、政府决策具有积极作用，也会引发社会深层矛盾，导致发生恶性事件，损害政府形象。但就当前我国政府对网络民主的关注看，存在对这些政治风险估计不足、认识不清、疏于管理和被动应付的现象。而出现恶性后果、政府被动的首要原因都是对网络民主政治风险估计不足。

随着网民数量的急剧攀升，网民阶层、年龄、地域、受教育程度的全覆盖，网络对现实社会的影响力迅速提高。在这样的趋势下，网上信息传播更加迅速而广泛，网群交互形式更加复杂多样，信息的放大效应和煽动性更加巨大，微小的误导信息都有可能会导致社会上的重大动乱，政治图谋和恶意攻击越来越隐蔽，网络政治参与有可能直接影响我国的政治生态，甚至波及社会安定和政治稳定。

（三）对网络民主缺乏有序管理和应对经验

广西南丹的“7·17”矿难事件暴露出我国政府网络管理不规范的弊端。没有原则、没有标准的任意删帖、关站，在已经成型的网络社会中，被认为是简单管理，甚至是暴力管理，依法治理已成为社会共识。

我国当前对网络的管理主要集中在宣传部门、文化部门和工信部等，针对网络民主的管理实际上只是宣传部门的一部分职责。大部分国家部委、社会团体和党派组织几乎都没有重视网络民主潮流、推动网络民主和有效管理网络民主的实际措施。面对日益磅礴的网络民主浪潮，我国的管理仍然滞后。

（四）网络民主有待制度化程序化

就参与政府决策、管理、司法监督而言，许多网络民主实践因缺少政策法规而陷入尴尬境地，甚至违反现行法律规定。2009 年中共云南省委发布《关于参与调查“躲猫猫”舆论事件真相的公告》，云南省委宣传部组织网民会同相关部门组成调查委员会，使网民从互联网参与转变为直接参与调查，最终以网民进看守所调查被指违法而告终。网络民主遭遇合法性尴尬。

同时，“孙志刚”事件、“躲猫猫”事件、“喝开水”事件、“俯卧撑”事件等直接针对司法不作为或失职的网络民主事件频发，“彭水诗案”、“稷山诽谤案”、“灵宝事件”等暴露政府越权越位事件越来越多，并没有引起我国相关职能部门重视，并没有像“天价烟局长”、“出国门”、“购房门”民主行为推动腐败惩治制度化，依然停留在就事论事、息事宁人的应对层面。这些迟滞的改革一方面打击广大网民的积极性，另一方面损害政府形象，整体上没有起到促进政府作为，促进政府依法行政、司法公正的改进，反而从本质上进一步加剧了社会矛盾。

总体而言，我国网络舆论在政府有意识的引导、新兴媒体大力度推进以及网民的踊跃参与下，已初步形成燎原之势。但就民主框架而言，我国的网络民主实践仍然处在隔岸的、低层次的阶段，网络民主还没被纳入制度化规范化的国家民主治理体系，未能发挥应有的更为重要的作用。

四、将网络民主纳入国家治理体系的建议

十八届三中全会提出，“要推进国家治理体系和治理能力现代化”。习近平总书记也专门强调，要“紧紧依靠人民推动改革”。对此，网络民主显然是一项好的选择。从呈现方式看，网络民主汇聚了文字、音频、视频、网络投票、网络议政等多种民主表达形式，不仅拓宽了民主渠道，更集中体现了现代高新科技在政治文明建设中的应用。从比较优势看，网络民主具有其他民主方式所不具有的及时性、广泛性、虚拟性、低成本、低门槛等特性，是当前保障人民知情权、参与权、表达权和监督权，促进民主决策、民主管理最为有效的手段。

（一）了解网络，善待网络，消除“惧网”心理

当前，由于“网络无序”和“网络民主”事件颠覆了以往封闭的行政模式，使得部分党政领导对这种新兴民主形式产生恐惧心理和拒绝心理，在行为上体现为过度谨慎及不作为。事实上，尽管网络还存在这样那样的问题，但网络民主在保障公民知情权、表达权、参与权、监督权上的作用是正面的、积极的。网络只是一种工具，它的作用是中性的，之所以出现问题，与有关人员的意识不到位或是使用不当有关。分析网络热点事件发展规律可发现，正是由于官员认识不到位，过度谨慎和不作为，导致他们失去了应对危机的最佳时机，受到舆论风暴的猛烈抨击，最终导致上级部门甚至党中央国务院出面协调的被动局面，而基层管理部门众多的官员也因此受到处罚。

相反，网络民主潮流的出现恰恰说明，政府可以全面掌控信息和行政的时代已经一去不复返。随着自媒体时代信息流通模式的改变，政府以往的管制模式已经失效。相关党政领导应将“网络民主”与“网络无序”区分开来，正确把握网络舆情运行机制，消除“惧网”心理，

妥善引导，趋利避害，才能切实推进社会转型。

（二）规范网络管理，建立网络快速应对机制

与互联网正大踏步转向覆盖更为广泛、反应更为即时的移动互联网时代相比，我国有关部门对虚拟社会的管理则依然处于初级阶段，政府行政仍停留在层层审批的公文流转模式，与网络技术和网络社会发展还不适应。一旦网络舆情事件爆发，这样的模式往往由于跟不上网络舆情的发酵速度，直接导致政府陷入舆论风暴当中。还有就是由于政府行政仍局限于传统的管制模式，疏于倾听网络年轻人的意见，亦可能导致政府出现管治危机。2014 年以来发生在台湾和香港地区的由学生主导的两次学运，其实已经展示了“网络民主”的威力，必须引起我们的高度重视。

有关党政部门、社团组织应深刻认识当前网络技术和网络社会发展趋势，调整应对模式，将网络建设与管理纳入战略发展规划，尽快整合资源推进规范化网络管理，设立舆情分析机制和快速应对机制，完善网络新闻发言人制度，转变被动应对甚至不作为的状态。

（三）善用网络民主，提高政府执政能力

网络民主潮流的出现，使得社会开始进入多权力中心时代。除了传统的权力中心外，网络舆论场、网络意见领袖成为新的权力中心。为保持政府依法行政和网络舆论场多元化表达之间的平衡，理应在多权力中心间设立适当的民主交流机制，使之助力于国家治理能力建设，促进社会转型，成为网络民主新常态。

网络民主作为新型民主参与方式，实现了现代网络技术与民主表达的有机结合，对推进我国民主建设进程具有巨大的潜在优势。因为意见表达得越充分，越有利于形成社会治理的科学决策。但意见表达不代表

信口开河抑或是造谣生事，善用网络民主，还应依法依规净化网络舆论场，引导网络意见领袖为提高政府执政能力建言献策。

发展网络民主，既可充分了解民意所向，也是政府提高行政能力的基础，更是我国推进民主政治文明建设的需要。在信息技术日新月异的背景下，网络民主势不可挡。我们是积极引导，充分发挥网络的民主优势，推进我国民主政治文明进程，还是在网络民主自发自觉的进程中“被迫改进”，政府部门已面临无法回避的“选择”。

（四）团结意见领袖，引导媒体发挥主观能动性

面对全球化治理下的网络民主新常态，我国应重新梳理社会治理新思维。

一是主动团结网络意见领袖，使之成为推进社会治理的网络智库。同时鼓励社会精英更多参与网络意见表达，消除信息不对称瓶颈，引领社会良性发展。

二是引导媒体主动承担社会责任。在以微博为代表的网络公共空间成长期，由于生存竞争的需要，新兴媒体往往采取无为而治的态度，放任一些谣言滋事事件，只在政府干预后才采取滞后管理方式。但在依法治网时代，主管部门应引导新兴媒体寻找新的公共空间运营模式，使之充分发挥社会监督权，增强公信力、权威性，成为改造社会的有力抓手。

三是加强媒介研究，重视因新技术而产生的“虚拟社群”。在互联网时代，原本因兴趣、爱好聚合而来的网络“虚拟社群”多呈网来网去的特征，对线下社会影响不大。在移动互联网时代，原有的“虚拟社群”与线下社会日趋一体化，但“去中心化”、“去组织化”的趋势亦日益彰显，对线下社会原有的组织形式造成一定的冲击，应给予适当关注和引导。

总之，在信息科技日新月异的推动下，在网民数量急剧增长、网民素质逐年提高的基础上，我国跨越国界、种族、年龄、性别、职业、身份界限的新兴民主力量变得越来越强大，网络民主日益成为现实社会必须直面的政治力量。善待网络、善用网络、善管网络，已成为推进国家治理体系和治理能力现代化建设的必需。

第二节　中国协商民主能否破题

随着互联网地球村的演进，中国与世界交往的日渐加深，源自西方的民主化浪潮早已为我国人民所熟悉。人们更为频繁地提及“民主”概念，期待它能为社会转型注入活力。那么，人们期待中的民主究竟应该怎样？中国是否能照搬西方模式？什么样的民主模式更适合中国？在社会民主进程中媒体应承担什么角色？这些都是值得我们深入思考的问题。

一、世界民主化浪潮对中国的启示

谈及当今中国乃至世界的民主化背景，有必要追溯至20世纪后期的所谓“第三波民主化浪潮”。20世纪90年代初，美国学者塞缪尔·亨廷顿教授出版了《第三波——20世纪末民主化浪潮》，探讨了在他看来是20世纪后期可能是最重要的全球性的政治发展的状况，即发生在1974—1990年期间的全球民主化浪潮，也即他所说的“第三波”。在这个期间，在南欧、非洲、拉美、苏联和东欧以及东南亚等地展开了一系列以寻求西方民主为主要特征的政治变革，大约30个国家由非民主政治体制过渡到民主政治体制。亨廷顿认为，在第三波之后，民主化的条件远比以前有利得多，西方自由民主国家在促进全球民主化方面可以有更大的作为，“不能排除在21世纪在某个时候出现第四次民主化浪潮”，“影响到民主的未来稳定性和扩张的两个关键因素是经济发展和政治领导”。①

不过，亨廷顿也提到，“现代民主是西方文明的产物，它扎根于社会多元主义、阶级制度、市民社会、对法治的信念、亲历代议制度的经验、精神权威与世俗权威的分离以及对个人主义的坚持，所有这些都是在一千多年以前的西欧社会出现的”②。“世界上的各大文明在其文化与西方的接近程度和受西方影响程度上都有很大不同”，“非西方社会对不论是选举民主还是自由民主的接受程度因这些社会直接受到西方影响的程度而异”。③ 当一个国家的主导政治文化对民主政治的接受程度越高，民主化就越容易实现，反之，则越难。

诚如亨廷顿所提到的，经济因素对触发民主转型的影响巨大。在经济方面，当执政者不能持续拿出像样的政绩时，施政的失败就可能成为变革的催化剂。很多推动第三波民主转型的就是这种失败，比如发生在希腊、阿根廷、乌拉圭、菲律宾、东欧、贝宁、赞比亚、印度尼西亚以及塞尔维亚、格鲁吉亚和乌克兰的颜色革命。在1997年东亚金融危机的压力下，印度尼西亚持续30年的骄人的经济发展仅仅在几个月时间内就破灭了。在1998年5月，当印尼政府宣布减少燃料和电力补助时，普遍的骚乱爆发了。新秩序在大街上崩解了，所以，苏哈托被迫下台，民主转型开始了。

对于这种现象背后的原因，哈贝马斯在《合法化危机》也有一定

① 塞缪尔·亨廷顿：《第三波——20世纪后期民主化浪潮》，刘军宁译，上海三联书店，1998年，第148页。

② 同上，第4页。

③ 同上，第6页。

的阐述，“如果国家对危机的控制失败了，那么它就落后于它自身所提出的一整套要求。对于这种失败的惩罚，就是合法性被撤销了”[①]。在奈斯比特夫妇的《中国大趋势》里，他也是这么描述中国在20世纪80年代末遇到的危机，由于商品价格双轨制改革失败，“1989年，中国的经济增长率创下了自1978年以来的新低。资金枯竭、消费减少、工厂关门、失业率上升、资金流通几近停滞，这些都成为导致人们不满和抗议的关键因素”，但“这种西方国家所大力支持的对民主的呼唤并不是来源于对自由选举的政治渴望，而是出于对中国经济状况，特别是对腐败的失望和不满”[②]。

因此，有观察家认为，之所以发生这些以实践西方民主模式为目的的颜色革命，是一些亲西方或者是由西方直接支持的机构利用了民众对政府的信任危机。他们通过发动颜色革命，颠覆信奉不同价值观的政体，以达到消除异己的目的。检验政体是否成功的标准，还应是以是否适合这些国家，是否能给这些国家的人民带来福祉为准。相反，直接引入西方民主模式却往往给这些国家带来社会混乱和经济倒退。比如20世纪90年代，“第三波”首先在苏联、东欧地区引发了严重的社会衰退与危机。俄罗斯的GDP在几年内竟然减少了一半，人民生活大幅度下降，这是人类自进入工业化时代以来在无大规模战争情况下出现的最大经济社会衰退。

尽管不知结果如何，但这波民主化浪潮的影响无疑是巨大的，亨廷顿甚至称之为“人类历史上最为壮观的、也是最重要的政治变革”[③]。

---

① 塞缪尔·亨廷顿：《第三波——20世纪后期民主化浪潮》，刘军宁译，上海三联书店，1998年，第76页。

② 同上，第54－55页。

③ 同上，第3页。

在经历了这次民主化长波之后，今天世界上约有 60% 以上的国家是所谓民主国家，民主化已经成为一种世界性的潮流。

但正如民主人士也不得不承认的，民主化也不是人类一切问题的万灵药，民主化时代仍然可能是动荡不定的多事之秋。因此，无论是民主国家还是非民主政体国家，都在仔细考量这次民主化浪潮带给自己国家的影响，力求努力吸收正面启示，化解消极影响，使之成为探索自己国家民族前途命运的有益佐证。许多学者认为，经历这波民主化浪潮，基本可以认定，民主具有普世性，但西方的民主模式并不是普世的。不顾水土因素强推西式民主，受难的还是本国人民。因此，民主还是要靠各国人民自己探索，走适合自己的道路。

二、现实国情决定中国不能套用西方模式

基于上述认识，尽管身处风起云涌的世界民主化浪潮之中，中国的政治家们始终坚持，中国有自己的国情和文化，必须走自己的路。那么，中国的国情是什么呢？是否如一些居心叵测的西方人士所说的，中国和美国已经达到 G2 的对等位置？中国应该承担更多的国际责任？甚至，中国应该套用西方的民主模式？

显然，事实并非如此。正如温家宝总理在 65 届联大发言《认识一个真实的中国》所指出的，“中国国内生产总值位居世界第三，但人均水平较低，只相当于发达国家的十分之一左右。中国经济已保持 30 多年的快速增长，但进一步发展受到能源、资源和环境的制约。中国若干重要产品产量位居世界前列，但总体上仍处于全球产业链的低端。中国已经成为国际贸易大国，但出口产品技术含量和附加值低，核心技术仍然大量依赖进口。中国沿海地区和一些大中城市呈现出现代化的繁荣，但中西部和广大农村的不少地方仍然相当落后，还有 1.5 亿人口生活在

联合国设定的贫困线之下。中国民生有了很大改善，但社会保障体系不健全，就业压力很大。中国社会政治生活日趋活跃，公民基本权利得到较好的维护，但民主法制还不够健全，社会不公和贪污腐败等问题依然存在”。而且，中国现阶段不仅面临如此诸多的复杂国内问题，更遭遇百年一遇的国际金融危机及全球性通胀压力的挑战，国内外经济危机一触即发。然而，一些不负责任的美国议员却仍然要求中国继续大幅升值人民币，西方社会经常以世贸规则为借口，挑起贸易争端，并动辄以保护“人权”为幌子，干预中国内政。

为此，中国国家主席胡锦涛2005年在联合国大会首次提出了构建和谐世界的理念。他在耶鲁大学发表重要演讲时还专门提到，“中国坚持实施互利共赢的对外开放战略，真诚愿意同各国广泛开展合作，真诚愿意兼收并蓄、博采各种文明之长，以合作谋和平、以合作促发展，推动建设一个持久和平、共同繁荣的和谐世界”。而构建和谐世界，核心就在于必须遵循“和而不同”的原则。时任国家副主席习近平也曾毫不客气地指出，“有些吃饱了没事干的外国人，对我们的事情指手画脚。中国一不输出革命，二不输出贫穷和饥饿，三不去折腾你们，还有什么好说的呢”。个人认为，习主席的表态，至少表达了两层意思，一是坚守中国历来奉行的“不干涉他国内政”的外交原则，二是强调中国人要独立自主走自己的路。

中国的政治家们之所以有如此明确的政见，是因为他们清楚地知道，要应对中国现阶段国内如此众多错综复杂的问题，“发展是硬道理”，中国的问题必须也只能在发展中得以解决。对于这个问题，西方的民主政体却是捉襟见肘的。众所皆知，西方民主的核心在于限制公权、维护私权。西方民主在一定程度上扩大公民权利和个人自由的同时，也会带来社会的进一步分化。过于强调制衡的制度设计也会导致经济发展停滞不前，国家变得虚弱不堪。台湾就是一个鲜明的例证。显然，这样的民主，是以限制发展为代价的，它难以满足当代发展中国家的社会需要。

相反，对于处于全球化竞争时代的任何一个发展中国家来说，它需要的是以更有效的方式来带领人民追赶发达国家，以使得本国人民最终能享受到与发达国家平等的福利。这也是为人们所津津乐道的“集中力量办大事”的社会主义制度优越性的内在逻辑。同时，作为社会主义制度优越性的另一面，集中权力应以不损害个体人民的权益为前提。因此，发展中国家需要探索建立一种能够同时满足保护权利和集中权力双重需要的民主制度，能够充分调动人民的积极性，实施有效的社会动员，从而促进社会发展，增强社会活力，而不是盲目照搬西方的模式。

三、协商民主在中国政治生活中的广泛运用

在经过多年与中国主流群体密切接触并细致研究中国国情之后，奈斯比特夫妇在《中国大趋势》里提出一个独特的“纵向民主”概念，被不少了解中国情况的人所认可。他指出，“中国政府自上而下的指令与中国人民自下而上的参与正在形成一种新的政治模式，我们称之为‘纵向民主’”，“支撑中国新社会长治久安最重要最微妙也是最关键的支柱就是自上而下与自下而上力量的平衡。这是中国稳定的关键，也是理解中国独特的政治理念的关键”。①

“纵向民主”是奈斯比特夫妇对中国当前民主生活状态的一个独特描述，他关注的并非横向的民主交流，而是产生重大决策的一个重要切

---

① 约翰·奈斯比特、多丽丝·奈斯比特：《中国大趋势》，中华工商联合出版社，2009 年，第 39 页。

面。从横向来观察，当代中国对于协商民主的制度设计则是促成产生“纵向民主”的重要条件。正是基于在社会各阶层中的广泛协商，才最终可以在全社会达成对重大决策的共识，这也即中国特色的“协商民主”。而在西方民主模式里起主导的选举民主，并未出现在奈斯比特夫妇提出的“中国新社会的八大支柱”之列，这也间接反映了中国社会及政治家们对选举民主的态度。

作为一个民主概念，“协商民主”出现于20世纪80年代的西方。由于选举民主出现导向精英民主的弊端，西方政治学界开始关注协商性民主形式。协商性民主强调基于理性的公共协商，从而实现立法和决策的共识。协商民主的出现，解决了选举民主只能决定谁当领导却无法关注领导人怎么领导的问题。20世纪90年代以来，在罗尔斯、哈贝马斯等著名学者的推动下，协商民主逐渐赢得了越来越多的承认，成为当代西方民主理论研究的热点问题。人们发现，协商民主是一种具有巨大潜能的民主类型，它能够有效地回应文化间对话和多元文化的社会认知的某些核心问题。

近年来，协商民主理论开始进入中国，学者们开始尝试从协商民主的视角审视我国民主政治发展的实践。浙大陈剩勇教授通过对中国思想史的解读，发现了存在于中国政治文化中的协商政治传统，这一传统使协商民主的发展获得了本土性资源的支撑。他还认为，现阶段的中国引入和发展协商民主，将可避免动员型被动式政治参与的种种弊端。他特别指出互联网公共论坛中的政治参与在“近似地”实践着协商性民主的理想，体现了民主的价值和精神。在推动公民政治参与的广度、促进社会秩序的稳定和政府决策的优化等方面都起到积极的作用。

澳大利亚塔斯马尼亚大学的何包钢教授则通过对中国城乡社会的协商民主制度研究，指出20世纪80年代尤其90年代以来，中国城乡社会已经发展了许多新的协商制度形式——民情恳谈会、民主恳谈会、民主理财会、民情直通车、便民服务窗、居民论坛、乡村论坛和民主听（议）证会，这些协商制度综合了物质利益和民主价值规范，是中国政治传统和协商民主形式的一种混合产物。浙江大学的张国清教授认为这些发生在社会的基层的协商民主，有利于公民对于自己的利益的直接表达的诉求，并导致政治重心从政府转向社会，尤其是作为市民社会最小单元的社会基层和社区，从而把分散的市民意志和意愿重新组合和统一起来，形成一种市民社会意志和意愿，成为一股向上层政府机构和利益集团协商和谈判的合力。

此外，有些学者则对协商民主在中国的发展前景表示忧虑。浙江大学的韩福国博士认为，当前中国学界对基层民主实践的文本表达，特别是有关商议性民主的研究，存在着文本的单一性和虚伪性。他通过回顾新中国建立以来最有可能构成商议的一个时间段——社会主义改造过程的历史，从中国共产党和民主党派协商过程，以及中华全国工商联合会在建国初期对资本主义工商业的社会主义改造中的功能和作用，认为商议性民主存在一定的局限性。浙江大学毛丹教授则通过对农村发生的一些农地调控案例分析，对于协商民主的功能、功效问题提出审慎批评，认为从农地调控这个农村公共领域的重大场域的背景，不难发现目前农村基层的协商民主面临着重大困难。①

此外，认真研究中国人民政治协商制度的人则可发现，协商民主在当今中国的政治上层建筑中占据非常重要的地位，也起着非常重大的作用。比如，协商民主在中国得到宪法的支持，有强大的政协机构和系列

① 陈剩勇、何包钢：《中国协商民主的发展》，中国选举与治理网，2009 年 10 月 9 日，http：//www. chinaelections. org/newsinfo. asp？ newsid = 158205。

的制度支撑，执政党、参政党、社会团体、宗教机构和谐共处，在国家领导人重大国家决策和相关议题进行顺畅沟通等等。

因此，比较而言，尽管协商民主在中国还存在一些局限性，但与选举民主相比，无论从历史渊源、文化传统还是现实国情，中国式协商民主都可以从中找到相应的支撑点，也因此显得更有生机和活力。中国传统文化里“和而不同”、“求同存异”的思想成为实践协商民主的最佳诠释，也为实践协商民主提供了扎实的思想基础。

四、如何发展和改进中国式协商民主

当今社会中，一些群体性事件的发生，一些非理性方式的表达，往往与当事人没有合法的救济途径有关，也与相关民主协商制度缺失有关。试想，如果存在通畅的沟通渠道，存在有力的救济制度，那些本可在民主协商下化解的矛盾纠纷，根本不可能成为社会不和谐的根源。可见，对在法律框架下的民主协商的呵护，不仅关乎个体利益，更关系整个社会文明生态。

而正如上面所论述的，协商民主能够通过基于理性的公共协商，有效地回应文化间对话和多元文化的社会认知的某些核心问题，从而实现立法和决策的共识，也即可以实现法治、人民利益表达以及政府决策间的平衡。此外，协商民主与中国的传统和现实的契合度也很高，那么，以扎实推进协商民主作为切入点，从而实现转型期社会各阶层的顺畅沟通，化解社会矛盾，促进社会公平，也应成为当前中国政治生活中的重点。

作为发展和改进协商民主的保证，法治和信息公开是必要的。首先应改进制度设计，最大程度覆盖参与民主协商的主体，为民主协商的形式、平台、交流、反馈渠道提供必要的保证，以扩大协商民主所能代表的利益群体，确保能真正涵盖全体人民。其次，应为参与协商民主的主体提供充分的信息以及便利的信息提供渠道，方便利益各方了解全面情况，促进民主协商达成实效。

在具体实现途径上，个人认为，应从以下几个方面入手来发展和改进中国协商民主。

（一）探索协商民主的新形式，扩大政府决策的民主化

目前，协商民主在中国已经得到较大的发展，网络问政会、政策听证会已渐次成为政府决策的重要程序。这也正如哈贝马斯在《合法化危机》里提到的，为了争取合法化认同，“人们所熟悉的策略包括实际问题的人格化、象征性地听证、专家裁决、司法解释，以及从寡头垄断竞争模仿来的广告技巧等等”①。不过，当前一些舆情反馈则显示不满听证会的象征性，质疑这类协商民主形式的真实效果，因此，有必要继续探索协商民主的新形式，确保社会各群体的利益能在听证会上得以均衡表达。

（二）慎重选择民主协商主体，注意多数派代表与少数派代表的平衡

现有民主协商主体多选择在特定领域有一定影响力及一定群众基础的代表，在途径上多选择多数推选的方式。显然，这样的方式能较大程度覆盖主流民意，表达多数人的利益诉求，但缺陷也就是忽略了少数人群的利益。个人认为，协商民主应该尽量覆盖到所有人群，因此，在现有机制上适当考虑少数派代表也是必要的。因为根据马克思主义矛盾论，主要矛盾往往是非主要矛盾发展来的。因此，在照顾大多数的同时，还

① 塞缪尔·亨廷顿：《第三波——20世纪后期民主化浪潮》，刘军宁译，上海三联书店，1998年，第76页。

应兼顾到诸如上访群体、蚁族、失业人员、留守老人儿童、城市外来务工群体等社会弱势群体的利益表达。

（三）提供更为充分的民主协商平台，为新锐群体提供空间

近年来，中国执政者为新锐群体网民提供了越来越多的民主协商平台，包括网络问政、网民线下互动等。对于这种进步，社会舆论从来都不吝于表扬。然而，这种问政的效果究竟是否等同于舆论所给予的高度评价，仍然有待商榷。另外，温家宝总理在2010年视察北大时也曾批评，陪同他座谈的学生都是校方安排的学生干部，不能真正代表全体学生。可见，如何为网民、大学生等相对较为活跃的但又缺乏切实表达渠道的新锐群体提供民主协商平台依然是个问题。

（四）从源头上确保民主协商主体的相对独立性，克服圈子政治的局限性

学者们发现，在现实实践中，中国式协商往往遭遇面子文化以及明哲保身传统的限制，流于形式。由于协商主体多处于同一个圈子，中国人历来讲究互相顾全面子，不会轻易触及各自利益，这样的民主协商也就容易陷入走过场的窘境。因此，确保民主协商主体的相对独立性也很重要。这样的独立应该包括机构、经济、人员等多个层面。只有这些方面都相对独立了，才能确保他们表达真实无保留的利益诉求。

第三节　深孚众望的共同体意识

2014年是一战爆发100周年，诺曼底登陆70周年，东欧剧变和苏联解体25周年，在这样的年头，重新梳理“共同体”意识尤其具有现实意义。基辛格曾说，“对‘二战’后重建世界秩序的这代人来说，其最伟大的成就之一就是提出了大西洋共同体的概念”。近年来，随着国

际政治经济利益格局的不断调整和社会阶层的日渐分化，“共同体”这个概念越来越多地受到政治家的青睐。无论是在各国领导人的讲话时常可见的“命运共同体”、“经济共同体”、“利益共同体”等不同表述，还是欧洲共同体（欧盟）、东非共同体、拉美及加勒比国家共同体的相继成立，东盟共同体路线图的进一步明确，均可窥见政治家们对于强化“共同体”意识的重视。

对于我国而言，“共同体”意识所涵盖的内容则更为丰富。它不仅包括国际范畴，更需要凝聚社会共识来推动改革进程。十八届三中全会审议通过的《中共中央关于全面深化改革若干重大问题的决定》指出，“当前，我国发展进入新阶段，改革进入攻坚期和深水区。必须以强烈的历史使命感，最大限度集中全党全社会智慧，最大限度调动一切积极因素，敢于啃硬骨头，敢于涉险滩，以更大决心冲破思想观念的束缚、突破利益固化的藩篱，推动中国特色社会主义制度自我完善和发展”。这里，改革的对象是“硬骨头”、“险滩”、“利益固化的藩篱”，可见其艰难程度。因此，“强烈的历史使命感”、“集中全党全社会智慧”、“一切积极因素”必须是改革的前提，也即必须形成强大的共同体意识。毋庸置疑，缺乏这些共识，全面改革将无从谈起。引导并推动共识的产生，则是媒体不可推卸的责任。

一、我国为何需要“共同体”意识

为何我国改革需要如此强烈的“共同体”意识，这与当前我国改革亟须破解的几个认知问题密切相关。

（一）国家利益冲突亟须应对

改革的过程，就是利益格局重新分配的过程。在全球化的年代，这必然牵涉到国与国之间的利益。从外部环境看，我们面临多重危机和挑战。在全球范围内，美国为了维持其世界领袖地位和美元的世界货币地位，利用其超级大国地位和强大的军事力量推行霸权主义和强权政治，从合乎自己利益的“大战略”出发，实施双重标准，经常利用“人权”、“中国威胁论”、“网络战”和“操纵汇率”等议题打压中国，通过主导跨太平洋战略经济伙伴关系协定（TPP）谈判来遏制中国。

在亚太地区，美国亦祭出“亚太再平衡战略”搅局，它不仅煽动菲律宾、日本等盟友和越南在南海、东海闹事，还想方设法挑拨东盟国家关系，使中国在东盟的主导地位受到重大挑战。美国还不时操纵疆独、藏独议题，干涉中国内政。由于美国把中国列为假想敌的外交错位，给中国的内政外交以及中国历来谋求的和平发展的外部环境，增加了变数。除了美国之外，中国与日本的领土争端、与欧盟的贸易争端，以及中国与其他国家之间存在的一些利益冲突，都是我们必须予以重视并妥善处理的问题。如果找不到解决之道，中国和平发展的外部环境将无从谈起。

（二）民族和文化冲突影响改革全局

近年来发生在新疆、西藏等地的一些事件越来越频繁地提醒我们，是时候正视民族和文化冲突了。单纯以经济发展来解决民族矛盾的思路，已经被证明是不够了。各类突发事件的发生，说明当地个别少数民族成员与主流社会间严重缺乏共识，他们之间有时甚至是水火不容的敌对情绪。边疆不稳，亦不可能做到聚精会神搞改革。

（三）社会阶层分化和贫富差距破坏社会和谐

随着全球化和信息技术的突飞猛进，财富在飞速迸发，但也加剧了社会阶层分化和贫富差距。在我国，由于政治体制改革滞后于经济改革，导致出现了一些不正常的现象。一方面，权力、资本、知识阶层的

"精英联盟"正越来越贪婪地利用他们的优势地位，建构在机会和资源上排斥弱势群体的政治、经济、社会体制。但另一方面，这一排斥体制正日益遭到整个社会的质疑，以仇官、仇富为代表的社会阶层对立情绪凸显，社会阶层撕裂，更令已出现契约主义曙光、公民社会雏形的中国社会在某种程度上令人遗憾地"退化"。

（四）个体认识差异妨碍达成共识

在改革过程中，由于个体受教育程度的差异以及社会身份的不同，都会造成他们对事物的看法不同。另外，德国心理学家K·勒温曾率先提出"边缘人"概念，他认为社会地位的改变能使个人的心理特征和行为特征发生改变。当一个人从一个环境转到另一个环境时，容易产生紧张感、失落感，表现出过分小心、谨慎、自卑感和不敢自作主张，对自己的天性进行抑制等。边缘人的产生是现代社会发展的必然产物，在整个过渡期间对每个人的行为都有特别的影响。对于我们这么一个长期推进大规模城镇化进程、社会剧烈转型的国家，有大量的群体被迫沦为"边缘人"。尤其要重视疏导这部分人的心理，以确保形成改革共同体。

二、何谓"共同体"

最早的"共同体"概念由法国启蒙运动的代表人物卢梭提出，他第一次将Community用在了"共同体"这一意义上。卢梭认为，社会契约一旦缔结，"就意味着每个人把自己的全部权利都转让给由人民结合成的集体，因此个人服从集体的'公意'，也就是服从自己，人民则是这个政治共同体的主权者"。他相信，"社会共同体本身是人的一种理性的创制，其根本要义就在于每个人将其生命、财产置于社会公约（公意、法律）的监护之下，从而作为公共利益而受到保护。并且因为社会公约只专注于法律等共同利益，而非个体的幸福问题，所以在社会公约中，每个人所接受的条件与其他人所接受的条件是完全同等的，人们只是献出了有可能有害于别人自由的东西，这一点完全符合他们自身的理性利益，社会公约因此只是理性地为自己定下的法律，它使人们从根本上脱离了愚昧、局限的动物状态，变得更加自由”①。

英国社会学家齐格蒙特·鲍曼则在《共同体》一书中进一步指出，共同体是一个温暖而舒适的场所，一个温馨的“家”，在这个家中，我们彼此信任、互相依赖。然而，“共同体”不是一个已经获得和享受的世界，而是一种我们热切希望栖息、希望重新拥有的世界。共同体体现了安全感，但同时也剥夺了我们的自由。

在政治家眼里，“共同体”则是一个避免战争灾难重演的伟大理念。在《论中国》② 一书中，谈及中美关系未来走向，睿智的基辛格在《后记克劳备忘录：历史会重演吗》中意有所指地谈到，“对‘二战’后重建世界秩序的这代人来说，其最伟大的成就之一就是提出了大西洋共同体的概念”。当然，与这个伟大理念相对应的配套措施还有，马歇尔计划、欧洲经济合作组织和《关税和贸易总协定》。正是因为有了这些，才有了今天相对和平的欧洲以及拥有 28 个成员国的欧盟。

从“共同体”的概念衍生至今，其内涵和外延已经更为丰富了。但无论是国家共同体还是社会共同体，其核心的本质并未发生改变。那就是，作为任何共同体的成员，我们都需要共同为我们所希望拥有的而付出，根据共同体契约来约束自己。对于国家，地球是人类的生命共同体；对于个人，国家是社会共同体；对于社会机构，公司法人等组织是利益共同体。每一个身份都应承担一份契约，每一份契约都需要全心的

① 张盾、田冠浩：《卢梭与现代共同体》，《中国社会科学院报》2012 年 11 月 29 日。

② 【美】亨利·基辛格：《论中国》，企鹅出版社，2012 年。

付出。只有每个人、每个国家都努力履行契约，共同体才会呈现出我们所期待的面貌。

正是在这个意义上，共同体意识对于我们国家当前的全面改革才显得如此弥足珍贵。放眼全球，面对核武危机、气候变暖、贸易争端、地区冲突加剧等全球性危机，一国一地的思维已无从应对，我们必须联手全世界的精英们一起来解决。国内的改革更为艰巨，非某个精英阶层或是某个政治派别所能独自完成的，需要全社会各阶层群策群力，共同实现国家富强、民族复兴、人民幸福的中国梦。

三、如何培育共同体意识

培育共同体意识既需要政治家拥有卓越的战略远见，亦需要社会公民全身心地投入。既需要前瞻宏观的系统建构，亦需要扎实具体的推进机制。如同实现中国梦不是一朝一夕所能达成，培育共同体意识亦是一项长期工程，需要全体公民付出长久的努力。

（一）加强国际交流，建立互信机制

对于如何培育共同体意识，基辛格在《论中国》指出，“亚洲的未来将在很大程度上取决于中国和美国的远见，以及两国在多大程度上认同对方的地区历史角色”。“中美的恰当标签应是‘共同进化’，而不是伙伴关系。”“任何一方都不完全赞同对方的目标，也不假定利益完全一致，但双方都努力寻找和发展相互补充的利益。”“一时的感觉并不重要，重要的是培养一种无论形势如何变化，仍能持续的行为模式的能力。”笔者认为，这种持续的行为模式莫过于建立并维持常态的国际对话机制，以消除隔阂，促进互信。尽管基辛格关注的主要是中美关系，但他的这些观点，亦是放之四海而皆准的真知灼见。

（二）发挥媒体作用，增加社会共识

不恰当的媒体报道，有可能加剧社会分裂，而负责任的媒体，将为我们呈现客观而理性的世界。中国当前的社会阶层分化，成在媒体，败亦在媒体。20 世纪 80 年代末晚报、都市报评论潮的开启，重启中国自新文化运动后一度中断的公民意识的启蒙进程，契约社会渐趋雏形。尽管随着自媒体的出现，以仇官、仇富为基本标签的网络暴民情绪化思潮间或打击了人们对网络公共空间的理性期待，网民的情绪化宣泄固然帮助排解了一些社会负面情绪，避免了产生现实冲突，但亦客观导致了社会阶层的意识对立，尤其是弱势群体对强势群体的不满。国内外不少学者认为商业化媒体的壮大挤压了德国哲学家哈贝马斯所推崇的“公共领域”，但自媒体的出现亦使得这个空间迸发出前所未有的强大活力。作为社会公共领域的天然载体，沟通社会各个阶层的公共介质，媒体是培育共同体意识的最便捷的平台，可以鼓励其发挥正向作用，提升公民的媒介素养，但也应依法遏制其趋利倾向，规制其不利于社会阶层和解的过激行为。

（三）促进社会沟通，避免阶层撕裂

让共同体意识在全社会落地生根，是社会的现代性自我更新的一个重要维度。这对于一个依旧以农民为主体、处于文化断裂中的国家而言，意义尤其重大。黑格尔以政治经济学的现代社会分工体系充实了卢梭的共同体理论，提出使生产、司法、行政和意识形态体系真正统一的现代民族国家理念。按照他的理念，公民在社会领域中的自由和权利都将获得制度化的保障，从而使个人对社会的参与能够创造出更大的社会财富来实现公民的幸福。然而，要让理论为我所用，团结各个社会阶层齐心协力实现中国梦，根本还在公平公正的基础上，建立顺畅的社会沟通机制，并根据实际制定合理的激励机制，促进阶层正向流动、升级，避免阶层固化、隔阂。

（四）提高公民素养，尊重社会契约

不少西方战略家认为，中国崛起成为一个大国，将是21世纪国际关系中最为确定的发展趋势之一。然而，无论是我们身边不断上演的场景：随地吐痰，乱扔垃圾杂物，肆意破坏公物，还是中国游客在国外公共场所插队、闯红灯、旁若无人地高声喧哗等陋习总是如影随形，饱受诟病。一系列与大国形象不符合的不和谐现象在世界范围内屡屡发生，提示当前我国的公民素养与大国地位存在巨大反差，公民素养亟须提高。

究其根源，教育缺失显然首当其冲。一是多年来的应试教育让我们遗憾地丢掉了重要的人生第一课。二是社会失范让培育美德的土壤相对贫瘠，人们更多奉行实用的丛林法则。三是并非所有的家庭都有条件开展公民教育。四是媒体并未为公民提供足够的有益内容。因此，要培育人们增强尊重社会契约意识，也即“共同体”意识，应动员全社会力量共同加强公民教育。

媒介安全篇

安全是变革的底线。从事媒介变革，须从安全做起。无安全，不发展。

所谓“信息自由”只是西方国家单方面享有的自由，而且是打着自由旗号抢占信息空间和争夺信息资源的“信息战争”。

与西方国家将传媒视为捍卫国家安全的利器相比，我国更多地将媒介视为社会维稳的工具。

第十二章　媒介变革与社会安全

社会安全之所以日益受人关注，在于现代社会中无所不在的潜在风险。正如首创“风险社会”概念的德国学者乌尔里希·贝克所揭示的，人类正处在一个高风险的社会，我们生活在文明的火山口上，已从风险威胁的潜在阶段向爆发阶段发展。自1986年乌尔里希·贝克的《风险社会》一书出版以来，他所断言的那个社会正以加速度来到我们的身边。

随着核泄漏、食品安全危机、环境污染、精神病人恶性攻击等各类安全事件越来越频繁地出现在大众媒介上，引起社会大众的恐慌，媒介与社会安全究竟存在怎样的互动衍变关系，已成为社会各界共同关注的焦点。媒介如何预知并通知社会防范安全风险？安全事件发生后，媒介如何通过有效传播促进问题得以解决并平复社会恐慌情绪？这些都是我们亟须解决的重要问题。

第一节　媒介与民生、社会公正

一般情况下，社会大众无法直接感知社会风险。在绝大多数时候风险只是在转化为危机后，才通过媒介被大众所了解。此外，为了管控风险，掌握风险界定以及测量话语权的精英们往往会通过媒体释放风险预期，因此，无论风险是否发生，媒介都是大众感知和防范风险或制造风险的重要平台，对于社会安全、社会管理至关重要。

就理论而言，媒介所能发挥的作用与它擅长塑造“拟态环境”的特性有关。最早对“媒介环境”问题进行深入思考和研究的美国著名学者李普曼认为，人类生活在两个环境里，一个是“身外世界”的现实环境，另一个是“脑海图景”中的虚拟环境。现实环境越来越广阔、复杂而又稍纵即逝，人们已很难直接地去全面感知它。“脑海图景”是由大众传播媒介为我们创造出来的“拟态环境”，是被大众传播媒介解释过的环境，而并非现实环境本身。

也就是说，大众媒介在延伸了人的感知功能的同时，也部分替代了人与环境的互动交往。人类在拓宽自己的视野的同时，也更为依赖作为认知客观世界“中介”的大众媒介。大众媒介的这一塑造“拟态环境”的特性，正是其发挥社会影响力的内在机制。

在人类社会中，最大的社会风险就是人民基本生存状况的恶化和社会资源的不平衡分配。近年来在希腊、埃及等多个国家发生的社会动荡，多是因为这个原因。对于现阶段中国来说，改善民生、维护社会公正，是化解社会风险的根本途径。媒介作为监测、传递并协调化解社会风险的平台，对于整个社会转型的方向及转型的质量都曾起到关键性的作用。处于社会转型期的中国，亟须充分发挥媒介的积极作用，为改善民生、维护社会公平正义提供良好的社会舆论环境。

一、保障民众知情权与话语权

民生事关民众的生存权和发展权，事关民众的生存环境和生活质量。公平正义则是社会文明进步的重要标志，核心在于民众是否满意。改善民生与维护社会公正同公众的知情权和话语权息息相关。诺贝尔经济学奖得主阿马蒂亚·森的研究发现，饥荒不可能在一个言论自由的国度出现，因为饥荒并非食物总体上的缺乏所致，更主要的是由于贫穷地区的特困人群缺乏获得食物的途径，言论自由可以将这些问题曝光。[①] 问题一旦曝光，舆论和公众的压力将迫使问题得到解决。之所以出现一些导致公众恐慌的事件，如2003年发生的萨斯（SARS）危机，同媒介失语、公众知情权遭到破坏密切相关。

知情权是指公众有权获取与自身权益息息相关的信息。话语权是指公众有权就自己关心的事务表达意见。知情权是话语权的基础，话语权是知情权的升华，两者相互依存，互相支持。媒介是保障公众知情权和话语权的重要平台。

在理性的传播学环境里，媒介行使着环境监控功能，为社会大众及时了解自然和社会环境的变化提供信息。正如李普曼所指出的，在全球化社会以及精细化社会分工背景下，人们不可能直接获取社会方方面面的信息尤其是非本地信息。在这点上，大众媒介发挥着重要的作用，通过持续提供大量有关社会事件的报道，向大众传递有关周遭环境的信息流通、交通运输、文化消息、经济行情，以及各种即将到来或已经发生的灾害、威胁等信息，大众媒介成为人们间接了解现实世界的最重要的“中介”。在这种信息流通的过程中，媒介起着一种“瞭望哨”的作用。这个功能一旦失灵，社会和个体都会陷入信息孤岛的境地，无法对外界变化做出及时反应。特别是在灾难或是重大危机来临时刻，媒介的这种作用尤其凸显，一旦缺乏正常的信息供应，社会可能在瞬间陷入恐慌，并引起无法估量的负面“多米诺”骨牌效应。

---

① Sen Amartya，“*Ingredients of Famine Analysis*：*Availability and Entitlements*”，Quarterly Journal of Economics，vol. 96，no. 3，August 1981，P433－64。

现代社会，媒介还承担着社会协调的重要功能。由于社会分工日趋精细化，社会阶层不断分化，人们对于社会的诉求也越来越庞杂，这些均对社会治理提出越来越高的要求。只有实现了社会各阶层、各运行体系的沟通、协调与统一，社会才能作为一个整体，有效地适应内外环境的变化。作为社会的“神经系统”，媒介是信息沟通的桥梁。媒介在传递信息的时候，亦同时起到沟通协调的功能。通过媒介，公众可以发表对于问题的看法与建议，政府等利益攸关方也可以对于问题进行回应，与公众意见进行互动，从而实现社会各部门的互相理解。相反，若缺乏媒介协调，社会各阶层或是各部门间的矛盾将无从化解，甚至可能被激化，从而引发社会安全事件。近年来各地因为征地、房屋拆迁而引发一些群体性事件，便是缺乏媒介协调的例证。所以说，缺乏媒介协调这个沟通系统，现代社会将无法实现正常运转，将必然引发不必要的社会安全事件。

我国目前遭遇社会转型期和矛盾凸显期的双重挑战，面临社会利益格局重新分化、社会资源重新分配、社会管理逐步完善等多重调整。能否顺利转型成功，不仅关系到每个公民的切身利益，还与公民是否积极参与利益调整密切相关。因为一个成功的转型必须得到社会各阶层、各利益群体的广泛参与，才能在最大程度上汇聚民意，群策群力，进而增进全社会的共同福祉。

因此，作为政府、公众的沟通桥梁，媒介应充分发挥其社会监测、社会协调功能，为保障社会民生和社会公正提供必要的支持。

二、实施民生监督权

作为媒介的四大功能之一，媒介的社会监督作用有目共睹。近年来，随着网民群体的壮大以及网民维权意识的增强，互联网监督异军突起，成为实施民生监督的重要载体。众所周知的毒胶囊事件、重庆雷振富色情腐败案，都是通过互联网曝光并被依法查处。民生监督主要面向各类提供民生服务的主体，依照社会法律法规及道德伦理规范，实施过程监督，以促进社会公平。

监督权是民众知情权的补充。如在三聚氰胺毒奶粉、毒胶囊等影响恶劣的重大食品安全事件中，过错方出于趋利避害的心理，必然在主观上形成隐瞒事实的故意，逃避社会和媒体的监督。在一些与民生相关的公共政策制定过程中，政府部门或者由于牵涉关联部门利益，或者被既得利益集团挟持，或者急于推进政策制定进程，也可能存在逃避民众监督的故意。因此，负责任的媒介应恪守“社会看门狗”的职责，在社会公开信息之外，设法突破政府和部分专业精英们在某些特定时期联合实施的信息垄断和信息封锁，尽最大努力保障民众的知情权，确保民生安全。

对于政府及相关社会团体发布的民生信息，媒体不应照单全收，应本着对民众负责的态度，发挥自身或借用专家的专业能力，提出必要的质疑，要求相关部门进行释疑解惑，使这些关于民生的信息得以更广泛的传播，并在更大范围内和更深程度上接受民众的检验。

在实施媒体监督过程中，媒介对事件的深入报道以及传媒平台的高曝光度对于事件的扩散、形成社会影响起了很大的作用。但光凭媒介自身，是做不好监督工作的。设定完善的“爆料”机制，充分发掘民间的力量，是实施媒体监督非常重要的一环。乌尔里希·贝克认为，由于现代化生产力增长所引发的社会风险，往往具有很深的专业性和隐蔽性，只有从事该行业的专业人士才能掌握，外行人很难发现。媒介应一方面鼓励“深喉”们踊跃爆料，维护民生安全和公共利益；一方面建立完备的保密机制，不在报道中公开爆料人信息，确保爆料人的安全及切身利益。

爆料总是有限的。对于一些不适合做公开报道的事件，事件本身也比较敏感，一旦公开披露可能引发社会动荡，危及公共安全。媒介可通过提供内参的方式，将问题及时提交给政府，提醒政府尽快采取措施予以纠正。

三、提供健康的精神文化产品

目前媒介对于尊重和实现民众的知情权、话语权、监督权起到了积极作用，但随着社会现代化程度加快，民众生活水平提升，社会对媒介所担负的社会文化娱乐功能也提出更高的要求。

现代社会，人们不仅需要更为方便快捷地获取各类文化信息和文化产品，同时，这些产品还必须满足人们不断提高的文化消费水平。教育娱乐功能是当今大众传播极为显著的一个作用。许多国家都开设有专门的教育电视台或是教育频道，不同类型的媒体均设有专属教育节目或版面。在世界范围内，广播电视大学和网络公开课已经成为蔚为壮观的文化现象，成为利用广播、电视、网络普及教育的典范。

大众娱乐产品则具有明显的娱乐性、消遣性和商业性特征，它促进了人与人、人与社会之间的沟通和相互理解，使社会成员的心理趋向于从众性。好的娱乐教化功能可以使大众获得较好的心理抚慰，以其无厘头、感官刺激、文艺享受等娱乐属性满足大众的精神需求，并透过其中的心理暗示实施社会焦点转移，使得社会成员不过多聚焦社会风险。正由于娱乐有助于化解社会不安情绪，大众媒介对于提供娱乐产品的热情一直有增无减，以至于尼尔·波兹曼发出“娱乐至死”的警告。他指出，现实社会的一切公众话语日渐以娱乐的方式出现，并成为一种文化精神。我们的政治、宗教、新闻、体育、教育和商业都心甘情愿地成为娱乐的附庸，其结果是我们成了一个娱乐至死的物种。

对于媒体所提供的民生文化产品而言，不仅应提供内容丰富、形态多样、功能完善、层次均衡的各式产品，还应避免出现文化传承断裂和传承不充分（也即片面传承）的风险。传承断裂意味着有一些文化将因此彻底消失，传承不充分或是片面传承也将有损文化安全。比如一些少数民族的语言、民俗文化，由于缺乏传播而消失。一些原本多元化的价值观和社会传统，只传承了强势文化，自然过滤了弱势的文化，造成总体文化的损失。媒介在这方面也有自身的责任。

四、引导民众参与

媒介既可以通过它的环境监测、社会协调、文化传承、提供娱乐等功能为社会提供正面作用，亦可能因为种种原因导致各项功能失调，从而引发社会的不安全感。因此，社会需要媒介的引导，媒介则需要强化其社会责任。学者拉扎斯菲尔和默顿曾系统地分析了传媒的负功能。他们特别指出，“大众媒介是一种既可以为善服务，也可以为恶服务的工具；而总的说来，如果不加以适当的控制，它为恶服务的可能性则更大”①。他们认为，大众传播具有“社会麻醉功能”。拉扎斯菲尔和默顿的理论也即现在研究非传统安全理论学者们所关注的，大众媒介如何面对社会生活中的冲突性，如何通过传播来调节社会整体结构中的不平衡和不稳定状态。

随着社会维权意识的日益强化，民众积极参与社会公共事务、影响社会公共事务决策已成为社会潮流之一。民众的积极参与是以理性行为化解社会冲突的有效方式，民意的充分表达，也有助于充实政府决策中

① 拉扎斯菲尔德、默顿：《大众传播、大众鉴赏力和有组织的社会行为》，1948 年。

的民意基础。对于媒介而言，引导不仅在于强化民众对社会的责任感，更重要的是要为民众参与社会公共事务提供必要的平台支持。

在以往的工作实践中，媒介倾向于主动承担为民众提供信息告知和代言反馈的社会角色，但如今，媒介面临的议题是探索如何帮助民众参与社会活动。人们普遍认为，单个媒体的力量是有限的，所以媒介的最好参与方式是广泛动员民众投身社会公共事务，引导民众不断增强公民意识。美国纽约大学杰伊·罗森就曾指出："新闻记者不应该仅仅报道新闻，新闻记者的工作还应该包括这样一些内容：致力于提高社会公众在获得新闻信息基础上的行动能力，关注公众之间的对话和交流的质量，帮助人们积极地寻求解决问题的途径，告诉社会公众如何去应对社会问题，而不仅仅是让他们去阅读或者观看这些问题。"①

具体而言，媒介为民众参与社会公共事务提供的平台支持应包括：为民众提供相关参与信息，引导民众关注重大利益调整议题，为民众参与公共事务提供展示空间，为民众逐步提升"行动能力"提供智力支持等。也即强化媒介在解决民生问题中的资源整合能力，包括信息的整合、意见的整合、行动的整合、决策的整合和实施的整合等，使传媒超越信息传播的局限，而成为有效协调民众、政府、社会多元利益的超级平台，促进民生进步和社会公正。

媒介还应发挥其安全阀的功能，在引导民众参与公共事务的同时，帮助人们宣泄不满情绪，满足他们部分的心理需求，从而对社会有机体起到调节作用，以实现缓解矛盾、化解冲突的社会和谐目标。西方国家在这方面积累了不少好的经验，它们非常善于运用大众传媒的"排气"功能，来进行社会的调节，以维护社会稳定。

---

① 张金桐、郝治丽：《从公民话语权看公民新闻的发展》，《新闻爱好者》2011年11月上。

第二节　网上的议程设置与舆论导向

随着信息科技的发展，互联网逐渐从实验室走入寻常百姓的日常生活中，其信息传播到达率和使用深度日渐加深，成为当今社会影响力仅次于电视的大众媒介。然而，与传统媒体可管可控的特点相比，互联网上的信息传播相对自由，并因此存在一些潜在的不安全因素，使得互联网上的舆论导向备受关注。

本节将重点讨论互联网信息传播中存在的这些不安全因素，如传统媒体的议程设置功能受到互联网传者多源化的挑战、互联网上把关弱化导致网络谣言滋生蔓延、独立互联网意见领袖的产生以及多元观念不再无条件接受主流一元思想的指导，并给出观察建议。

一、议程设置与传者多源化

议程设置是大众媒介影响社会的重要方式，其观点最初来自于美国学者沃特·李普曼（Walter Lippmann）。1922 年，李普曼在其经典著作《舆论学》（Public Opinion）中提出，“新闻媒介影响‘我们头脑中的图像’”，奠定了议程设置理论的基础。1963 年，伯纳德·科恩（Bernard Cohen）在其《报纸与外交政策》一书中对“议程设置”进行阐述，“在多数时间，报界在告诉它的读者该怎样想时可能并不成功；但它在告诉它的读者该想些什么时，却是惊人地成功”，清楚地指出媒体如何通过议程发挥影响力。1972 年，美国学者马尔科姆·麦肯姆斯（Maxwell Mocombs）和唐纳德·肖（Donald Shaw）在实证研究的基础上正式提出了议程设置理论，认为大众传播往往不能决定人们对某一事件或意见的具体看法，但可以通过供给信息和安排相关的议题来有效地左右人们关注哪些事实和意见及他们谈论的先后顺序。

议程设置不仅影响大众传播的过程，更重要的是可以有效影响传播效果。传统媒体正是通过长期垄断议程的设置权，影响社会大众的看法和态度，进而把握全社会的舆论导向。但随着互联网时代的来临，尤其是社交网络的兴起，大众传播以往 One To One 的线性传播模式已经迅速跨越到 One To N To N 的裂变传播模式，其传播速度和传播广度远远高于之前的任何一种媒介产品，引发议程设置格局的重大转变。

以往通过议程设置功能来引导社会舆论导向的传统模式，正遭到来自互联网的强大挑战。传统媒体所发布的议题是可管控的，其影响是可预知的。但在互联网上，网民们发布的议题是不确定的，其扩散的途径也相对随机，因此所引发的社会影响难以估量，舆论导向较难把控。与传统媒体用户只能被动接受议题不同，互联网自媒体时代最大的特点就是，每个用户都可以自主决定信息的发布、分享、评论、订阅，也即人人皆可传“信”，人人皆可发“声”。传统媒体强大的议程设置功能因此正被成千上万的网络麦克风所消解，开始出现传统媒体与互联网两个舆论场相互博弈的态势。

由网民自发主导的这类互联网议程设置，由于其信息来源的多样性、传播裂变的高效性，以及超强的能量聚变度，已经远远超越了传统媒体旧有的议程设置的影响力。客观而言，作为释放社会负面情绪和化解社会矛盾的利器，由网民主导的议题通常有利于高效化解社会矛盾，并在一定程度上促进社会进步，但其过于超前的自由度和随意性，大大冲击了习惯于议程设置的传统社会管理制度，经常使之陷入突如其来的被动局面，并被迫做出调整。

更令人不安的是，这类非常规议题还可能因为持续累加而引发多米诺骨牌效应。经这种议程设置暴露出政府行政的种种弊端，往往会大幅降低政府在群众中的公信力，削弱政府执政的合法性基础。其实，这些不安全因素之所以得以持续累加，多与传统媒体不合时宜的“失语”以及有关方面的“本领恐慌”直接相关。只要传统媒体摆脱既往的思想窠臼，发挥经年练就的专业优势，及时报道准确信息，回应社会关切，必能顺利化解舆论安全危机，继续引领和主导主流社会议程。

二、把关弱化与网络谣言

自传播学四大先驱之一、美国学者卢因 1947 年率先提出“把关”（gatekeeping）一词以来，把关人的概念已广为流传，把关人对于把握传媒舆论导向的作用已得到大众传播学者的普遍承认。卢因在《群体生活的渠道》一书中系统论述了这个概念。他认为在群体传播过程中存在着一些把关人，只有符合群体规范或把关人价值标准的信息内容才能进入传播的管道。在传媒与受众之间，“把关人”起着决定继续或中止信息传递的作用。

在传统媒体中，尽管“把关人”可以是个人，也可以是集体，但“把关”这个机制在某种意义上更代表着一种组织行为。

在网络自媒体时代，“把关人”也分为几个层次：网民个体、论坛、博客、微博等公共空间管理员、网络运营者。其中，起主要作用的还是网民个体自身。这种把关格局的出现与互联网的特性有关。互联网天生的虚拟性，使得网民表达意见更直接、充分，方便的互动性使得网民在应对舆情事件时更为积极、主动。互联网的海量发布特点使得公共空间管理者和网络运营者没有条件对每个网民的发言进行把关，只能在要求网民进行自行把关的基础上，依据法律法规许可做事后审查。微博独特的“关注”机制，使得每个用户都成了一个自媒体传播中心。它们依托互联网给予的可匿名、可随时随地发布、可无限次传播的种种便利，创造了超级强大的舆论能量场，冲击着传统媒体的既有影响力。由于主流媒体机构数量与网络自媒体数量的严重失衡，互联网总体上呈现出“去中心化”的传播格局。

互联网技术的特点为亿万网民把关者的产生创造了便利，但亿万把关人的出现也就意味着社会总体把关的弱化。每个人都能把关，但很多人放弃把关，网络谣言因此大行其道。而且随着微博自媒体时代的到来，其“裂变式”的传播链条易导致网络谣言在短时间内迅速扩散，在社会上造成负面影响。从某种意义上说，互联网容易成为谣言滋生、传播、扩散的重灾区，严重影响现实社会的和谐稳定。

当前一般性的网络谣言如哗众取宠、恶意中伤，可以通过及时澄清事实来消除影响，需要警惕的是一些来源不明的政治谣言，有时甚至是西方媒体直接制造的。比如在2008年西藏3·14打砸抢烧事件中，CNN等西方媒体罔顾事实，制造我武警伤人的谣言，在国际上造成了极其恶劣的影响，并通过网络传播进入我国，在互联网上大行其道，混淆视听。这类事件在一定程度上与西方发达国家经常把网络作为意识形态工具，对其他国家进行“民主输出”、“民主动员”有关，对互联网从业者进一步提高把关能力提出了更高的要求。

把关弱化并不意味着把关的缺失，正常的社会秩序需要杜绝网络谣言。现阶段互联网虚拟社会“去中心化”的特点不代表互联网不需要中心，只说明合乎互联网运行规律的把关机制尚未建成。面对互联网众声喧哗的局面，传统的把关机制需要进一步延伸拓展，按照全媒体运行规律构建一个更开放、更具包容性的把关框架，在杜绝网络谣言肆意传播的基础上，确保包括互联网在内全社会正确的舆论导向。

新型网络把关机制应包括：鼓励网络自媒体间互相纠偏，提升网络自净功能，建设良好的互联网生态系统；鼓励具备公信力的媒体对有争议的网络事件进行调查并进行权威发布，避免网络谣言滋生蔓延，影响社会稳定；网络平台运营者根据约定俗成的公约，对造成社会恶劣影响的谣言发布者进行惩处并向全体网民进行通告；情节严重乃至违法违规的，应由国家相关部门依法提出行政警告或提请法律诉讼。

三、意见领袖与多元观念

意见领袖最早是由传播学者拉扎斯菲尔德在20世纪40年代提出的。拉扎斯菲尔德等人在1940年美国总统大选期间，围绕大众传播的竞选宣传，对选民进行调查，试图证实大众传播媒介在影响选民投票方面具有非常强大的力量，但调查结果却显示，大多数选民获取信息并接受影响的主要来源并不是大众传媒，而是一部分其他的选民。这一部分选民与传媒关系密切，对有关事态了如指掌。经常与他们交往的选民从他们那里间接获得了竞选信息，并且听取他们对许多竞选问题的意见。这部分选民被拉扎斯菲尔德等人称为“意见领袖”（又译为舆论领袖）。拉氏根据这个发现提出，在传播过程中存在两级传播，大众传播并不是直接“流”向一般受众，而是要经过意见领袖这个中间环节，再由他们转达给相对被动的一般大众，其模式如下：大众传播——意见领袖——一般受众。

意见领袖对自己先期接收到的信息进行加工与阐释、扩散与传播，对追随者和被影响者的态度和行为起支配、引导的功能。此外，意见领袖还对传播者的传播具有协调或干扰的作用。如果传播者传递的是符合意见领袖及其追随者可接受的观点和主张，意见领袖就会成为大众传播的助力。相反，如果传播者输出的信息与意见领袖及其追随者的观点和主张相悖，意见领袖就会成为大众传播的阻力，他们或者采取各种委婉的方式进行干扰，或者干脆进行直接指责和攻击。

随着大众传媒的更新迭代尤其是互联网自媒体的繁荣发展，意见领袖们的能量正达到有史以来的高点。在微博等影响力较大的社交网站中，意见领袖们依托微博的粉丝关注和转发机制，可以方便地与粉丝和其他意见领袖分享自己的观点，并展开广泛的交流，其所产生的舆论能量有时甚至超越了一些传统媒体。正如2011年由武汉大学完成的一份《微博意见活跃群体分析报告》显示，虽然微博给予了大众说话的权利，但公共事件中的话语权依旧掌握在少数精英手中。可见，要正确把握互联网的舆论导向，意见领袖的作用至关重要。

当前之所以出现传统媒体与互联网两个舆论场，也与网络意见领袖发挥的作用密切相关。由于中国经济高速发展，社会转型正在加速，各种社会矛盾更为频繁地爆发，互联网公共空间正好充当了这些民意表达的窗口。网络意见领袖活跃于互联网，往往成为代表网民意见表达的窗口。传统媒体囿于维护社会稳定等思维限制，习惯于官方语言，在直接披露社会矛盾上相对保留，语态也相对比较陈旧。因此，在互联网这个公共空间里，由于意见领袖比较活跃且语态亲民，传统媒体信息影响力偏弱，所以舆论引导上，客观存在互联网强于传统媒体的不平衡态势。

因此，要加强互联网上的舆论导向，在意见上也要注意多层次表达。首先，也是最基础的层面，主流媒体应强化其引导主旋律的责任；其次，将互联网意见领袖纳入社会转型升级的大框架中，使之真正成为社会改革的助力而不是阻力；再次，主流意识形态应根据时代变化继续与时俱进，增加多元化覆盖的范畴，使多数人的合理意见观点成为社会的共识，从而化解社会分歧。

可见，由于意见领袖的中介功能多方面、多层次且复杂，其影响力是巨大的，其性质却可能是积极的、进步的，也可能是消极的、破坏性的。传播学者的任务就是引导人们正确认识它、估价它，进而合理地化解或利用它。

第三节　网络时代的文化衍生及冲突

随着信息科技日新月异的进步以及网民人口红利的不断转化，互联网虚拟空间日益壮大，在成就与传统媒体相抗衡的舆论场的同时，也衍生出丰富多样的文化样式，引领时代潮流。从广义概念来看，互联网文化兼容了以往任何时代的人类文化，为其提供网络展示空间，是当代内容最丰富、样式最多样、传播最广泛的文化。从狭义概念说，网络文化是伴随网络虚拟空间而发展衍生的，只在互联网上流通，体现出鲜明的网络特征，而较少为非网民所知。其中最典型的网络文化如网络语言，只有资深网民才具备完全理解这门独特语言的可能性。

这节我们重点讨论几个在当前互联网虚拟空间中表现尤其突出、容易对社会安全构成威胁的网络文化现象如网络恶搞、群体极化、符号暴力、人肉搜索，并提出应对建议。

一、网络恶搞与非理性情绪

网络恶搞，又称作 KUSO 文化，正式名称是恶意搞笑。最先由日本的游戏界传入台湾，成为中国台湾 BBS 网络上一种特殊的文化，后经由网络传到中国香港，继而传到中国大陆，发展为集热词、图片、视频、软件于一体，深受网民热捧的流行文化现象。

网络恶搞文化快速衍生发展的基础，是蔓延于互联网虚拟空间中的负面非理性情绪。一些社会不公现象的披露以及社会在快速发展中所带来的不平衡感的加剧、压力的空前增大以及情绪疏导机制的欠缺，导致了一些网民心理严重失衡，选择互联网作为发泄不满的场所。他们或者生造网络热词，如“草泥马”、“欺实马”、“喝水死”等；或者制作带有贬损个人特点的夸张图片，如“龅牙哥”、“茫然弟”；或者恶搞影视作品甚至丑化经典，如胡戈以《一个馒头引发的血案》恶搞陈凯歌的电影《无极》，丑化演绎红色经典《闪闪的红星》。由于这类恶搞作品符合网民寻求新鲜刺激乃至反叛的心理，所以往往一经推出即广泛流传并引起巨大轰动，变成“众人的狂欢”，进而又可能催化出无数的网络恶搞事件。

对于从事意识形态管理和发展研究而言，网络恶搞的作用仍值得深入研究。如网络恶搞版《闪闪的红星之潘冬子参赛记》把小英雄潘冬子改成了整日做明星梦希望挣大钱的“富家子弟”，甚至还夹杂一些下流的对白；网上各式恶搞《新闻联播》的作品长盛不衰；一些网络视频新闻节目如《山寨新闻》、《火星新闻》等，以麻辣而大胆的点评针砭时事，以夸张而搞怪的肢体语言迎合网民求新求变的趣味；一些社会不公现象如广东中石化购买天价茅台事件曝光时，有网民将《我为祖国献石油》改编为《我为祖国喝茅台》，引发网民蜂拥转载，使得网民对央企的不满达到白热化程度。这些对于传统红色经典、权威节目、社会不公事件的衍生调侃，对于解构传统意识形态，消解其模范作用、权威性，存在一定的危险性，必然引起意识形态管理者的警惕。马克思曾指出，“问题就是时代的声音”，网络恶搞所暴露出来的问题也是如此。网络恶搞本身只是特定的文化表达方式，服务于年轻网民们的反叛特性以及求新求变的趣味性需求。部分社会不公事件和一些话语符号系统某种程度上的僵化，主动为网络恶搞提供可供嘲讽的生动素材，使自己成为备受攻击的靶子。

对于网络恶搞，应从两方面进行疏导。一是为网络恶搞设定底线，确保网络恶搞不至于无底线炒作，乃至于违法违规。比如网络恶搞不应损害他人的权利、扰乱正常社会秩序、妨碍司法审判等。二是应解决或改进网络恶搞所嘲讽攻击的社会问题和文化现象，从根子上化解网络恶搞可能对意识形态造成的消极影响，和导致人的思想与品性堕落，从而化被动为主动，有力维护社会安全。

二、群体极化与社会安全

在当前互联网文化中，群体极化特征表现较为突出。近年来由网络舆情发酵所引发的多个社会群体事件中，基本存在群体极化的影响。因此，群体极化多被互联网研究者列为危险的标签，纳入须重点防范的范畴。

群体极化（group polarization）概念最早由詹姆斯·斯托纳（James Stoner）于 1961 年提出。他指出："如果群体中大多数人倾向于谨慎，那么经过讨论之后的群体意见会更为谨慎；如果群体中大多数人倾向于冒险，那么经过讨论之后的群体意见会更趋于冒险。"①

芝加哥大学法学教授桑斯坦（Cass Sunstein）则将"群体极化"定义为："团体成员一开始即有某些偏向，在商议后，人们朝偏向的方向继续移动，最后形成极端的观点。"② 他还指出互联网中群体极化现象更容易发生，极化程度也高于现实世界。

2009 年发生在湖北石首的骚乱事件，事发原因是家属对酒店员工坠楼身亡存在争议。骚乱前社会上并没有特别的征兆，只是由热心网民在互联网上传播。但由于网民对社会公平缺乏信任，因此只经过短时间

① Stoner James, "*Risky and Cautious Shifts in Group Decisions: The Influence of Widely Held Values*", Journal of Experimental Social Psychology, 1968, Vol. 4, No. 4, P442 -459。

② 凯斯·桑斯坦：《网络共和国：网络社会中的民主问题》，上海人民出版社，2003 年，第 49 页。

的传播，石首事件就成为网民关注的热点。不少人跑到现场增援，瞬间在现场聚集了数万人，与现场维持秩序的警察发生了激烈冲突，最终引发了群体抗暴冲突事件。2008 年在贵州发生的瓮安骚乱等多个事件都是经由互联网传播而引起的群体性事件，充分验证了桑斯坦提出的论断。相比较而言，传统媒体基本不可能激发这样的极端倾向并直接引发群体性事件。

群体极化的危害性在于其一边倒的激进效应。一旦群体极化情绪产生，凡是对曝料一方有利的，不管是真是假，网民一律采信。相反，凡是对曝料一方不利的，一概不信。这种观点的群体极化一方面能够产生直接、快速的群体“呼声”效应，尽快地朝着人们满意的方向解决问题；另一方面就社会而言，通过“极化”使错误的判断和决定更趋极端并占据唯一的位置，不利于事实本身客观、公正发展。

从群体极化形成的传播链条看，其传播主体主要包括三个层面，一是广大普通网民，二是民间意见领袖，三是官方。传播链条基本是，争议事件发生——有偏向的信息经由互联网传播——网民群起围观——官方引导声音缺失——民间意见领袖参与质疑——网络流行语出现及更多的网民围观——应对式的官方信息未能取信于民——群体极化现象发生——网络舆情或群体性事件爆发——高层介入——严惩相关责任人——事件落幕。

可见，要避免出现群体极化现象，就个案而言，应重点抓住其中的两个环节，即片面的信息和未能取信于民的官方信息。传播重大争议事件的互联网公共空间应第一时间对这类事件的曝料进行标注，引导同一地区网民提供核实信息，并及时将线索提交至有采访权的媒体，以获取对事件的平衡报道信息。官方信息应从以往失信于民的报道中汲取经验，客观公正全面地回应网民的质疑，在网民中确立权威信息发布的形象。

另外，在当前贫富之间、党群之间存在矛盾的客观现实下，难免存在部分具有“仇官”、“仇富”心理的网民捏造或夸大事实，故意把某些事件与官员和富家子弟联系起来，使整个网络舆论和网民集体性走向偏激，很容易形成极端的网络对抗事件。因此，长期来说，还应努力消除这些滋生群体极化心理的土壤，使公平公正重返网民心中。

三、符号暴力与文化冲突

在当前互联网文化中，作为社会多元化的一部分，意识形态冲突也是一个必须引起重视的现象。新左派与新右派的观点分歧，正逐渐由网上的争吵，转化为现实世界中的冲突。在2013年初爆发的《南方周末》元旦献辞事件中，两派之间发生的含有身体接触在内的激烈冲突再度进入公众视野。

在一个和谐的社会中，理想的模式是意见分歧双方自由辩论，互相倾听，并最终形成妥协，促成社会和解。如果双方都以极端面目相向，社会就会被撕裂，并最终走向危险境地。显然，我们应该选择前者而坚决避免后者。符号暴力概念是由法国学者布迪厄提出的。按照布迪厄的理论，符号暴力是指由语言、文化、思想和观念所构成的为人们自觉或不自觉地接受的“看不见的、沉默的暴力”，是不被识别为暴力的暴力，或带有合法化形式的暴力。他指出：“任何一种实施符号暴力的权力，即任何一种设法把意义强加于人，并通过掩盖作为自己力量的基础的权力关系而把合法性强加于人的权力，都把自己特定的符号力量附加到那些权力关系上。”[①] 符号暴力的本质是强制，是以不平等的权力关

① 斯沃茨：《文化与权力：布迪厄的社会学》，陶东风译，上海译文出版社，2006年，第103页。

系为基础的，但这种暴力已经通过符号/文化获得了“合法性”。

我们应首先认识符号暴力的隐蔽性，克服符号暴力可能给我们和社会带来的消极影响。布迪厄指出，任何语言关系都是符号权力的关系；支配总是在客观决定因素与行动者对这些因素的认同之间的“合谋”中完成的。而教育，正是实施符号生产和操控、对行动者施加符号权力或符号暴力的场域。

在当今的互联网平台上，新左派和新右派都积极利用互联网推广其符号体系，主张其符号权利。他们组建主题网站，举办网络论坛，在互联网公共空间发起论战，试图以之吸引更多追随者并施以符号暴力。

鉴于符号暴力只有在被认同的时候才发生功效，媒介应发挥平衡报道作用，使网民对特定符号有准确而客观的认识，使社会不致陷于极端的两极的绝望境地。媒介还应倡导已分化的派别，不对那些被自己标签化和意识形态化的人的所有观点和思考进行先验性的拒绝和接受，而应着眼于社会和解进步，建立理性沟通渠道，互相倾听，换位思考，拒绝低层次的暴力冲突。

四、人肉搜索与多数人暴政

与众多互联网文化相伴生的，还有被称为最恐怖的社会搜索的“人肉搜索”现象。“人肉搜索”之所以以“人肉”命名，是因为它与机器搜索技术不同，更多利用人工参与来获取搜索的信息。比如在一个社区里提出问题，通过广聚五湖四海的网友力量，获取相关的知识或线索。百度知道、新浪爱问等问答产品从本质上说都是“人肉搜索”，但我们要讨论的“人肉搜索”主要指针对网络热点事件展开的搜索。

“人肉搜索”的发动和参与者通常都是网络上的“愤青”，他们看见令人愤怒的事就会头脑发热，打抱不平，实行有罪推定，不分青红皂白展开“人肉搜索”，公开公布与事件当事人有关的私人信息，如手机、家庭住址、工作、家人信息等，对当事人进行网络公审，甚至组织线下攻击，使原本正常的争议和批评演化为言论暴力和道德审判，给人肉搜索的受害者带来巨大的伤害，扰乱了他们正常的生活。更有甚者，“网络通缉令”时常有发错的时候，给诸多无辜者带来了巨大的麻烦。所以，虽然“人肉搜索”揭出了不少大快人心的社会不平事件，起到惩恶扬善的作用，但网友的一些行为已经突破了法律和道德的底线。也就是说，“人肉搜索”究竟是网络暴力还是网络正义，仍需具体事件具体分析。换言之，“人肉搜索”成为对互联网文化和法律的一次巨大考验。

“人肉搜索”在本质上与“多数人暴政”一致，都属于多数人借着正义的名义对少数人实施的暴力。多数人暴政，又称暴民政治、多数人暴力、群体暴政，由法国学者托克维尔提出。托克维尔将这种以多数人名义行使的无限权力称为“多数人的暴政”。它是针对法国大革命教训所提出的一个概念，雅各宾派曾经以革命和人民的名义实行恐怖统治。又如希特勒操纵、蛊惑德国人疯狂迫害犹太人。托克维尔认为，多数人暴政是民主的缺陷。他指出，“民主政治的本质，在于多数对政府的统治是绝对的，因为在民主制度下，谁也对抗不了多数”①。

在人类历史上，因为少数人的操纵、蛊惑，导致集体无意识或无意志地追随，从而造成“多数人暴政”的悲剧屡见不鲜。所以，所谓的“多数人暴政”背后其实就是少数人专政。由“人肉搜索”引发的网络专政中，固然只有少数是冤案，但避免使多数人沦为少数人专政的工具，避免所谓“多数人暴政”的产生，也是我们应该努力做到的。

---

① 托克维尔：《论美国的民主》上卷，董果良译，商务印书馆，1988年，第282页。

对于如何防止多数人暴政，托克维尔曾提出了两个方法：一是在多数人权威与个体公民或者少数人之间建立一个缓冲地带。这个缓冲地带由公务员和法官构成，使多数人不可能真正有能力伤害到少数人。二是通过司法权威防止民主暴政。托克维尔说："美国人赋予法学家的权威和任其对政府施加的影响，是美国今天防止民主偏离正轨的最坚强壁垒。"法官通过对民主决定的事务的裁判（如法律是不是合宪）来达到防止民主暴政的目的。①

托克维尔的建议，值得互联网公共空间运营商借鉴使用。也即，互联网公共空间可以作为一个伸张正义的场所，但网民所有的行为，都应该处于法律允许和有效机制的运行空间内。

① 托克维尔：《论美国的民主》（上、下），董果良译，商务印书馆，1988年，第303页。

第十三章　媒介安全保障体系

媒介作为社会意识形态传播和政治经济文化交流的主要载体，事关国家安全、社会安全和个人安全，涉及国防、军事、外交乃至人们社会生活的方方面面，是一个国家软实力的重要体现。

要确保媒介安全，需要统筹社会各方面的资源，精心构建科学合理、全面高效的保障体系。而构建媒介安全保障体系，既要符合本国实际，也要充分考虑全球化融合发展需要，大胆借鉴发达国家经验，使之符合我国国家战略目标和社会民生需求。

第一节　国外媒介安全战略保障

意识形态是国家战略的重要组成部分，世界各国都把塑造和输出意识形态作为其实现国家战略目标的重要手段。媒介与意识形态密切相关，德国法兰克福学派甚至认为，“媒介即意识形态”①。因此，媒介安全也就意味着意识形态安全。从某种意义上说，意识形态存在两个战场：一个是国内宣传阵地，一个是国际舆论舞台。但在媒介全球化年代，这个界限已经越来越模糊了。

---

① 邵培仁、李梁：《媒介即意识形态》，《浙江大学学报》（人文社科版）2001 年第 1 期。

一、总体战略框架

毛泽东曾在党的八届十中全会上指出："凡是要推翻一个政权，总要先造成舆论，总要先做意识形态方面的工作。革命的阶级是这样，反革命的阶级也是这样。"第一次世界大战期间，媒介成为战争双方的宣传工具，扮演着举足轻重的角色。在20世纪八九十年代发生的苏联解体、东欧剧变中，媒介作为西方发达国家施行"和平演变"战略的重要载体，其作用已为国际所记取。美国传播学家曾公开宣称："西方世界为寻求瓦解共产主义的方法，花费了半个世纪的时间和亿万美元，却忽然发现答案就在电视新闻里。这些新闻使苏联和中国人开了眼界，他们于是起来要求民主、自由。这就是这两个国家发生动乱的原因。"①

冷战结束后，西方发达国家继续加大实施利用媒体的国际传播抢占信息空间和争夺信息资源的政治图谋，强势输出其所谓的"民主、自由、人权"的"普世价值"，并使之渗透到具体的事件、议题和新闻、影视、电子游戏等文化产品中，形成覆盖全球的国际传播体系，直接对发展中国家安全构成挑战。

正是因为意识到了媒介对于维护国家利益的重要作用，世界各国尤其是西方国家纷纷出台各种政策，巩固并推进传媒安全，使之成为其所推行的所谓"公共外交"的重要一环。

信息、物质和能量并称为现代社会的三大战略资源。谁掌握了信息传播源和信息传播载体，谁控制了国际广播、卫星电视和互联网络，谁就有能力影响整个社会，谁就能在意识形态的斗争中，抢夺并占领制高点，掌握主动权。通过传媒实施信息渗透，历来是以美国为首的西方国

① 评论，《华盛顿邮报》，1989年5月24日。

家对社会主义国家“遏制”战略的一部分。

美国政府尤其重视媒介对于信息渗透的作用。美国前总统艾森豪威尔说过，“在宣传上花1个美元等于在国防上花5个美元”。美国前国务卿基辛格也曾说，“一个自由电台的能力等于20个师”。20世纪60年代初，美国总统肯尼迪提出，“加紧美国之音的广播”，让“它越过国境和海洋，越过‘铁幕’和‘石墙’”，去“同共产主义进行你死我活的竞争”。80年代，里根强调要“加倍努力促进国际民主势力的发展”，并为此提出一个拨款13亿美元的空前庞大的更新加强“美国之音”设备的“广播星球大战”计划。1989年5月，美国当局宣布，要用二三十年时间“打一场没有硝烟的新的世界大战”，“届时我们将有可能融化社会主义，从而建立一个以我们西方文明为指导的新世界”。1993年6月15日，克林顿提出“对外广播计划”，宣布建立“自由亚洲电台”，是要向中国人民提供一个所谓“独立的、不受控制的新闻来源”。1999年8月，美国总统克林顿批准成立一个专门机构“国际公共新闻小组”，专门协调外交、安全、联邦调查局、中央情报局等多个政府部门，控制政府新闻在海外的传播。[①] 2003年1月，美国总统布什签署了一项行政命令，成立白宫“全球传播办公室”。白宫声称“总统了解到将美国的信息传递给世界的重要性”[②]，该办公室将通过更好地传达美国的政策来改善美国在国外的形象。

近年来，美国强力鼓吹“互联网自由”，指责中国的互联网管理政策。2010年1月21日，“谷歌事件”一周后，国务卿希拉里·克林顿在华盛顿新闻博物馆发表《互联网自由与全球言论自由的未来》演讲，

① 夏林：《传媒全球化时代的国家安全》，《中国传媒报告》2003年第1期。
② 吴立斌：《冷战结束后美国的全球舆论战略》，《红旗文稿》2011年第12期。

第一次提出“互联网自由”概念，宣称“公开的形式与不受国家主权约束的信息自由流动，是值得大力倡导的价值观”[①]。2011 年 2 月 15 日，中东政治动荡尚未平息，希拉里在乔治·华盛顿大学发表演讲，再度鼓吹“互联网自由”。这两份纲领性演说文本，全面展现了美国式“互联网自由”战略的主要内容。在第二次演讲中，希拉里 4 次提到中国。美国政府在国家军事战略报告中多次强调了争夺公共空间与网络空间主导权和优势的战略方向与重点。按照英国学者安德鲁·查德威克的说法，互联网已成为“西方价值观出口到全世界的终端工具”[②]。

美国国际传播的原则及战略，完全服从于政府对外政策指导思想。美国在国际传播上是全方位、立体式的，白宫、国务院、五角大楼和中央情报局等机构都公开地或秘密地利用本国媒体或外国媒体为美国的外交政策、国家利益服务。

总体而言，在传播战略上，以美国为首的西方国家奉行“信息自由流通”准则，并因此确立了西方在世界上的国际舆论霸主地位。但西方的“信息自由”、“新闻自由”原则，实际上建立在西方国家长期积累起来的政治经济霸权以及相对于发展中国家巨大信息优势的基础上。它们的根本目的并不是维护其他国家的“信息自由”，而是为了保障自己对全球新闻信息采集的自由，保障对新闻传播渠道控制的自由，保障西方的文化、思想、观念能够源源不断地向世界其他地方输送的自由。因此，这种自由只能是西方国家单方面享有的自由，而且是打着自由旗号抢占信息空间和争夺信息资源的“信息战争”。

---

① 蔡玮：《美国“互联网自由”战略的解读与批判》，《学习时报》2011 年 3 月 28 日第 2 版。

② 安德鲁·查德威克：《互联网政治学：国家、公民与新传播技术》，华夏出版社，2010 年，第 34 页。

针对西方国家昭然若揭的司马昭之心，我国党和国家领导人多次做出重要指示和部署，制定相应媒介安全战略，一方面对于西方媒体的蛮横指责和妖魔化中国的行径给予迎头痛斥，一方面鼓励和支持中国媒体“走出去”，传递来自中国的真实的声音，塑造良好的国家形象，维护中国国家利益。

二、重点领域发展战略

（一）国际广播发展战略

国际广播诞生以来，短波一直是国际广播的传播手段。美国学者席勒曾精辟地指出美国政府与美国媒体的关系：“美国联邦政府不仅密切地卷入文化侵略的过程，而且还委令国防部（不是美国新闻署）直接间接控制之。所谓直接，国防部（五角大楼）统筹拟定全国广播政策，决定频率频道的分配；所谓间接，各大广播关系企业（如美国无线电公司属下的国家广播公司 RCA—NBC）皆承接了大批的国防军事合同。美国的传播势力所以能够所向无敌，完全是直接拜赐于政府既定的军事外交政策。反之，传播则成为军事与外交的利器与急先锋，相辅相成，互为结果。”①

美国对外宣传的喉舌“美国之音”自 1970 年便已使用 40 多种语言，通过 90 多个发射台向国外广播。② 到 2004 年，英国广播公司世界广播电台在全世界 139 个国家的首都通过调频广播落地，拥有 1.46 亿听众。“德国之声”面向全球提供总共 30 种语言的广播、电视及互联网节目。③

① 关世杰：《国际传播学》，北京大学出版社，2004 年，第 227 页。
② 夏林：《传媒全球化时代的国家安全》，《中国传媒报告》2003 年第 1 期。
③ 德国之声中文网资料，http：//www. dw. de/chinese。

近年来，随着通讯技术的发展和互联网的普及，人们接触媒体的方式发生革命性的变化，日趋多元化。为了满足人们收视方式的变化，美国主管对外广播电视机构——美国广播管理委员会、英国广播公司、德国之声这两年进行了战略性调整，针对不同国家和地区传播环境、受众变化的实际情况，采用不同的传播手段。对电视不普及的发展中国家仍以短波为主，对发达国家以中波、调频台和网上传播为主，对中国、俄罗斯、古巴等重点国家采用广播、电视、报刊、卫星和互联网等手段同步传播。自1999年以来，受德国联邦政府不断缩减开支影响，德国之声采取了缩减短波广播语种等节约措施，如短波中文广播于2013年1月1日起停播。但德国之声同时又逐渐扩充德国之声网站的内容和语种，并开发除新闻之外其他的互联网服务项目。① 2011年2月，美国之音宣布从当年10月1日起全面停止中文短波、中波以及卫星电视广播，但同时会集中于以新媒体技术为支撑的中文网站报道，并加大资金投入，加强针对移动通讯设备的报道，增加对突破网络封锁的技术支持。② 2011年3月，因政府财政补贴削减，英国广播公司宣布关闭全球32种语言中的5种语言的广播电台，其中包括俄语广播电台、西班牙语广播电台、加勒比和阿塞拜疆语广播电台、阿尔及利亚语广播电台、越南语广播电台。同时结束广播内容中的7种语言节目，包括俄语、乌克兰语等；终止6种语言以上的短波广播，包括北印度语和斯瓦希里语等。但有些语种在停止广播服务后，依然可以从网上收听节目，比如俄罗斯听众可以通过网站BBCRussian. com来收听节目。③

① 德国之声维基百科，http：//zh. wikipedia. org/wiki/Deutsche_ Welle。

② 王正祥：《从电波到比特：美国之音停止中文广播的意义》，《新闻记者》2011年第8期。

③ 林静：《因财政削减英国广播公司关闭对外多种语言广播》，国际在线网站，2011年3月28日，http：//gb. cri. cn/27824/2011/03/28/5411s3200529. htm。

（二）卫星电视发展战略

俄罗斯《环球回声》月刊一篇题为《无国界电视》的文章曾提出，卫星电视是强国争霸的工具。因为“卫星电视如同核武器一样，正在成为强国的标志，并将在争夺世界霸权的斗争中起决定性作用”。诚如文章所言，正是卫星的出现，才使得电视轻而易举地超越了国家、民族、地区的界限，拉开国际传播的序幕。

世界上第一颗活跃的通信卫星，是1962年7月12日发射的“通讯一号”卫星，其信号第一次同时覆盖了美国、加拿大和欧洲各地。20世纪80年代，各国大力开发和应用卫星技术，卫星争相上天。卫星技术的采用，使国际传播由传统的对外声音广播占主导地位发展为跨国电视影像传播占主导地位，电视由此赢得了相对于广播的绝对优势。由于其对公众舆论所具有的巨大影响力，电视被联合国1996年召开的首届“世界电视论坛”视为“联合国安全理事会的第16个成员”。

美国是最早开办国际卫星电视的国家。1984年11月，美国新闻署设立了对国外进行电视广播的“世界电视网”。它的节目可传送到128个国家的190个城市。1990年10月1日，美国新闻署把它所属的“美国之音”和电视电影处（包括“世界电视网”）合并为一个对全世界进行无线电广播和卫星电视广播的全能机构。2003年11月，美五角大楼在伊拉克首都巴格达开通一个24小时卫星电视频道，以便让电视台更容易地报道经政府授权的有关伊拉克新闻，进而达到控制新闻报道的目的。目前，全球共有212个国家和地区的大约10亿人接收美国的CNN昼夜新闻节目。美国国际卫星电视的规模和影响，均居世界首位。①

90年代，卫星电视在全球范围内进入了成熟发展、激烈竞争的阶

① 夏林：《传媒全球化时代的国家安全》，《中国传媒报告》2003年第1期。

段，传统媒体的对外宣传为主策略发展成为了以信息、娱乐传送为主，由政府主导行为发展为多元化、包括跨国商业化媒介公司在内的世界范围内的广播电视传播。自 1993 年美国 FCC 批准休斯公司发射第一颗数字电视直播卫星以来,[①] 各国政府竞相调整政策，鼓励企业投入巨资将这项新技术转化为生产力，促使卫星电视直播业在全球范围内得到广泛发展。目前，直播电视公司（DrecTv）和碟线公司（Dish Network）是美国直播卫星电视最主要的两家运营商。从订户规模来说，它们在美国电视运营业中分列第二和第三位，位居有线电视运营商康卡斯特（Comcast）之后。直播卫星电视运营商不仅努力深耕本国市场，还大力开拓国际疆界，如 DrecTv 就分别进入了加拿大、墨西哥、拉美和日本等国家和地区的卫星电视市场。Dish 公司则雄心勃勃地试图获取 FCC 进入无线服务市场的准入许可。

目前，我国尚未开放电视卫星直播市场，但我国一些公司已抢先实行海外扩张战略，如百视通于 2012 年 10 月宣布与印尼电信展开合作，联手拓展印尼乃至东南亚这个全球第四大卫星电视市场。[②]

（三）互联网安全战略

在信息战的浪潮中，互联网正成为实现国家安全利益的一道利器。创造了互联网的美国，为确保其全球领导地位，紧紧抓住网络这一战略武器，全面巩固其政治、军事地位。

“9·11”事件是布什总统任期最重大的安全事件，这也促成了信息安全战略成为美国国家战略的核心战略。布什任职期间，美国发布了《信息时代的关键基础设施保护》和《网络空间的国家战略》，并设置

① 王兆合：《数字电视时代卫星直播业务运营模式》，《卫星与网络》2007 年第 12 期。

② 百视通公司官网：《百视通与印尼电信携手拓展全球第四大直播卫星电视市场》，2012 年 10 月 18 日，http：//www. bestv. com. cn/news/2012/10/18238. shtml。

总统国家安全顾问。2003 年国土安全部成立后，美国政府把负责美国网络安全的职责移交给该部。奥巴马上任伊始，着手推进网络安全评估并制定美国新的国家信息安全战略，2009 年公布了《美国网络安全评估》，同年年底成立了全国通信与网络安全控制联合协调中心，协调和整合国防部、国土安全部等下属 6 大网络行动中心的信息，以提供跨领域的网络空间发展趋势判断能力，分析并上报全国网络空间的运行状况。2010 年 2 月，美国众议院以压倒性多数通过了《2009 网络安全法》，该法案给予总统权力"宣布网络安全的紧急状态"，允许"关闭或限制事关国家安全的重要信息网络"。2011 年又分别发布了《可信网络空间身份标识国家战略》（正式稿）和《网络空间国际战略》，美国对互联网安全的重视达到了空前的高度。只有短短 30 页的《网络空间国际战略》昭示了美国 21 世纪第二个十年的重要网络政策，美国总统奥巴马在亲自作序的前言中将该报告定义为"美国第一次针对网络空间制订的全盘计划"①。有评论称，美国意欲扩张其在网络空间的总体优势，将自身意识形态和价值观与其在网络空间的利益诉求捆绑在一起，向世界"打包兜售"。

从克林顿时代的网络基础设施保护，到布什时代的网络反恐，再到奥巴马时代创建网络司令部，美国的国家网络安全战略经历了"从被动预防到网络威慑"的演化过程，而这一过程正与美国对互联网统治能力不断下降过程相吻合。

美国在制订和推行其互联网政策方面可谓软硬兼施。除了以硬实力为基础把军事威胁带入互联网，把网络空间变成网络战场外，政府还和某些企业密切配合，努力寻求"软借口"干涉他国互联网管理，为保

① 张小军、李雯：《莫把互联网作战场》，《新华每日电讯》3 版 2011 年 6 月 18 日。

持和扩张自身话语权的优势扫清障碍。美国除了宣扬“数字珍珠港”的威胁，即美国的电网和其他重要基础设施可能因遭受网络攻击而瘫痪外，还常常把矛头直指其他国家，如炒作所谓“中国黑客”威胁等。

为了维护美国在互联网治理领域的世界垄断地位，美国屡屡发起针对其他国家的舆论攻势，包括分别在2010年、2013年对中国发动的两轮攻势。2010年1月，希拉里在新闻博物馆发表互联网自由讲话，对中国含沙射影。2010年3月，谷歌公司以黑客攻击为名退出中国大陆。2010年5月，美国五角大楼成立网战司令部。2010年5月，美国国务院给法轮功下属组织“全球互联网自由联盟”拨款150万美元，这个组织展开了大量有系统的针对中国的黑客攻击行为。2013年2月19日，奥巴马签署要求加强网络安全的行政命令短短一周后，美国曼迪昂特网络安全公司发布报告，宣称经过为期七年的努力，追踪到位于上海浦东的中国网络间谍组织，并称近年美国遭受的网络黑客攻击多与中国军方有关。①

在美国的带动下，互联网治理议题进入冷战状态，英国、韩国、德国、伊朗等多个国家均建立了网络部队。美国初步实现了“把水搅浑”的战略目标，化解了之前各国要求美国交出互联网控制权的努力，继续维护其互联网霸权地位，巩固垄断利益。

在美国国内，美国联邦法院根据1986年《电子通信隐私法》签发了至少针对3万台电子设备的监控令。美国警察部门对个人移动电子设备的监听通常都不需要“执行令”，而是根据开放的录音请求就可进行。2011年国会质询时发现，手机运营商至少接到了130万个这样的监控请求。

---

① 徐培喜：《全球互联网治理的多边博弈与单边挑衅：探究美国炒作互联网安全议题的动因》，新华网，2013年3月4日，http：//news. jwb. com. cn/art/2013/3/4/art_ 250_ 2467352. html。

为加强对包括互联网、手机网络和IP电话在内的网络通信进行监控，美国联邦调查局还专门成立了一个名为“国内通信协助中心”的网络监控部门。该中心不仅负责搜寻网上流传的“国内外威胁信息”，还要留意“对国土安全部及其行动有负面影响的媒体报道”。

欧盟委员会则于2013年2月7日公布了一项网络安全战略，就如何预防和应对网络中断和袭击提出全面规划，以确保数字经济安全发展。根据新战略，欧盟在网络安全方面有5项优先工作：提升网络的抗打击能力、大幅减少网络犯罪、在欧盟共同防务的框架下制定网络防御政策和发展防御能力、发展网络安全方面的工业和技术、为欧盟制定国际网络空间政策。新战略提出一项立法建议，要求关键机构在遭受网络袭击时要向欧盟汇报，包括重要基础设施的提供商、关键的网络企业及公共行政部门。欧盟还要求各成员国制定相应战略，成立专门机构以预防和处理网络安全风险和事故，并与欧盟委员会共享早期风险预警信息。①

第二节　国外媒介安全法律保障

发达国家政府通过立法奠定了传媒安全管理的基础，利用法律对传播行为做出了明确的规范。我国应借鉴国外先进立法经验，完善传媒安全管理的法律法规体系。

一、传媒安全的总体法律框架

（一）基于国家安全的法律管制

历史地看，在事关国家和政权安全的问题上，各国多倾向于实施法

① 张伟：《欧盟公布网络安全战略》，新华网布鲁塞尔电文，2013年2月7日，http://news.xinhuanet.com/world/2013-02/07/c_124336574.htm。

律管制。15 世纪中后期，印刷品不断增长的影响力引起封建统治阶层的不安。1538 年，英国皇室下令管制出版业，正式建立皇家特许制度。此后，又陆续建立登记制度、事前审查制度和保证金制度。① 1643 年，英国国会通过法案，规定未经出版检查官的审阅批准，不准印刷任何出版物。1798 年，为约束报纸败坏政府官员名誉而制造恶意的言论，美国国会通过了《诽谤法》（《诽谤法》于 1801 年失效）。日本明治政府也曾对宣传民主理念的报纸实行严格管制。1875 年，日本政府公布《谗谤律》、《报纸条例》。报纸条例中明确了对刊载内容的限制和行政处分及禁止发行的规定。在战争期间，各国也多出台一些特定法规，对传媒实行审查制度。1909 年，日本出台《新闻纸法》，规定限制刊载有关陆军、海军和外务大臣的军事外交关系内容。美国“一战”期间颁布《间谍法》，规定对故意制作企图干扰军事行动的虚假报道，企图在军队中挑动不忠诚、妨碍征兵的，均处以高额罚款或监禁。同时，授予国家邮政总局局长审查的权利。1918 年的《煽动法》进一步扩大了《间谍法》的权力，规定任何报纸杂志不得“对美国政府的形式或宪法、陆海军、国旗或军队制服使用不忠诚的、亵渎的谩骂或污辱性的语言”，否则将被治罪。②

（二）鼓励新闻自由

随着资本主义的兴起和资产阶级精英们的不懈努力，新闻自由开始成为报业的主流。如今提及新闻自由的法律，人们多会追溯到中世纪的英国《大宪章》和 17 世纪的《权利法案》，但真正确立了对新闻自由的绝对保护权威的法律是 1791 年批准生效的美国宪法第一修正案。它

① 肖燕雄：《传播科技发展对西方国家新闻传媒监管之法律政策的影响》，《现代传播》2006 年第 6 期。

② 陈宪奎：《美国政府控制媒体的四大法宝》，《环球》2004 年第 2 期。

规定："国会不得制定法律剥夺言论和出版自由。"随着社会的发展，西方传媒以宪法修正案第一条款之类的法律为基础，不断扩大新闻自由的范围。追求新闻自由开始成为西方传媒乃至资本主义社会普遍的价值观，但凡对媒体的管制都会引起媒体和社会的反对。

（三）基于资源稀缺理论管理广播电视

资本主义国家对新闻自由的追求并不是绝对的，尽管广播的繁荣曾引起人们的立法争议，但 1927 年美国依然通过新的《无线电法》，赋予联邦无线电委员会（FRC）对广播的许可权和管理权。1934 年美国又颁布《通信法》，授予联邦通信委员会（FCC）负责广播业务的管理权，授予许可权力的原则是"公共利益、便利或必须"。弗兰克福特大法官为此专门解释，因为广播的特有属性，广播资源不像其他通信方式人人可以享有，必然有部分想要使用的人会被拒绝，所以广播要受到政府管理。新闻自由权不包括未经许可使用广播资源的权利，这就是著名的资源稀缺理论。电视台的创办许可制度正是因此衍生而来。香港政府就曾最早以"巨大影响论"为理由来制订广播条例，提出广播必须接受政府管制。

（四）以发展产业为先，鼓励自律

随着有线电视、卫星、网络在线广播等新媒介技术的发展，1996 年美国《电信法》为应对新技术带来的产业融合的发展，授予联邦通信委员会（FCC）监管包括公共电信、专用电信、广播电视、无线频率在内的业务的权力，但《电信法》的出发点并非管制，而是为了促进多网产业融合发展。

1996 年美国总统克林顿签署了经国会多数票通过的《通信净化法》，该法案立意是"为了保护未成年的儿童"，但法案先后被费城法院、联邦最高法院判定违宪，《儿童在线保护法》也是如此。联邦通信委员会（FCC）于1997年3月27日公布《网络与电讯传播政策》报告，其中对于网络与传统媒体进行比较评估后，主张政府政策应该避免不必要的管制，并认为传统媒体管理规范并不全部适用于网络管理。

欧盟将网上应受管制的信息分为“违法”与“有害”两种，主张以现行法律推而适用于网络，不主张额外立法管制。欧盟强调政府与业界的合作，鼓励业界、网络使用者展开自律。一些欧盟成员国则根据各自的文化背景和特定需要，制定更为具体的管理制度。英国广播电视的前主管机关——独立电视委员会（ITC）曾公开宣称，它并不打算直接行使其对互联网的管理权力，而是致力于指导和协助网络行业建立自律机制。德国是全球第一个订立网络成文法的国家，其于1997年颁布实施的《信息与通信服务法》（又称《多媒体法》）规定，服务提供者根据一般法律对自己提供的内容负责。英国政府2000年通过了《电子通信法案》，其目的则在于实现“到2002年在英国将形成世界上最适合于电子商务发展的环境”的目标。①

（五）全媒体时代的法律政策整合原则

全媒体时代，以往分散的传统媒体法规、无线广播电视法、有线广播电视法、卫星电视法、电信法等已经无法针对媒体的融合现象来实行规范，世界各国、各种组织已开始着手合并传媒管理机构和整合传媒管理规范。欧盟于1997年发布了《电信、媒体、信息科技融合以及管制执行中的绿皮书》。2000年12月，英国政府公布了《通信新未来》白皮书，建议建立通信行业统一的独立管制机构。2002年3月，英国国

---

① 肖燕雄：《传播科技发展对西方国家新闻传媒监管之法律政策的影响》，《现代传播》2006年第6期。

会通过法案，成立通信管理局（Ofcom）。Ofcom采用的管制原则是融合管制，其核心是发展各传送体系之间的持续有效竞争，并且确保用统一的方式按照标准的竞争规则和指导原则来监管反竞争行为。我国台湾地区在2003年5月将无线广播电视法、有线电视法、卫星电视法合并为《广播电视法》。

二、互联网法律法规

世界各国均高度重视互联网，颁布实施了多个法律法规。有关部门对世界42个国家的相关调查表明大约33%的国家正在制定有关互联网的法规，而70%的国家在修改原有的法规以适应互联网的发展。① 综合来看，世界各国的立法主要集中在保证国家安全、保护内容（如新加坡、韩国、法国）、保护未成年人、关于打击不良有害信息等方面，这也体现各国对互联网管理的共识。

（一）保证国家安全

为了加强对网络信息的监控和管理，美国在“9·11”事件后先后通过了《爱国者法》、《国土安全法》、《网络安全法案》。英国强调依靠现有的法律，如将刑法、公共秩序法等延伸到互联网世界中。德国则颁布综合性法案《多媒体法》、《电信服务数据保护法》，严格规范有关纳粹的言论思想与图片等相关信息。

（二）保护内容

关于内容管理和促进方法，世界各国在互联网实践中基本达成两点共识：

1. 拥有海量信息的互联网需要一套特殊的著作权保护方法。美国

---

① 高宏存：《比较视野下网络新媒体管理机制探索》，《行政管理改革》2010年第12期。

《1998 年数字千年版权法》对网上作品的临时复制、网络上文件的传输、数字出版发行、作品的合理使用范围进行了规定。该法中的“避风港”制度由于在保护版权和保持互联网内容的丰富性之间做到了很好的平衡，而为许多国家所采用。

2. 互联网内容产业关系到社会文化发展。日本在 2004 年出台了《促进内容创作、保护及应用法》，其基本理念是：促进内容的创作、保护和应用，创造丰富多彩的文化，提高经济社会活力，强调内容提供方面要保证适度的知识产权保护和顺畅的内容流通。该法定义的“内容”非常宽泛，包括影视、音乐、计算机游戏和动漫以及其他由文字、图像、色彩、声音和动作等组合的内容。

欧盟出台了《关于促进在线电影发展的欧盟宪章》。该宪章体现了电影产业、互联网服务提供商以及电信运营商在互联网在线电影市场中达成的共识：促进在线电影在欧盟中的应用，将会给欧洲电影提供更广泛的市场机会，形成更为多样和更多竞争的电影产业，同时为宽带在欧洲的应用提供更为强大的催化剂。[①]

欧盟倾向于延伸覆盖管理的思路，2005 年 12 月提出对《电视无国界指令》的建议修改草案，改名为《视听媒体业务指令》，希望修改可以使新指令覆盖所有的媒体内容领域，包括电信、广播及互联网。新的管理理念为：对于线性业务（类似于广播形态的业务），按照广播业务的模式管理，对于非线性业务（点播形态的业务）实施轻管制，只要求其遵守保护未成年人和人类尊严的义务。

（三）保护未成年人

各国普遍高度重视互联网上色情、暴力等不良内容对未成年人的侵

① 王融：《三大力量助推互联网内容健康发展》，《北京电子》2007 年第 7 期。

害，几乎所有国家都制定了专门的在线法律或采用保护未成年人的普遍性法律进行管理。

表 8－1　部分国家保护未成年人立法情况①

国家/地区	法律名称
美国	《儿童在线保护法》 《儿童互联网保护法》
欧盟	《保护未成年人和人权尊严建议》（1998） 《儿童色情框架决定》（2004） 《保护未成年人和人权尊严建议》 《儿童色情框架决定》（2004）
英国	《青少年保护法》
法国	《未成年人保护法》
德国	《传播危害青少年文字法》
韩国	《青少年保护法》
巴西	《青少年保护法》

（四）打击不良信息

1997 年，德国颁布了《信息与通信服务法》，用来管理经由互联网传输的违法内容，具体包括猥亵、色情、恶意言论、谣言、反犹太人等信息。

新加坡主张政府强制实施互联网内容管理。新加坡根据广播法颁布了《互联网行为准则》，明确“禁止那些与公众利益、公共道德、公共秩序、公共安全和国家团结相违背的内容”。同时，《诽谤法》、《煽动法》、《维护宗教融合法案》等传统法律也适用于互联网管理。②

（五）总结

1. 欧美国家管理边界小。欧美国家多以儿童保护、反对种族主义

① 王雪飞、张一农、秦军：《国外互联网管理经验分析》，《现代电信科技》2007 年第 5 期。
② 王雪飞、张一农、秦军：《国外互联网管理经验分析》，《现代电信科技》2007 年第 5 期。

和恐怖主义等民众认同的基本价值观作为互联网内容管理的切入点，民众将有害信息的处理更多地寄托在司法机制上。典型例子是：美国最高法院先后裁定1996年《网络通讯端正法》、《儿童色情保护法》和1998年《儿童在线保护法》与宪法赋予的言论自由权利相冲突，因为这些法律中所定义的“猥亵内容”过于宽泛，最终，最高法院宣布以上法律违宪。目前美国施行的法律是2000年《儿童互联网保护法》，该法在将规范对象缩小到公立图书馆的范围之后，才得以通过了美国最高法院的违宪审查。

2. 东方国家管理严格。新加坡《互联网行为准则》不仅规定了各类禁止传播的信息类型，含违反公众利益、社会道德、公共秩序、社会安全、国家安定，或其他被新加坡适用法律禁止的内容等，还详细定义什么信息属于有害信息，为互联网服务接入商和执法机构判断有害信息提供了具有操作性的法律依据，并且该准则规定，服务提供商如果对内容是否属于被禁止的类型产生怀疑时，应提交管理机构认定。

韩国信息和通信部根据《年轻人发展法令》限制色情或“令人反感”网站站点的接入。该法令明确规定：在年轻人经常使用互联网的地点（包括学校、公共图书馆、网吧或其他公用计算机中心）安装过滤软件。①

第三节　国外媒介安全制度保障

“少干预、重自律”是当前传媒管理的一个共同思路。各国越来越强调政府作为服务者的角色，承认政府管理的“有限性”。政府主要负

① 王融：《三大力量助推互联网内容健康发展》，《北京电子》2007年第7期。

责制定相关法规和政策导向，具体规范由行业协会等组织来制定实施。以行业为主的协同监管，操作性较强，还可以减少政府对行业的干预，减少管理成本。

从安全保障来看，世界各国主要实行基于法治原则的机构设置、机制配套、社会监督、行业自律、国际协调、技术过滤、宣传教育等制度。

一、机构设置和机制配套

在国家安全战略层面。1947 年，美国国会通过《国家安全法》，成立国家安全委员会。该委员会在国家安全机构中高于国防部和外交部门，处于各种行政和智囊机构的顶层，日常事务由总统国家安全事务助理主管。国家安全事务助理直接由总统任命，不需要得到国会的批准，受总统委托组织、协调和监督相关的政府部门研究重大问题，提出解决方案，制定和执行政策。国家安全事务助理一职设立于 1953 年，开始只是担任国家安全委员会的行政秘书角色，60 年代肯尼迪政府时期这一职务的专业化得到加强，总统与国家安全事务助理之间的亲密关系开始确立。

在日常安全事务保障方面。美国设立了美国新闻署、广播理事会、国际广播局等专业新闻管理机构，其使命是一致的，就是协助美国政府推行美国式民主标准，建立全球霸权。

美国新闻总署成立于艾森豪威尔总统任职期间的 1953 年，是战时美国新闻局在和平时期的延续。新闻总署署长由总统任命，直接向总统报告工作。新闻总署集中了对外文化交流和宣传的主要手段，利用广播、新闻出版、影视等各种媒体，宣传美国的对外政策和意识形态，推销和宣传美国的形象。该署在 125 个国家建立了图书馆，影响当地舆论。1999 年，美国新闻总署并入美国国务院（U. S. Department of State）。

美国广播理事会（BBG）根据 1994 年《国际广播法案》成立，负责掌管美国联邦政府或美国政府赞助的所有非军事国际广播服务。下设国际广播局（IBB）等若干机构，管理美国之音、自由亚洲电台等媒体。广播理事会由九个成员组成，其中的八个由美国总统任命并受美国国会认可。第九个成员是国务卿。作为联邦政府机构，美国广播管理委员会（BBG）每年要提交国会审批下一财年的预算。美国国际广播局（IBB）亦依据《国际广播法》成立于1994年，原隶属于美国新闻总署（USIA），当新闻总署在1999年10月终止业务后，国际广播局和广播理事会成了联邦政府的独立机构。

美国深受宪法第一修正案的影响，推崇新闻自由，主要依靠法律来规制美国媒体。像分配无线频谱、公共安全应急等国内安全管理职能主要由美国联邦通信委员会（FCC）来行使。联邦通信委员会是一个独立的美国政府机构，由《1934年通信法案》所创立，由美国国会领导并直接向国会负责。美国联邦通信委员会负责规范所有非联邦政府机构的无线电频谱使用（包括无线电和电视广播）。美国国内州际通信（包括固定电话网、卫星通信和有线通信）和所有从美国发起或在美国终结的国际通信。联邦通信委员会的权限涉及美国的50个州和华盛顿特区，以及美国领地。美国绝大多数关于电视内容管制的权力都由联邦通信委员会行使。联邦通信委员会和各州政府合作管理互联网，联邦通信委员会享有管理优先权。

美国联邦通信委员会于2002年3月28日宣布成立媒介安全与可靠委员会（MSRC），计划有目的地开展研究和报告活动，以确保广播、多频道视频节目传送产业能够保持最优的可靠性、健康性和安全性。委员会的委员由一组来自大众媒介公司、有线电视和卫星服务供应商、贸易协会的代表和公众安全代表、生产商和其他关联实体代表组成。

2006年9月，联邦通信委员会在2001年成立的国土安全政策顾问小组的基础上，成立了公共安全与国土安全局（PSHS）。和媒介安全与可靠委员会不同，这是美国联邦通信委员会最新成立的一个局，是 FCC 内的正式行政机构，也是联邦通信委员会全新的媒介安全举措。公共安全与国土安全局负责联邦通信委员会中与安全相关的各类活动，包括公共安全、国土安全、国家安全、紧急事务管理与预警、灾难管理、传播通讯基础设施安全与可靠，以及其他与公共安全组织和普通大众相关的议题和通讯传播信息。

应急传播也是联邦通信委员会的重要职能之一，从属于联邦通信委员会的消费者和政府事务局。联邦通信委员会主要负责提供应急传播的三大响应系统。一是 911 电话呼叫处理和传播。通过 911 紧急呼叫中心和无线电话（E911）处理。二是紧急预警系统（EAS）。联邦通信委员会建立了全国的广播系统来应对全国性的灾难或大型灾难事件。紧急预警系统将第一时间把总统的、国家的、州的和地方当局的紧急信息，通过广播电视网、有线光缆和无线系统传递给社会大众。三是地方广播电视或有线电视台的新闻即时播报。在紧急事件发生时，所有无线广播电视台和有线台都被要求播出由总统发布的国家安全紧急状态的信息。无线广播电视网和有线系统并没有传播由州政府或地方政府发布的紧急预警信息的法定义务，但联邦通信委员会鼓励它们从公众服务角度，主动传播此类紧急警报信息。①

英国——崇尚媒体自律的国家。根据《2003 通信法》，英国将原来的电信管理局（Oftel）、无线电通信管理局、独立电视委员会、无线电管理局、播放标准委员会 5 个监管机构合而为一，成立综合性的独立监管机构英国信息通信管理局（Ofcom），是英国信息通信业的主管机构。

① 何镇飚：《媒介安全论》，中国传媒大学出版社，2011 年，第 169—174 页。

它成立的主要目标是为了减少多头管理，促进英国通信行业和广播电视行业的融合发展，以有效应对复杂多变的传播市场。信息通信管理局的内容和文化安全管制职责为，保护观众不受冒犯性或有害内容侵害，以及不受不公平或破坏隐私内容侵扰。信息通信管理局对在互联网上传输的内容和广播电视节目内容实行不同程度的监管，对于互联网上的内容监管较为宽松，而对于广播电视节目的内容进行严格的监管。

新加坡媒体发展管理局隶属于新加坡新闻、通讯和艺术部，是新加坡主管媒体行业的政府部门，负责传媒业，包括互联网的开发和规划，旨在把新加坡塑造成环球媒体城。2003 年 1 月，新加坡合并了原有的广播管理局、电影与出版物管理局、新加坡电影委员会三家机构，成立了媒体发展管理局。其目的是为了推动媒体业发展而不是加强对媒体的管制，因此媒体业现有的审查条例没有改变。

1995 年，韩国根据新修订的《电子通信商务法》，将 1992 年设立的信息道德委员会改组为信息通信道德委员会（ICEC），使其成为韩国互联网内容管理的专门机构，对互联网内容实施全面管制。目前，韩国管理互联网内容的专门机构是韩国互联网安全委员会，由 ICEC 发展而来。该委员会隶属于韩国信息通信部。①

2008 年，韩国对通信业及广播电视行业的现有管制框架进行了重大调整，成立新的大管制机构——韩国广播通信委员会，而原有的信息通信部和广播委员会则宣告解散。新成立的机构功能类似于美国的联邦通信委员会（FCC）和英国的 Ofcom。

在安全防护机制上，针对保护未成年人不受色情视频侵害等监管难点，各国采用了不同方法。

---

① 高宏存、张朝霞：《国外治理网络不良信息的经验与启示》，《行政管理改革》2012 年 6 月。

韩国政府于2005年10月起实行互联网实名制，即在网络上发帖、跟帖以及上传照片和动态影像时需要确认居民身份证和本人真名的制度。韩国开设的身份证号码网上认证系统，可以即时验证个人身份。在很多网站发帖必须要注册，留下身份证号码的个人信息。没有身份证的青少年，网站需要用向手机发送密码的方式认证身份。用户购买手机时要留下身份证明。网络管理部门可与手机经销商联系追查上网者的真实身份。这个手段的缺点在于它增加了身份证号码泄露的危险。

德国政府实施成人专用ID制度，规定要进入有监管的色情网站需要在邮局得到一个ID。还用信用卡作为成人的证据，因为借记卡可以发给18岁以下的人，而信用卡只发给成人。这个方法的缺点是核实费用高。

欧盟实施公众举报制度，在成员国境内建立了21个热线网站，这些网站每天能收到近200个有关互联网上传非法内容的举报，其中很多犯罪嫌疑人接受了审查，一些还受到了相应的制裁。在第二个网络安全计划中，欧盟希望成员国加强对热线网站的宣传和支持，进一步促进热线网站、警察和网络服务商之间的有效合作。

二、社会监督和行业自律

各种各样的社会团体和机构组成了国外传媒社会监督和行业自律的主体。各类自律团体、组织、联盟通过各种方式来直接或间接协助政府的管理，共同促进媒介的发展。

• 英国报业投诉委员会（PCC）

成立于1991年，是英国报业的一个全国性新闻仲裁机构，也是国际上最具代表性的新闻自律组织之一。它独立于报纸业和政府的专门组织，负责处理公众对报纸和杂志编辑内容的投诉。标榜“快速、免费、公正”（Fast，Free，Fair）。PCC以调解方式处理投诉，如果不成功，便会对投诉做出调查和裁决。PCC 的裁决限于道义上的自律，对当事双方并不做经济惩罚，但犯错报刊需在显著位置刊登裁决全文。PCC 的领导层包括一位主席（Mac gregor）、6 名非专业人士和 9 名业内人士。委员会负责执行一个 16 条的《业务准则》。

自成立以来，PCC 依托其健全的运作机制，显著地改善了英国的报业生态，得到了社会各方面的肯定。但 2011 年《世界新闻报》窃听丑闻曝光后，该委员会被解散。①

- 英国网络观察基金会（IWF）

1996 年 9 月成立，是英国网络商自发组织成立的一个半官方性质的行业自律组织。其前身是原来的安全网络基金会。它在英国工业贸易部、国内事务部和英国城市警察署的支持下进行日常工作，其基金主要由网络服务提供商、移动开发制造商、信息内容提供商以及通信软件公司等私人公司提供。董事会由 12 人组成，其中 4 人是网络业主，8 人是非网络人士。成立基金会的主要目的是为了解决互联网上日益增多的违法犯罪活动问题，如色情、性虐待、种族歧视等，尤其致力于儿童色情问题的解决。它的主要职责是对网络内容进行分级标注并接待投诉，工作包括负责公众举报热线；通知和删帖，警告网站发现它们有有害信息；通知有关法规监管部门发现有害信息。

- 美国计算机协会

计算机协会（association of computing machinery，简称 ACM）是一个国际性的科技教育组织，创立于 1947 年，是世界上第一个科学性及教育性计算机学会，总部设在美国纽约。ACM 致力于提高信息技术在科

① 孙微、杨明、青木、王渠、甄翔：《英国将设机构严管媒体　媒体称新闻自由终结》，新华网，2013 年 3 月 21 日，http：//mil. 21cn. com/gj/a/2013/0321/08/20746596. shtml。

学、艺术等各行各业的应用水平。曾公布有关互联网行为的道德标准“摩西十诫”和“网络伦理八项要求”。“摩西十诫”通常被认为是每一个网民在进行网络活动时应该引以为戒的不成文的行为规范：（1）不能用计算机危害其他人；（2）不能妨碍别人的计算机工作；（3）不能偷看别人的文件；（4）不能利用计算机进行偷窃；（5）不能利用计算机做伪证；（6）不能非法拷贝软件；（7）不能在未经允许的情况下使用他人的计算机资料；（8）不能非法使用别人的智力成果；（9）想一下你写的程序对社会将产生的影响；（10）遵守计算机使用规则。

• Google 自审

Google 会让网民举报不符合条款的视频，在视频上点击举报标志。Google 会在一小时内审查绝大多数有标志的视频，并通知每一个被删视频的用户。重复上传有害信息的用户账户会被取消。Google 维护网络环境安全的九项具体措施：

（1）提供过滤软件 SafeSearch，对含色情内容的搜索结果进行过滤。用户可在 3 种过滤程度中进行选择，还可在个人的搜索基础上添加更多高级搜索限制。

（2）提供一个网页删除工具，删除那些被过滤软件漏过的网站。

（3）提供一个网络搜索帮助论坛，让用户提问、回答并提出解决问题的方法。

（4）发布家庭网络安全提示和指南，以及有关儿童网络安全内容的博客。

（5）凡是只适合成人观看的视听节目，会提示用户核实年龄 18 岁以上。

（6）如果内容提供商提供在电视上播放的节目，则使用在电视上的年龄分级。

（7）开发了数字散列技术（核心为“指纹”技术），阻止被删除的视听文件被再次上传。

（8）努力使用户可以自己界定不合适的视听节目，过滤这些节目。

（9）Google，YouTube 和 Common Sense Media 合作了一个视频节目提供给家庭，以告知如何实现网络安全。

Google 的不足之处：

由于技术监管的疏失，曾有一个上传到 YouTube 的群奸的视频被观看了 600 余次才被删除。

- BBC 在线自审

BBC 在线以明确的声明，提供了关于用户行为及上传内容的规则，督促用户自律。BBC 还制定儿童保护政策，每年推出各种帮助儿童的活动。

BBC 关于用户上传内容的声明：上传内容必须是文明和有品位的。不能有破坏性、攻击性或侮辱性的行为（内容须有建设性，有礼貌，非恶意或蓄意挑起事端）。不能有违法或令人厌恶的内容（非法，性骚扰，诽谤，辱骂，威胁，伤害，淫秽，渎神，性别歧视，人种歧视，或其他令人厌恶的材料不能被接受）。请耐心点（我们的用户年龄范围广，能力区别大）。不能有垃圾信息和灌水行为（不允许上传同样或相似的内容。不要将你上传的内容再次传到一个以上的地方，或者在特别专题领域上传与主题无关的内容）。不要上传广告或宣传。不能有剧透（透露还没在英国电视上映的剧情将被删除，除非发表在专设的“剧透”区或表明“剧透”）。外语内容会被删除（除非另有规定）。不能模拟身份。不能有不恰当（如粗俗，攻击性等）的用户名。①

① BBC 网站相关声明，www. bbc. co. uk。

三、国际协调和交流

• 发起于美国的ISOC（the internet society）国际互联网协会是一个领导国际互联网络的科技和经济发展并指导国际互联网络政策制定的非营利、非政府性组织。

• 美国、欧盟等国家和地区达成的《网络犯罪公约》，是第一个有关打击网络犯罪的国际条约，着力于解决针对计算机系统、网络或数据的犯罪行为，以及其他形式的滥用行为。

• 互联网圆桌会议。近年来，中国先后与美国、英国及新兴国家共同发起互联网圆桌会议，就展开双边及多边合作、制定国际互联网法律、采取统一行动、共同维护国家间网络安全等议题展开深入探讨。

• 美国政府还积极利用其他的国际法规、条例来协助其对于互联网的管理。如通过《反对传播淫秽出版物协定》（1910）来管制色情内容；利用《防止和惩罚民族屠杀公约》（1948）来查禁民族仇杀内容；运用《联合国人权公约》（1966）来禁止战争宣传等。

四、技术过滤

技术过滤是互联网内容管理的一个特有手段。各国多采用过滤软件或过滤系统来屏蔽一些有害信息，但同时，这些过滤手段也存在过度过滤和过滤不足的弊端。

法国是第一个免费提供保护儿童上网的软件。这个软件叫“家长监督器”，它能屏蔽不适合儿童观看的网站。法国教育部向教育系统推荐使用这种免费内容过滤软件，并设立专人监控校园网。2004 年至今，几乎所有校园网均安装了过滤软件。2006 年 6 月，法国法律增加了“互联网服务供应商必须向用户介绍并推荐使用内容过滤软件”的条款。①

美国提供了 nct nanny，cancelmoose，cybersitter，safesurf 等当地过滤软件，供网民通过软件屏蔽不良信息。美国还采用了效仿电影分级的分级制度，如：PICS（platform for internet content selection）、P3P（platform for privacy preferences project)，帮助网民识别视频级别。

日本总务省与 NEC 共同开发“聪明晶片”过滤系统。此系统能够防堵有关犯罪、色情与暴力的网站，自动防堵青少年与儿童接触不适宜内容。

新加坡的《广播法》明确规定，新加坡三大电信服务供应商负有屏蔽特定网站的义务。若供应商不能履行义务，将会被罚款或被暂时吊销营业执照。政府还鼓励供应商开发推广“家庭上网系统”，帮助用户过滤掉不合适的内容。新加坡媒体发展管理局迄今已屏蔽了 100 多个包含色情等内容的网站。②

五、宣传教育

各国还就媒介安全环境对国民进行了许多宣传和教育。“9·11”事件后，美国政府和媒介就安全立法展开了广泛的宣传和讨论。

在网络安全和净化网络环境上，英国开展了名为“如何在网上保护你的孩子”的宣传活动，通过官方网站、大众媒介和出版物，向家长介绍网络的功能、潜在危险及其对儿童可能造成的危害，提供屏蔽危险信息和网站的途径，教育孩子不要沉溺网络并提供相应的办法。2007年2月，欧盟27 个成员国在“国际网络安全日”举办之际，通过电视、

① 曹卫国、金伟男：《国外过滤软件已不是话题》，《国际先驱导报》2009 年6 月15 日。

② 专稿：《看德国、韩国、新加坡如何监管网络视频》，国际在线，2009 年12 月23 日，http：//gb. cri. cn/27824/2009/12/23/2585s2712245. htm。

电影、讲座、知识竞赛、展览、文艺节目等形式，宣传网络安全知识。

第四节　我国媒介安全的现状、问题及对策

一、我国媒介安全的现状

我国高度重视传媒安全状况，历届国家领导人和政府都曾对宣传工作做出重要部署。本着"党管媒体"的传统，中宣部负责主导我国国际国内宣传政策。在国务院层面，国家安全部、公安部、工业和信息化部、新闻出版广电总局、国务院新闻办公室、国家互联网信息办公室分别根据各自职能对报纸杂志出版业、通信业以及广播电视、互联网行业的安全问题进行监管。

在媒介的构成上，我国已初步形成报纸、杂志、印刷品、广播、电视、互联网、手机、户外屏幕等全媒体传播格局。其中，以传统媒体为主体的主流媒体由于严格执行"把关"制度，其安全形势总体呈现出可观可控态势。以互联网为首的新媒体受到海量存储、双向交流、去中心化的天然技术属性影响，在安全系数上存在一定隐患。

在国际传播中，这几年我国传媒积极响应国家的号召，大力实施"走出去"战略，依托直播卫星电视、国际广播、互联网等媒介平台，以自办、合作、并购等方式，探索灵活多样的多元化拓展渠道，将中国的声音和形象传递到世界的每一个角落，以抵御西方国家主导的所谓"战略沟通"和"公共外交"的片面传播的消极影响。

在国内宣传上，随着我国传媒商业化竞争的良性发展，传媒已经较好地承担起其信息传递、社会协调、社会监督、提供娱乐的社会角色。尤其是以互联网为首的新媒体，以其高度的渗透性和参与性，在社会转

型期起到缓解社会矛盾的安全阀功能，得到大众的广泛认可。

在近年来我国发生的多个重大事件中，我国媒体也以其高度忠诚的政治觉悟和优秀的职业素养，在安全问题上给党和政府交了一张满意的答卷。在2008年西藏“3·14”事件中，我国媒体冷静理智，以真实准确的新闻报道，揭穿西方媒体的阴谋，抵御住了西方媒体的恶意攻击。在汶川大地震中，我国媒体在应急传播、灾难报道、公益捐助、心理救济中表现出来的高度的人道主义精神，对处于灾难中的人们给予了最有力的全方位支持。

因此，可以说，尽管面临西方国家全方位颠覆渗透的风险，人类社会共同面临的环境、灾难等的新威胁，以及我国社会矛盾凸显期和社会转型期的挑战，我国媒介安全形势依然保持总体平稳态势。

二、我国媒介安全面临的问题

（一）战略风险

苏联解体后，以美国为首的西方国家没有放弃对社会主义国家进行的西化、分化和渗透。相反，这种基于跨国传播的“遏制”战略正随着数字技术、网络技术、信息技术以及智能化技术等高新技术的快速发展而逐步升级，并显示出不亚于传统军事战争的威力。正如两位美国教授曾指出的，“意识形态的变化速度要快得多，因为进入的门槛更低。建立一支海军需要昂贵的代价，而散播一套有关世界秩序的新思想却几乎不需要花多大力气”。“新思想观念的交流现在要靠技术来推动。”[①] 2011年初在中亚和北非发生的“茉莉花”革命，就是在社交网络上引发、持续发酵并最终导致剧烈社会变革的。

---

① 布鲁斯·詹特森、史蒂文·韦伯：《美国的强行推销》，美国《外交政策》11—12月号。

为了提升对社会主义意识形态战的有效性，西方媒体不再以过去赤裸裸的反共、反华面目出现，而是非常重视把所谓“民主、自由、人权”等理念包装成为“普世价值”，并通过流行文化、影视作品、选举民主等文化产品和具体议题，大肆宣扬西方生活方式，其宣传策略呈现出一定的隐蔽性和欺骗性。

在传播量能上，依托其政治经济霸权的庇护，西方媒体的国际传播能力也获得长足的发展。以时代华纳、迪士尼、维亚康姆、康卡斯特、索尼、维旺迪环球、新闻集团为主的全球50家最大的传媒集团占据了世界95%的媒体市场份额。同时，美国、英国、德国、日本等发达国家还持续投入大量的人力、物力、财力，迅速采用先进的传播技术，以保持和提高在国际传播领域中的垄断地位。面对西方传媒咄咄逼人的攻势，我国传媒及宣传管理体制仍然缺乏强而有力的应对措施。这种“西强我弱”的格局仍将长期持续存在，必然对我国国家战略安全构成重大挑战。

（二）管理缺失

与当今中国存在的大多数管理问题相似，分业管理固然具备专业优势，但“政出多门”、“九龙治水”的顽疾也是媒介安全不得不面对的现实。意识形态色彩过浓和行政管制过多一方面庇护了一些体制内媒体，但也使得中国传媒需要花费相当的精力来处理各类行政管制事务，客观上导致了中国传媒业较西方媒体显得普遍活力不足。在全媒体融合的大趋势下，分业管理客观上也给媒体增加了更多的管理成本和行政障碍，不利于全媒体集团的形成和融合运营，并未能以最快的效率将“三网融合”的技术红利转化为战略优势。

出现一些事关全局的媒介安全问题时，多部门各自为政的弊端往往会导致部门协调成本过高，反应滞后，且容易出现相互推诿、扯皮的情况，不利于问题的快速处理。过于强调分业管理还使得我国未能及时修订一些适合并促进媒体行业发展的法律，法规未能尽最大可能解放媒体产业生产力。

（三）舆情危机

当前，我国面临经济全球化大背景下的传播无国界以及国内社会转型期和矛盾凸显期的双重夹击。随着互联网自媒体时代的到来，“人人皆记者”的态势构成了对传统的传媒管理模式最大的挑战。不同意识形态之间的激烈交锋、民族主义的兴起与争执、全球范围内频发的经济争端以及民众维权，都在互联网上有所体现。其中较为尖锐的矛盾经常以互联网为突破口，引发波及全社会乃至全球的舆情危机，对社会稳定、政府形象造成一定的冲击。

（四）运营不善

目前，我国传媒界普遍存在体制内媒体过度强调传播安全而自缚手脚的弊端。商业化媒体为了谋求经济利益，则过分让渡媒体责任，经常挑战安全底线。还有一些媒体由于缺乏安全把关能力和保密意识，出现政治、经济、技术、军事等领域的泄密事件。相对于西方媒体多年积累的高超的国际传播技巧，我国媒体缺乏相应的实践和西式的所谓战略沟通训练，往往将生硬的国内宣传套路直接输出到国外，反而引起负面效应。

（五）技术保障

在物理层面上，我国媒介安全还直接面临新媒体技术不可控特性、黑客攻击、病毒传播、自然灾害等方面的挑战。另外，由于缺乏核心技术及借助传媒科技孵化产业的前瞻意识，使得我国媒体无法切实把握战略机遇，化被动为主动。

三、提升我国媒介安全的对策

2013年3月22日，习近平主席与俄罗斯总统普京共同签署联合声明，主张推动建立以互信、互利、平等、协作为基础的普遍平等、不可分割的新安全观，坚持用和平方式而不是战争手段解决国际争端和冲突。媒体作为维护非传统安全的重要工具，是践行新安全观的重要平台。

2013年11月12日，中国共产党十八届三中全会公报指出："创新社会治理，必须着眼于维护最广大人民根本利益，最大限度增加和谐因素，增强社会发展活力，提高社会治理水平，维护国家安全，确保人民安居乐业、社会安定有序。要改进社会治理方式，激发社会组织活力，创新有效预防和化解社会矛盾体制，健全公共安全体系。设立国家安全委员会，完善国家安全体制和国家安全战略，确保国家安全。"将国家安全与社会治理紧密勾连，可见国家对于稳妥推进社会转型的高度重视。

无论是习近平主席提出的新安全观，还是三中全会提出的安全对于社会转型的重要性，都为媒介变革、为我国提升媒介安全做出了重要的战略部署。

（一）重点推进媒介安全战略升级

1. 提升媒介安全战略

与西方国家将传媒视为捍卫国家安全的利器相比，我国更多地将媒介视为社会维稳的工具，媒介安全的战略地位较低。西方国家和媒体善于操作国际议题，而我国传媒更多关注国内事务。在西方，保障传媒安全的策略往往涵盖政治、经济、军事、文化等全方位的考量和手段，而在我国，媒体与其他领域的协作还处于初级阶段。

因此，在经济全球化背景下，有必要大力提升我国媒介安全战略，加大战略资源投入，切实提升我国媒体的国际传播能力，突破西方媒体设置的信息屏障，确保我国在重大议题上的国际话语权。

2. 成立覆盖全媒体的安全战略委员会

在2013年7月出版的《传媒安全研究》一书中，我曾建议“借鉴美国成立国家安全委员会总理国家军事、外交、经济、宣传等国家重大事务以及奥巴马在新形势下成立白宫网络办公室统领互联网安全战略的经验，成立直接向国家领导人负责的传媒安全战略委员会，或在由国家领导人直接负责的相关安全委员会下设传媒安全管理机构，负责定期评估我国传媒安全状况，统筹国内外传媒安全的战略制定，并拥有全面协调政府资源协助媒体落实战略的权限”。如今，中央网络安全和信息化领导小组已正式成立。不过，抓住互联网这个牛鼻子固然重要，要掌控并切实调动全局，还应覆盖全媒体，以统一管理度量衡，确保总体安全形势。

3. 确立媒介安全战略重点

针对国际广播、卫星电视和互联网络等传媒安全前沿阵地进行重点建设与管理，放宽政策限制，加大财政投入，充分利用市场化手段促进产业发展。可出台政策，鼓励有条件的非公体制传媒加入到我国国际传播行列，以尽快改变“西强我弱”的国际传播格局。

（二）建立健全媒介安全管理法律法规

我国的传媒管理偏重意识形态，长期以来主要依靠方针政策和行政手段进行。与传媒有关的法律法规数量较少，法律效力等级较低且相对滞后。与传媒产业的发展不完善、不配套、不协调，甚至还有不少法律法规的空白点，对我国媒体的有效、规范运营以及参与国际竞争，形成了巨大的法律保障缺失。当前，建设国际一流媒体已成为我国传媒最紧迫的任务，而与西方发达国家相关传媒法律法规及国际法接轨，尽快适应全球化背景下的传媒法律环境，对我国传媒发展和参与引导国际传媒秩序重构十分重要。

因此，应尽快从国家战略高度出发，对照梳理现有新闻、出版、广播、电信、互联网、音像制品、平面媒体、广告传媒与公众传媒等行业的法律法规，排查过时和相互矛盾的相关法律，制定符合我国现阶段实际和国际竞争格局的传媒法律法规。并重点针对文化传媒业急需的投资融资、经营、开发和建设，尤其是跨国产业合作、运营、企业的收购兼并和重组以及国际传媒市场争端解决等事务提供法律服务，帮助我国传媒企业解决“走出去”的法律瓶颈。

（三）建立健全媒介安全管理体制机制

1. 成立媒介安全协调机构

在国家安全委员会下设传媒安全协调机构，负责统筹军事、外交、经济、文化、应急等政府及媒体资源，具体执行维护国家和社会安全职能。

2. 建立系统化的媒介安全干预机制

根据传媒安全可能面临的各种风险，逐步建立包括国内预警及快速反应机制、国际联动及干预机制、技术安全监控机制、社会监督机制在内的系统化干预机制，以切实管理好各种风险，确保这些风险不会演变为危机。由政府常设管理机构协调传媒机构、自媒体政府职能部门参与执行。

3. 加强媒介安全行业自律与社会教育

建立完善的传媒安全自律机制，加强从业人员安全培训。广泛运用传媒自身的平台，鼓励社会机构积极参与，大力开展安全宣传，培育公众媒介安全能力。

(四) 全面提升媒介安全运营能力

1. 创新理念，促进内容安全

近年来，在国内新闻战线开展的热火朝天的“走转改”活动，以其“走基层、转作风、改文风”的创新理念，贴近群众的需求和生活而深受欢迎。进行国际传播以及展开必要的国际舆论斗争时，更应注意从国家战略高度着眼，从受众感兴趣的、利益攸关的、愿意接受的角度入手进行传播，尽量淡化意识形态色彩，改变传播语态，尤其要慎用较为生硬的官方语言，从而尽最大可能提升国际传播效果，打破西方国家信息壁垒。

2. 加大投入，保障技术安全

牢牢抓住信息化的历史机遇，率先加大投入力度，大力发展广播、卫星、互联网等战略传播平台，积极占领移动互联网、社交媒体、户外传媒等新兴媒体阵地，装备安全可靠的全媒体技术装备，以适应国际传播的需要。同时，及时跟进媒体技术的最新应用，为我所用。比如，西方国家近年开始探索使用新闻无人机技术，就值得我们研究跟进。① 一家开发并使用小型无人机的波兰公司表示，从它们 2011 年空中俯拍发生在首都华沙的一次示威活动看，其画面令人震惊。美国《纽约时报》记者罗伯特·麦基也在该报的博客上撰文称，“无人机新闻”时代已经到来。

3. 完善管理，注重运营安全

在产业运营上，要适应传媒国际产业发展规律，加快速度做大做强我国传媒，鼓励传媒实施跨地域、跨行业并购、重组以及上市融资，以

---

① 阿根廷《文摘报》3 月 1 日报道：《美研制“新闻报道无人机”》，《参考消息》2013 年 3 月 3 日。

应对国际巨无霸传媒集团的竞争。

要自觉地把本国的国际传播纳入国际传播体系中，学习借鉴西方高度商业化的新闻运营手法，建立系统的媒体安全运营体系，确保日常运营万无一失。

参考文献

一、专著

1. 王庚年主编:《国际传播发展战略》,中国传媒大学出版社,2011年10月第1版。

2. 胡正荣、关娟娟主编:《世界主要媒体的国际传播战略》,中国传媒大学出版社,2011年10月第1版。

3. 臧具林、陈卫星主编:《国家传播战略》,中国传媒大学出版社,2011年10月第1版。

4.【英】休·迈尔斯著,黎瑞刚等译:《意见与异见》,学林出版社,2006年8月第1版。

5. 张成福、党秀云:《公共管理学》,中国人民大学出版社,2007年10月第2版。

6. 李小华:《中国安全观分析(1982—2007)》,上海人民出版社,2008年3月第1版。

7. 何镇飚:《媒介安全论:大众传媒与非传统安全研究》,中国传媒大学出版社,2011年10月第1版。

8.【美】Gary Bahadur、Jason Inasi、Alex de Carvalho 著,姚军等译:《社会化媒体与企业安全社会化媒体的安全威胁与应对策略》,机械工业出版社,2012 年 8 月第 1 版。

9. 孙光海、陈立生:《传媒博弈论》,三联书店,2008 年 10 月第 1 版。

10. 李佃来:《公共领域与生活世界:哈贝马斯市民社会理论研究》,人民出版社,2006 年 12 月版。

11.【法】托克维尔著,董果良译:《论美国的民主》(上、下),商务印书馆,1988 年版。

12.【美】斯沃茨:《文化与权力:布迪厄的社会学》,陶东风译,上海译文出版社,2006 年版。

13. 关世杰:《国际传播学》,北京大学出版社,2004 年版。

14.【德】乌尔里希·贝克:《风险社会》,译林出版社,2006 年版。

15. 尤瑟夫·哈克福编:《北京 2008 年奥运会国际体育传播手册》,新华出版社,2008 年 7 月第 1 版。

16.【美】塞缪尔·亨廷顿著,刘军宁译:《第三波——20 世纪后期民主化浪潮》,上海三联书店,1998 年版。

17.【美】约翰·奈斯比特、多丽丝·奈斯比特著,魏平译:《中国大趋势》,中华工商联合出版社,2009 年版。

18.【美】亨利·基辛格:《论中国》,企鹅出版社,2012 年 4 月版。

19. 汪晖、陈燕谷主编:《文化与公共性》,三联书店,1998 年版。

20. 周鸿书:《新闻伦理学纲要》,新华出版社,1995 年版。

21. 魏永征、张咏华、林琳:《西方传媒的法制、管理和自律》,中国人民大学出版社,2003 年版。

二、期刊

1. 布鲁斯·詹特森、史蒂文·韦伯:《美国的强行推销》,美国《外交政策》双月刊 11—12 月号。

2. 夏林:《传媒全球化时代的国家安全》,《中国传媒报告》2003 年第 1 期。

3. 马为公:《世界对外广播落地手段的发展与优势比较》,《中国广播电视学刊》1999 年第 9 期。

4. 王雪野:《我国参与国际传媒秩序重构进程中的法律服务体系建设》,《法学杂志》2010 年第 1 期。

5. 熊光清:《中国网络民主中的多数暴政问题分析》,《社会科学》2011 年第 3 期。

6. 肖燕雄:《传播科技发展对西方国家新闻传媒监管之法律政策的影响》,《现代传播》2006 年第 6 期。

7. 高宏存:《比较视野下网络新媒体管理机制探索》,《行政管理改革》2010 年第 12 期。

8. 王融:《三大力量助推互联网内容健康发展》,《北京电子》2007 年第 7 期。

9. 高宏存、张朝霞:《国外治理网络不良信息的经验与启示》,《行政管理改革》2012 年第 6 期。

10. 陈宪奎:《美国政府控制媒体的四大法宝》,《环球》2004 年第 2 期。

11. 贾敏:《美国智库“中国观”的演进路径及对策》,《对外传播》2014 年第 7 期。

12. 文剑:《中国国际传播能力建设的现状及改进路径》,《对外传播》2014 年第 4 期。

13. 学宁:《奥运会与新闻媒体》,《体育文史》1998 年第 1 期。

14. 何雄飞、邝新华:《一群押宝奥运的中国企业》,《新周刊》2007 年第 256 期。

15. 郑李茹、林少娜:《解读奥运会电视转播权营销模式,展望北京奥运》,《安徽体育科技》2005 年 6 月第 109 期。

16. 康迪:《汪文斌:掌门奥运 CCTV. com》,《V – MARKETING 成功营销》2008 年 10 月 28 日。

17. 喻国明:《中国传媒业已进入重要的选择的岔路口》,《新闻与写作》2006 年第 9 期。

18. 宋菁:《毕节:未结束的贫困与不可复制的试验》,《21 世纪经济报道》2013 年 1 月 22 日。

19. 陈寿灿:《西方社会的价值观演进对于"我们的价值观"的启示》,《浙江社会科学》2012 年第 5 期。

三、报纸

1. 侯涛:《印媒:"中国卫星技术包围"致印度在周边频受挫》,《环球时报》2013 年 3 月 20 日。

2.《奥运转播权价值天文数字二十年间售价疯涨 28 倍》,《北京青年报》2008 年 6 月 26 日。

3. 席佳琳、肯尼思 · 李:《默多克为何退出中国?》,英国《金融时报》2010 年 8 月 12 日。

4. 张盾、田冠浩:《卢梭与现代共同体》,中国社会科学院报,2012 年 11 月 29 日。

四、网站文章

1.《凯文 · 凯利:最伟大的产品还没有被创造出来》,创业邦,http://www.cyzone.cn/a/20141202/266533.html。

2.《赫芬顿邮报》,百度百科,http://baike.baidu.com/view/5186726.htm?

fr = aladdin。

3.《当红炸子鸡 BuzzFeed：质量不是一切》，爱范儿网，http://www.ifanr.com/277446。

4.《Netflix：从传统 DVD 租赁向流媒体华丽转身》，i 美股网，http://news.imeigu.com/a/1305099892196.html。

5.《张一鸣：没有编辑团队的今日头条如何把 Flipboard 们甩在身后》，推酷网，http://www.tuicool.com/articles/UZNbQv。

6. 乐视，百度百科，http://baike.baidu.com/view/2223528.htm? fr = aladdin。

7.《腾讯内部统计的微信注册账号达到了 9 亿之多》，MSN 中国科技频道，http://it.msn.com.cn/521990/488035963454b.shtml。

8. 腾讯公司 2014 年二季度财报。

9. 搜狐新闻客户端，百度百科，http://baike.baidu.com/view/6873388.htm? fr = aladdin。

10.《罗辑思维》，百度百科，http://baike.baidu.com/subview/9852388/13243393.htm。

11.《吴晓波频道：50 天报告》，网易客户端，2014 年 6 月 29 日，http://help.3g.163.com/14/0629/09/9VT7Q3JD00964K91.html。

12.《红杉资本主席：97 页报告救不了〈纽约时报〉》，腾讯科技 2014 年 5 月 23 日，http://tech.qq.com/a/20140523/001167.htm。

13.《美国信息产业的发展战略及对我国的启示》，中国行业研究网，http://www.chinairn.com/doc/70270/20374.html。

14. BBC iPlayer，百度百科，http://baike.baidu.com/link? url = G2CzAW - FB1tPsZ9IUqcTXAOsDtgEVWe3T - - IE - VGHpypwmj6Eml9JD2fAKIlU5qThrdwp9Q01K7QGBmY4vxjuK。

15.《Hulu 五月超雅虎成为美国视频业亚军》，搜狐 IT，http://it. sohu. com/20120621/n346237288. shtml。

16.《Facebook 全球大规模宕机》，经济参考网。

17.《彩电关联消费成新蛋糕海信等领跑智能电视》，中国经济网，http://www. ce. cn/cysc/zgjd/kx/201010/22/t20101022_20528022. shtml。

18.《英国使用大数据政府每年可节省 330 亿英镑》，中国经济网，http://intl. ce. cn/specials/zxgjzh/201207/10/t20120710_23475902. shtml。

19.《日本：用大数据创建最尖端 IT 国家》，数据智慧网，http://www. datakm. com/trade - news/117. html。

20.《腾讯玩"大数据"》，21 世纪网，http://www. 21cbh. com/HTML/2012 - 7 - 7/0NNDE1XzQ2OTY0NQ. html。

21.《QQ 空间解密红米 Note 火爆抢购背后：大数据 + 熟人关系》，TechWeb，http://www. techweb. com. cn/internet/2014 - 03 - 29/2022714. shtml。

22. 陈剩勇、何包钢：《中国协商民主的发展》，中国选举与治理网，http://www. chinaelections. org/newsinfo. asp? newsid = 158205。

23.《欧盟公布网络安全战略》，新华网，http://media. people. com. cn/n/2013/0209/c14677 - 20473986. html。

24. 黄文龙：《安全阀：大众传媒的社会角色》，人民网，http://media. people. com. cn/GB/22114/49489/137385/8256877. html。

25. 刘瑞生、周世禄、甄宇鹏：《新媒体与意识形态安全——美国之音"拟停对华广播"背后的西方对华传播战略转型》，http://www. haijiangzx. com/html/print/1067_t2. html。

26. 中共陕西省委宣传部：《西方国家突发公共事件新闻应急机制简论》，http://news. sohu. com/20091130/n268572753. shtml。

27. 王洪涛：《国外主要国家网络安全战略的特点及其动向》，http://

www. zzdjw. com/GB/165248/178467/17853712. html。

28. 沈国麟:《创建国际传播的“中国模式”》,http://www. wenming. cn/djw/xcgz/xwcb/201302/t20130225_1083509. shtml。

29. 孙微、杨明、青木、王渠、甄翔:《英国将设机构严管媒体　媒体称新闻自由终结》,http://mil. 21cn. com/gj/a/2013/0321/08/20746596. shtml。

30. 闵大洪:《中国网络媒体奥运报道的六个新特点》,新华网,http://news. xinhuanet. com/newmedia/2008-08/27/content_9722713_3. htm。

31. 丛日云:《信息时代民主的新趋向》,中国战略与管理研究会网,http://www. cssm. org. cn/view. php? id=27314。

五、数据

1. 新浪、搜狐、网易、腾讯等门户网站和百度公司 2007 年第二季度财报。

2. 尼尔森媒介研究分析数据。

3. 中国网站排名 Chinarank 监测数据,中国互联网协会主办。

后　记

几个月来，一直沉浸在一种创作的激情里，激情的背后，是一个小小的梦想——一个分享的梦想，如此而已。如果还能给人带点启示的话，那就是老天最慷慨的奖赏了。矫情地说，写书这事真不是件容易的事，尤其是需要在日常工作外搞业余创作。可每当深更半夜歇笔时，心里油然而生的那种满足感，却真真让人沉醉。感谢写作这件事，真的让人很幸福！

还要特别感谢的是9月西藏行一路上看到的那许多虔诚的信徒！在八廓街，在阿里无人区，在冈仁波齐海拔5700米的雪山上，不论道路平坦还是坎坷，不论晴天还是雨雪，磕长头的信徒们始终以那种既卑微又执着的姿态表达着自己的信仰！第一次深深地感受到，朴实的信仰原来这么美！他们给了我前行的力量！还有金师傅、周哥、红姐、葡萄、小雷几个小伙伴，能遇到你们真的很赞！

感谢我所服务的中央电视台，它给了我思考这些宏大命题的机会！感谢九三学社北京市委和学苑出版社给我提供了出版的机会！感谢方炎副主委、孟白社长、刘丰主任、张学强副部长给予我的信任和指导！感谢段永朝老师提携后进，为我写序！感谢石华、朱良、张雯、上官王强、刘清利、李然等老师为本书提出的宝贵意见！

感谢父亲一路的叮咛，他很早就提醒我，读书人要以书立言，回馈所学！这本书虽不足以立言，但千里之行终归已起步。感谢母亲无所不在的关心，儿行千里母担忧，我知道，即便此刻她不在我身边，但依然在牵挂我！还得感谢身边最最挚爱的那位，不仅以宽厚的心胸包容我的任性，还以身体力行的勤勉鼓励我追逐自己的梦想，让我远离颓废和懈怠！

感谢学苑出版社的同仁为出版此书付出的艰辛努力！感谢在编辑出版这本书期间帮助过我的所有朋友和同事！

另外要说的是，由于时间有限，本书虽数易其稿，仍觉火候尚缺，不够精细。有不到之处，敬请谅解。但任何事情都不可能完美，也只能如此来聊以自慰了。

肖频频于北京家中

2014 年 12 月 10 日